신정일의
新택리지

신정일의 新 택리지 경상

신정일

쌤앤파커스

강과 길에 대한 국토 인문서

"필드field가 선생이다." "현장에 비밀이 숨겨져 있다!" 책상과 도서관에서 자료를 뒤적거리기보다는 현장에서 직접 발로 뛸 때 새로운 사실을 발견할 수 있다는 말이다. 이 말은 문화답사 전문가들이 가슴에 품은 신념이기도 하다. 그 현장정신의 계보를 추적하다 보면 만나게 되는 인물이 있다. 18세기 중반을 살았던 사람, 이중환이다. 이중환은 집도 절도 없이 떠돌아다니면서 마음 편하게 살 곳을 물색했고, 환갑 무렵에 내놓은 그 결과물이 《택리지》이다. 그가 쓴 《택리지》는 무려 20년의 현장답사 끝에 나온 책이다. 좋게 말해서 현장답사지 정확하게 표현한다면 정처 없는 강호유랑이었다. 현장답사, 즉 강호유랑은 아무나 하는 게 아니다. 등 따습고 배부르면 못하는 일이다. '끈 떨어진 연'이 되었을 때 가능한 일이다. 고금을 막론하고 인생은 끈이 떨어져 봐야 비로소 산천이 눈에 들어오는 법이다.

《택리지》는 《정감록》과 함께 조선 후기에 가장 많이 필사된 베스트셀

러였다. 현장에서 건져 올린 생생한 정보가 많이 담겨 있었기 때문이다. 장사하는 사람들은 각 지역의 특산물과 물류의 흐름을 파악할 수 있었고, 풍수를 연구하는 사람들은 전국의 지세와 명당이 어디인지를 알 수 있었으며, 산수 유람가에게는 여행 가이드북이 되었다.

그러한 《택리지》의 현장정신을 계승한 책이 이번에 다시 나오는 《신정일의 신 택리지》다. 이 책의 저자인 신정일 선생은 30년 넘게 전국의 산천을 답사한 전문가이다. 아마 이중환보다 더 다녔으면 다녔지 못 다닌 것 같지가 않다. 우리나라 방방곡곡 안 가 본 산천이 없다. 1980년대 중반부터 각 지역 문화유적은 물론이거니와, 400곳 이상의 산을 올랐다. 강은 어떤가. 한강, 낙동강, 금강, 섬진강, 영산강, 만경강, 동진강, 한탄강을 발원지에서부터 하구까지 두 발로 걸어 다녔다. 어디 강뿐인가. 영남대로, 관동대로, 삼남대로를 비롯한 우리나라의 옛길을 걸었고, 부산 오륙도에서 통일전망대까지 동해 바닷길을 걸은 뒤 문광부에 최장거리 도보답사 코스로 제안해 '해파랑길'이 조성되었다. 그의 원대한 꿈은 그것으로 그치지 않고 원산의 명사십리를 거쳐 두만강의 녹둔도에 이르고 블라디보스토크를 지나서 러시아를 돌아 아프리카의 케이프타운까지 걸어가겠다는 것이다. 낭인팔자가 아니면 불가능한 성취(?)이다.

신정일 선생의 주특기는 '맨땅에 헤딩'이다. 이마에 피가 흘러도 이를 인생수업으로 생각하는 끈기와 집념의 소유자다. "아픈 몸이 아프지 않을 때까지 가자"라는 김수영 시인의 시를 곧잘 외우는 그는 길 위에 모든 것이 있다고 설파한다. 두 갈래 길을 만날 때마다 그가 선택한 길은 남들이 가지 않는 길이었다. 왜냐하면 스스로를 강호江湖 낭인이라고 생각했기 때문이다. 강호파는 가지 않는 길에 들어가 보는 사람이다.

《주역周易》에 보면 '이섭대천利涉大川'이라는 표현이 여러 번 나온다. '큰 내를 건너면 이롭다'라는 이 말은, 인생의 곤경을 넘는 것이 큰 강을 건너는 것만큼이나 힘들다는 뜻이다. 그런데 신정일 선생은 이 강을 무서워하지 않았다. 높은 재를 넘는 것도 두려워하지 않았다. 인생의 수많은 산과 강과 먼 길을 건너고 넘고 걸었으니 무슨 두려움이 남아 있겠는가. 그는 자기 앞에 놓인 인생의 강과 산을 넘은 것이다. '이섭대천'이라 했으니 큰 강을 건넌 신정일 선생에게 행운이 깃들기를 바란다.

조용헌(강호동양학자)

아름다운 영남에서 풍류에 취하다

'사람이 살 만한 곳', 아니 '살고 싶은 곳'은 도대체 어디를 말함인가?

《논어》에는 "마을이 인仁하다는 것은 아름다운 것이다. 스스로 골라 인한 곳에 살지 않는다면 어찌 지혜롭다 하겠는가"라는 글이 있다. 《택리지》에도 이와 비슷한 내용의 복거卜居, 즉 살 곳을 점쳐서 정한다는 개념이 있다. 이처럼 살 곳을 정하는 문제는 단순히 생활의 윤택함을 도모하는 것을 넘어서 인仁을 추구하고 지혜를 추구하며 인간다운 삶을 살고자 하는 의지의 차원이라고 볼 수 있다. 나는 1980년대 중반부터 우리나라 전 국토를 두 발로 걸었다. 크고 작은 400여 개의 산을 오르고 남한의 팔대 강과 영남대로, 삼남대로, 관동대로 등을 따라가며 곳곳에 있는 문화유산과 그 땅에 뿌리내린 삶을 만났다. 그 길에서 느낀 것은 산천이 나만의 것이 아닌 우리 모두의 것이라는 사실과 그 길들을 올곧게 보존해서 후세에 물려주어야 한다는 사실이었다. 한 발 한 발 걸으며 내가 발견한 것은 바로 나였고, 처연하도록 아름다운 우리 국토였으며, 그 국토를 몸서리치도록 사랑하고 있다는 사실이었다.

　나는 이 책을 이중환의 《택리지》에 기반을 두고 인문 지리 내지 역사 지리학의 측면에서 '지금의 택리지'로 다시 쓰고자 했다. 이중환이 살다 간 이후 이 땅에 얼마나 많은 일들이 일어났고 얼마나 많은 인물들이 태어나고 사라졌는가. 그것을 시공을 뛰어넘어 시냇가에서 자갈을 고르듯 하나하나 들추어내고 싶었고, 패자 혹은 역사 속으로 숨어들었던 사람들을 새롭게 조명하고자 했다.

　이중환은 《택리지》 '경상도'를 "지리가 가장 아름다운 경상도는 강원도 남쪽에 있으며 서쪽으로는 충청도·전라도와 맞닿았다"로 시작한다. 《신정일의 신 택리지―경상》은 황지에서 발원하는 낙동강 유역 고을인 예안과 안동에서 시작된다. 이중환은 《택리지》 말미에 '경상도'를 마치며 "경상좌도는 벼슬한 집이 많고 경상우도는 부유한 집이 많다 한다"라는 언급을 한다. 경상도는 현재에도 우리나라 정치와 경제의 한 축이다.

　좌도와 우도를 아우르며 군항인 진해구까지 이어진 경상도 역시 다른 지역과 마찬가지다. 지금 우리 땅에는 250년 전 이중환이 살 만하다 했던 계곡이나 강가는 물론 살기에 척박한 곳이라 했던 바닷가에 별장과 콘도를 비롯한 숙박업소와 음식점 등이 빼곡하며 곳곳에는 골프장이 들어섰다. 온 나라 산에 묘지가 넘쳐 몸살을 앓고, 강은 강대로 환경 오염과 직강화 작업 및 댐 건설로 예전의 모습이 아니다. 수많은 길이 콘크리트로 뒤덮인 채 거미줄처럼 얽혀 자동차와 기차는 다녀도 정작 사람은 마음 놓고 걸을 수 있는 길은 어디에도 없다. 나그네와 보부상들, 신경준과 이중환 그리고 김정호가 걸었던 길은 사람이 다닐 수 없는 길이 되었고, 불과

20여 년 전만 해도 사람의 왕래가 잦았던 강 길은 그 흔적조차 찾을 수 없게 되었다.

일찍이 성호 이익은 "정신이란 모습 속에 있는 것인데, 모습이 이미 같지 않다면 어찌 정신을 전할 수 있겠는가?"라는 말로 변해 가는 세태를 꼬집었다. 나보다 앞서 이 길을 걸었던 매월당 김시습과 이중환, 김정호 등 옛사람들에게 우리 국토는 어떤 모습이었을까? 지금처럼 도처에 숲처럼 펼쳐진 아파트나 강가에 즐비하게 늘어선 매운탕집과 '가든' 그리고 바닷가를 에워싼 저 수많은 횟집들은 없었을 것이다. 무서운 속도로 시시각각 다가오는 자동차들이 없으니 걸어가면서 충분히 자유로웠을 것이다.

영남대로를 같이 걸었던 모 방송국 PD 신현식 씨는 문경새재를 넘어서면서부터는 영남대로가 걸어 다닐 만한 길이 아니라고 했다. '살 제 진천, 죽어 용인'이라는 말과 달리 지금의 용인 일대는 살아 있는 사람들이 이런저런 이유로 몰려와 불야성을 이루고 있다. 용인을 지나 성남의 판교에 접어들면 말 그대로 우리나라 전역이 땅 투기장으로 변한 느낌이었다.

삼남대로는 또 어떤가! 차령을 넘어 천안에 접어들면 길이 대부분 도회지를 통과하기 일쑤였다. 옛 모습을 그나마 간직하고 있는 관동대로 역시 개발의 바람이 불어 하루가 다르게 산천의 모습이 달라지고 있다.

근래에 생명 사상과 환경 문제가 대두되면서 산과 강이 새롭게 조명되고 《택리지》가 여러 형태로 논의되지만 이 시대에 맞는 《택리지》는 다시 쓰이지 않았다. 이러한 것들이 미흡하지만 이 땅의 산과 강을 오랫동안 걸어 다닌 나에게 《택리지》를 다시 쓰도록 부추겼다.

30여 년간 우리 땅 구석구석을 두 발로 걸어온 결과물을 총 11권으로 완결하게 되었다. 역사와 지리, 인문 기행을 더해 수백 년 전과 현재의 모습을 비교하고 선조들이 자연과 조화를 이루며 살았던 흔적을 고스란히 담으려 노력했다. 빌딩이 산의 높이를 넘어서고, 강의 물길이 하루아침에 바뀌는 시대에 살고 있지만, 여전히 산수와 지리는 우리 삶의 근간이다. 우리가 바로 지금 두 발로 선 이 땅을 자연과 사람 모두가 더불어 사는 명당으로 만드는 것은 다름 아닌 우리 자신일 것이다.

마지막으로 독자들과 함께 간절한 기도를 전하고 싶다.

"간절히 원하노니, 청화자青華子 선생이여! 지금 이 땅에 살고 있는 상처 입은 사람들이 더불어 조화롭게 살 수 있도록 그대가 꿈꾸었던 이상향을 보여 주십시오!"

온전한 땅 전주에서

신정일

개요

인재와 문화의 보고 경상도

꿈을 품은 고개를 넘어

백두산에서부터 비롯한 백두대간이 태백산을 지나 소백산으로 이어진
다. 죽령과 문경새재를 지나 속리산에 이르고 화령을 지나면 추풍령이다.
덕유산을 넘어 영취산을 지나면 지리산에 이르는데, 백두대간 동쪽에 펼
쳐진 넓은 지역을 경상도慶尙道라고 부른다. 땅이 넓고 아름다운 경상도
는 신라 천년의 고도 경주와 삼백三白의 고장 상주에서 한 자씩 딴 이름
이다. 강원도 아랫자락에 있으며 서쪽으로는 충청도, 전라도와 경계가 맞
닿아 있다. 이중환의 《택리지》는 경상도를 다음과 같이 시작한다.

　지리가 가장 아름다운 경상도는 강원도 남쪽에 있으며 서쪽으로는 충청도,
전라도와 맞닿았다. 북쪽에는 태백산이 있다. 풍수가가 말하는 하늘로 치솟은
수성의 형국이다. 태백산 왼쪽에서 나온 하나의 큰 지맥은 동해로 바짝 붙어
내려오다가 동래 바닷가에서 그치고, 오른쪽에서 나온 하나의 큰 지맥은 소백
산小白山, 작성산鵲城山, 주흘산主屹山, 희양산曦陽山, 청화산靑華山, 속

리산俗離山, 황악산黃岳山, 덕유산德裕山, 지리산智異山 등이 된 다음 남해에서 그친다. 두 지맥 사이에는 기름진 들판이 천 리에 펼쳐져 있다.

황지는 천연 못으로 태백산 상봉 밑에 있으며, 물이 산을 뚫고 흘러나온다. 북쪽에서 남쪽으로 내려와 예안에 이르고 동쪽으로 굽이졌다가 다시 서쪽으로 안동 남쪽을 둘러 흐른다. 용궁龍宮과 함창咸昌 경계에 이르러 비로소 남쪽으로 굽이지며 낙동강이 된다. 낙동洛東이란 상주(옛 상락上洛)의 동쪽이란 뜻이다. 강은 김해로 들어간다. 낙동강이 경상도 전체의 한복판을 가로질러서 강 동쪽을 좌도라 하고, 서쪽을 우도라 한다. 두 지맥은 김해에서 크게 합쳐지고 70개 고을의 물이 하나의 수구로 빠져나가면서 큰 형국을 만들어 놓았다.

《연려실기술》〈지리전고〉에 따르면 "경상도의 고을들은 조령鳥嶺(새재)과 죽령竹嶺 두 고개 남쪽에 있기 때문에 영남嶺南이라 부른다" 했고, 《세종실록지리지》에 따르면 "그 땅의 동남쪽에는 큰 바다가 있고, 서쪽은 지리산을 경계로 하여 감음현減陰縣 육십현六十峴에 이르고, 북쪽은 죽령竹嶺을 경계로 하여 문경현聞慶縣 초점草岾에 이르는데, 대구군(현 대구)이 도 중앙에 있다. 동서가 376리, 남북이 448리다" 했다.

영조 때 편찬된 《여지도서》에 따르면 당시 호구 수는 35만 9840호이고, 인구는 153만 5713명이었다. 그중에서 남자는 67만 1842명이며, 여자는 86만 3871명이었다. 여자가 월등히 많았음을 알 수 있다. 또한 경상도 전역을 연결하는 역참이 있었는데, 그중에서도 영남대로의 주도로인 문경에서 동래에 이르기까지 역참마다 세 개 역에 역졸을 한 명씩 나누어 배치하여 다달이 돌아가면서 번을 서게 했다.

경상도 북쪽에 태백산이 있는데, 풍수가들은 태백산을 "하늘에 치솟은 수성(산봉우리 모양이 굽은) 형국"이라 했고, 조선 현종 때 문인 미수眉叟 허목許穆은 《기언記言》에서 "태백산은 신라 때 북악北嶽이다. 문수文殊, 대박大朴, 삼태三台, 우보虞甫, 우검虞檢, 마라읍摩羅邑, 백산白山이 모두 큰 산"이라고 했다. 또한 고려 때의 최선崔詵은 예안 〈용수사기龍壽寺記〉에 "천하의 명산은 삼한에 많고, 삼한의 명승은 동남이 가장 뛰어나다. 동남의 거산은 태백의 우두머리가 된다" 했다.

백두대간이 금강, 설악, 두타, 청옥을 지난 다음 태백에 이르고 신당, 소백으로 구부러지기 전에 부산 동래, 수영 바닷가에 이르는 하나의 큰 정맥을 펼쳐 놓았으니 그 정맥이 바로 낙동정맥이다. 낙동정맥은 백병산, 통고산, 백암산을 거쳐 청송의 비경이자 국립공원으로 지정된 주왕산에 이른다. 《산경표山經表》에 주방산周方山으로 기록된 주왕산을 지난 낙동정맥은 주사산, 사룡산을 지나 화랑들의 수련장이었던 단석에 이른다. 단석산에서 산기山氣를 충일한 낙동정맥은 가지산, 신불산, 취서산 일대의 웅장한 줄기를 지난 뒤 언양 휴게소에서 고속 도로를 건넌다. 그 한줄기는 삼랑진에서 낙동강을 만나고 나머지 낙동정맥은 그 산줄기를 따라 부산의 금정산에 이른다. 백양산으로 낮게 이어진 낙동정맥이 다대포의 몰운대에서 벼랑이 되면서 바다 속으로 몸을 숨긴다.

태백산에서 오른쪽으로 이어진 백두대간이 소백산, 작성산, 주흘산, 희양산, 청화산, 속리산, 황악산, 덕유산, 지리산이 된 다음 남해에서 그 명을 다하고 그곳에서 시작되는 정맥이 낙남정맥洛南正脈이다. 두 지역 사이에는 기름진 들판이 넓게 걸쳐져 있다.

《산경표》에서는 낙남정맥을 '낙남정간'이라고 부르는데, 정맥의 시작
점은 정확하게 지리산 영신봉이다. 해발 300~800미터의 높고 낮은 산들
로 이어지는 낙남정맥 북쪽으로 흐르는 물은 낙동강이 되고, 영신봉에서
옥산에 이르는 구간의 남쪽은 서쪽에 있는 섬진강으로 물을 보낸다. 그러
나 낙남정맥이 방향을 동쪽으로 정한 이후에는 남쪽 바닷가로 물이 흐른
다. 마산의 무학산, 김해의 익산을 지난 후 낙동강 하구를 지키는 분산에
서 끝나는 낙남정맥은 남부 해안 지방과의 경계로 작용하고, 생활 문화와
특이한 기후를 형성하는 중요한 산줄기가 된다.

1

조령과 죽령 남쪽에 있는 고을

땅으로 기어 흐르던 낙동강

낙동강의 시작

'낙동강에 오리 알 떨어지듯 한다'는 말이 있다. 이 말은 낙동강에 오리 알이 떨어져도 흔적이 없듯이, 일은 했지만 별로 눈에 띄지 않는다는 의미다. 인간의 삶은 유한하지만 "강물은 감자를 심지 않네. 목화도 심지 않네. 심는 사람은 잊히지만, 유장한 강물은 흘러서 갈 뿐"이라는 옛 팝송의 가사처럼 세세 천년만년을 흘러온 강물은 그침이 없이 유장하게 흐른다는 뜻도 있다. 낙동강은 우리나라에서 세 번째로 길고 남한에서 제일 큰 강이다. 낙동강은 함백산 천의봉 너덜샘에서 발원하는데, 그 물이 지나가는 태백산 자락에 천연 연못 황지黃池를 만들어 냈다. 낙동강 원류의 하나가 되는 이곳에 '황 부자 전설'이 서려 있다. 전라남도 장흥군 장흥읍 억불산에 전해지는 며느리바위 설화와 매우 비슷한데, 《한국지명총람》(한글학회)에 따르면 낙동강의 발원지인 황지의 유래는 이렇다. 옛날에 이곳에 황씨라는 인색하기로 소문난 부자가 살았다. 어느 날이었다. 마구간을 쳐내고 있는 황씨 집에 중이 와서 시주를 청하자 황씨는 곡식은 주지 않고 쇠똥을 던져 주었다. 그러한 처사를 민망하게 여긴 황씨의 며느리가 시아버지 모르게 쌀 한 되를 중에게 주면서 사과를 하자 그 중이 시아버지 모르게 다음과 같이 말했다. "이 집이 곧 망할 것이니 그대는 나를 따라오라. 그러나 어떤 일이 일어나더라도 뒤를 돌아보지 마라." 그 말을 들은 며느리가 아이를 업은 채 중을 따라서 구사리 산 정상 무렵까지 왔는데 벼락 치는 소리가 나면서 천지가 진동했다. 놀란 며느리가 중의 당부를 잊은 채 뒤를 돌아보니 그가 살았던 집이 못으로 변해 있었다. 어떤 일이 일어나더라도 뒤를 돌아보지 말라던 중의 당부를 어긴 며느리는 그 자리에서 아기를 업은 채 돌부처가 되고 말았다.

황지 물은 한국의 명수名水 100선에 들 정도로 양이 풍부하며 맛이 좋아 1989년까지만 해도 태백시 상수도의 수원으로 이용되었지만, 지금은 삼척시 하장면에 위치한 광동댐의 물을 끌어다 쓰고 있다. 《신증동국여지승람新增東國輿地勝覽》이나 이중환李重煥의 《택리지擇里志》, 삼척의 향토 역사지인 《삼척주지三陟州誌》에도 황지라는 이름이 빠지지 않고 나오는데, 원래 못은 지금의 두 배쯤 되었고 주변에는 숲이 울창하게 우거져 있었다고 한다. 그러나 지금은 높고 낮은 건물들에 둘러싸인 작은 못일 뿐이다. 황지는 수온이 영하 30도로 떨어져도 얼지 않으며 큰 홍수나 가뭄에도 수량이 늘거나 주는 일이 없다고 한다. 말하자면 우리나라 최대 석탄 생산지인 황지, 도계, 장성, 철암을 연결하는 태백산 지구의 지하수가 황지로 솟아오른 것이다.

1300리(약 525킬로미터)를 유장하게 흐르는 낙동강은 삼국시대에는 황산강黃山江, 황산하黃山河, 황산진黃山津으로 불렸다. 《경상북도지명

유래집》을 보면 낙양리洛陽里는 중국의 낙양성을 본떠서 붙여진 이름으로 낙양의 동쪽을 낙동, 서쪽을 낙서, 남쪽을 낙평, 북쪽을 낙원이라 했다. 상락이 부근에 있었으며 이곳에 조선시대 역驛이 있었다고 한다. 또한 낙동면과 낙동리는 1914년 행정 구역 통폐합에 따라 지역을 둘러 흐르는 낙동강의 이름을 따서 낙동면이라 했다. 그래서 낙양(현 상주)의 동쪽에 있으므로 낙동이라는 이름이 붙게 된 것으로 볼 수 있지만, 가락駕洛(가야)의 동쪽에 있다고 해서 낙동강이라고 했다는 설도 있다. 정약용丁若鏞은《아방강역고我邦疆域考》에서 낙동강을 이렇게 설명한다.

황수黃水는 태백산 황지에서 시작한다. 서남쪽으로 흘러 300리쯤에 있는 함창에 닿고 동으로 굽어져 남쪽으로 또 300리를 흘러서 함안에 이른다. 북쪽으로 굽어 동으로 100리를 흘러 김해의 동북 황산포구에 이른다. 여기서 남쪽으로 바다에 들어간다. 낙동이라 함은 가락의 동쪽이라는 말이다.

한편 이긍익李肯翊이 지은《연려실기술燃藜室記述》〈지리전고〉에는 낙동강이 다음과 같이 실려 있다.

낙동강은 상주 동쪽을 말한다. 낙동강의 상류와 하류는 비록 지역에 따라 이름이 다르지만, 모두 통틀어 낙동강이라 부르며 이 강은 또 '가야진伽倻津'이라고도 한다. 강 동쪽은 좌도가 되고, 강 서쪽은 우도가 된다. 고려 때에는 낙동강과 호남의 섬진강·영산강 두 강을 거슬러 흐르는 3대 강이라고 하였다.

황지

낙동강은 함백산 천의봉 너덜샘에서 발원하는데,
그 물이 지나가는 태백산 자락에 천연 연못 황지를 만들어 냈다.

낙동강

약 525킬로미터를 유장하게 흐르는 낙동강은
삼국시대에는 황산강, 황산하, 황산진으로 불렸다.

경상도의 고을들은 조령과 죽령 두 고개 남쪽에 있으므로 영남이라 부른다. 조선 태종 7년(1407)에 군사 행정상의 편의를 위하여 경상도를 좌우로 나누어 낙동강 동쪽을 경상좌도, 그 서쪽을 경상우도라 했다. 그 뒤 중종 14년(1519) 5월에 경상도 지역이 크고 사무가 번잡하므로 좌도와 우도에 각각 감사를 두었다가, 11월에 폐해가 많다는 이유로 다시 하나로 합쳤다. 그러나 수사水使, 병사兵使 등 군사상 직제는 좌·우도로 나누었다. 그 후 다시 나누어 좌도 감영은 경주에, 우도 감영은 성주 팔거에 두었다가, 중종 29년에 합하여 하나의 도로 하면서 감영을 대구로 옮겼다.

경상좌도에는 울산, 양산, 연일, 동래, 청송, 예천, 풍기, 밀양, 칠곡, 경산, 청도, 영양 등 37개의 군현이, 경상우도에는 성주, 선산, 합천, 함양, 의령, 남해, 거창, 사천, 하동, 고성, 창원 등 28개의 군현이 속했다. 그 뒤 1896년에 경상도를 남북의 두 개 도로 나누어 오늘에 이르고 있다.

낙동강변에서 나고 자란 시인 안도현은 〈다시 낙동강〉이라는 시로 옛 시절을 추억한다.

아우야
우리가 흰 모래밭 사금파리 반짝이는 소년이었을 때
앞서거니 뒤서거니 땅으로만 기어 흐르던 낙동강이
오늘은 저무는 경상도 하늘 한 끝을 적시며 흐르는구나
아무도 모를 것이다. 정말로
강물이 하나의 회초리라는 것을
우리 어린 종아리에 감기던 아버지 싸리나무 푸른 매

강물도 하회下回 부근에서 들판의 종아리를 때리며 가는구나

(…)

잊히고 만 역사, 가야

《택리지》에 "상고 적에 사방 100리 되는 나라가 도내에 매우 많았으나 신라가 건국되면서 통일하였다"라고 기록되어 있는데 가야를 언급한 것이다. 가야는 서기 전후 무렵부터 562년까지 우리나라의 남단 경상남북도 서부 지역에 존재하던 국가들의 총칭이다. 또는 좁은 의미에서 보면 김해의 가야국이나 고령의 대가야국을 일컫는다. 기원을 전후한 시기에 경상남도 해안 지대에 철기 문화가 발달하면서 사회 통합이 진전되어 소국들이 나타나기 시작했다. 이러한 발전 추세가 지속함에 따라 소국 간의 통합이 한 단계 더 진행되어, 2~3세기에 변한 지역은 김해의 가야국을 중심으로 변한 소국 연맹, 즉 전기 가야 연맹을 이루게 되었으며 그 세력 범위는 낙동강 유역 일대에 널리 퍼지게 되었다.

그러다가 4세기 초 이후 국제 관계의 변화에 따라 가야 연맹이 약화하기 시작하여 4세기 말에서 5세기 초에는 거의 몰락하며 가야라는 이름은 더 이상 역사 주체로서 구실을 하지 못하고 사라지는 듯했다. 그러나 4세기 후반에 들어 옛 가야 지역의 내부에서 재통합의 기운이 일어 지배 권력의 주체 및 중심 지역이 옮겨져서, 고령의 대가야국을 중심으로 후기 가야 연맹이 형성되었다. 다시 역사에 나타난 가야는 백제, 신라와 대등

하게 세력을 다투며 6세기 초 소백산맥과 낙동강 사이에서 세력권을 확립하기에 이르렀다. 그러나 신라 사로국과 백제의 국력이 놀랄 만큼 커짐에 따라 530년대에 김해의 금관국을 비롯한 남부 지역이 신라에 병합되자 가야는 다시 약화하고, 결국 562년 고령 대가야가 신라에게 병합되면서 후기 가야 연맹은 완전히 몰락했다.

《삼국사기》를 보면《삼국지》〈위서〉 동이전에서와는 다른 이름을 가진 나라가 여럿 나온다. 그중에 오늘날 경상북도 지방에 있었다고 생각되는 나라는 다음과 같다. 경주시와 월성군에 있던 사로국斯盧國, 월성군 안강읍에 있던 비지국比只國, 대구시 또는 영일군 홍해에 있던 다벌국多伐國, 영월군 기계면 또는 경상남도 합천군 초계면에 있던 초팔국草八國, 영천군에 있던 골벌국骨伐國, 경상군 압량면에 있던 압독국押督國, 청도군 이서면에 있던 이서국伊西國, 의성군에 있던 조문국召文國, 금릉군 개령면에 있던 감문국甘文國, 상주군에 있던 사벌국沙伐國 등이다.

《신증동국여지승람》에 "본래 대가야국이다. 신라의 진흥왕이 그것을 멸망시키고 그 땅을 대가야군으로 하였고, 경덕왕이 지금의 이름으로 고쳤다"라는 기록이 나오는데, 가야를 멸망시킨 신라는 국운을 천년 동안 누렸다. 그 도읍지가 예로부터 '동방에서 아침 햇빛이 맨 먼저 닿는 땅'이라고 알려진 경주다.

고령 대가야 왕릉

변한 소국의 하나인 반로국은 세력을 키워 대가야국으로 발전했으며 고령군 일대에
거대한 고분까지 축조하고 불교를 받아들여 이곳에 연꽃무늬 벽화도 남겼다.

산과 물이 빼어난 경주

《삼국유사》는 경주慶州를 "절은 하늘에 별처럼 늘어서 있고, 탑은 기러기 떼처럼 솟아 있다寺寺星張 塔塔雁行"이라 묘사했다. 신라 천년의 고도 경주 남산이 그러한 곳이다. 남산에는 절터가 150여 군데, 불상이 120좌, 탑이 100기가 있으며, 왕릉이나 유적까지 더하면 670여 점의 문화재가 산재해 있어 지붕 없는 박물관이나 다름이 없다.

남산 자락에 펼쳐진 경주에 자리 잡은 신라를 두고 당나라의 태종은 "진실로 군자의 나라로다" 했으며, 《수서隋書》에는 "의복의 빛깔은 흰색을 숭상하며, 부인들은 머리털을 땋아 머리에 두르고 여러 가지 비단과 구슬로 꾸민다"라고 실려 있다. 《신증동국여지승람》에는 경주가 다음과 같이 실려 있다.

본래 신라의 옛 수도였다. 한漢나라 오봉五鳳 원년에 신라 시조 혁거세가 나라를 열고 도읍을 세워 서야벌徐耶伐이라고 하였으며(그 뒤부터는 방언으로 왕경을 서야벌이라고 통칭) 또는 사라斯羅, 사로斯盧라 하다가 뒤에 신라라 일컬었다. 탈해왕 때 시림始林에 괴이한 닭의 일이 있었으므로 이름을 계림鷄林이라 고치고 이것을 나라의 이름으로 하였는데, 기림왕이 다시 신라로 고쳤다. 고려 태조 18년(935)에 경순왕 김부金傅가 와서 항복하니 나라는 없어지고 경주라 하였다.

고려 태조 23년(940)에야 경주라는 이름을 얻은 이곳 산천의 생김을 회룡고조回龍顧祖의 형국이라 했다. 즉 용이 돌아서서 조상을 돌아본다는 뜻으로, 본 산에서 갈라져 나온 가지가 휘돌아서 본 산과 마주 대하는 산세를 일컫는다. 경주 시내에 형산강兄山江이 흐른다. 형산강은 경상남도 울산시 두서면에서 발원하여 경주를 지나 동쪽으로 흐르면서 큰 강이 되어 포항에서 바다로 들어간다.

경주에 대하여 고려 후기 문신 이첨李詹은 "토지는 비옥하고 풍속은 순박하며 백성들은 예절과 겸양을 안다"라고 했고, 조선 전기 학자 정인지鄭麟趾는 "번화하고 아름다움이 남쪽 지방의 으뜸이다" 했다. 또한 《수서》에는 "땅은 산이 험한 데가 많다"라고 쓰여 있고, 조선 전기 문신 서거정徐居正은 "산과 물이 빼어나고 기이하다" 했다.

경주의 진산은 남산으로 신라 사영지四靈地 가운데 한 곳이다. 《삼국유사》를 보면 이곳에서 모여 나랏일을 의논하면 반드시 성공했고 가뭄이 심하면 기우제를 지냈다고 한다. 남산을 비롯한 경주에는 원효元曉에 대한 여러 이야기가 남아 있다. 다음은 《여지도서與地圖書》에 실린 요석궁과 관련한 이야기다.

신라의 승려 원효가 일찍이 말하기를 "누가 자루 빠진 도끼를 줄 터인가? 하늘 고일 기둥을 내가 깎아 주겠네"라고 하였다. 태종 무열왕이 이 노래를 듣고 말하기를 "이는 스님이 귀부인을 얻어서 훌륭한 아들을 낳고 싶다는 말이다. 나라에 큰 어진 이가 있다면 이보다 더 큰 이로움은 없다" 하였다. 그때 요석궁에 왕실의 과부가 있었다. 왕이 요석궁 관리에게 명하여 원효를 찾게 하였더니 원효가 남산에서 내려와 유교楡橋를 지나다가 요석궁 관리와 마주쳤다.

거짓으로 물속에 빠지니, 그 관리가 원효를 요석궁으로 데리고 가서 옷을 말리고 그대로 묵게 하였다. 과연 과부가 임신하여 아들을 낳으니, 그 아들이 바로 설총이다. 요석궁 터는 향교 남쪽에 있고, 유교는 궁터의 남쪽에 있다.

불국사와 토함산의 석굴암을 비롯하여 반월성, 포석정, 괘릉掛陵 등 수많은 문화유산을 남긴 신라는 대소 가야국을 다 차지한 뒤 당나라와 연합 작전으로 고구려와 백제를 차례로 멸하고 삼국을 통일했다. 신라는 삼국통일 이후에 잠시 정치적 안정을 누릴 수 있었으나 얼마 지나지 않아 여러 가지 모순에 부딪혔다. 국가의 중요한 정책을 결정할 수 있는 신분층이 진골에 한정되어 있었으므로 6두품 이하에서는 불만이 쌓일 수밖에 없었다. 더구나 지방에서 실제로 영향력을 행사했던 실력자들은 자신의 처지에 걸맞은 대우를 받지 못하고 있었던 만큼 국가에 더 이상 애착을 가질 수가 없었다.

그런 가운데 중앙의 귀족들은 지방에 대토지를 소유하여 거기서 나오는 수입으로 화려한 생활을 누렸고, 급기야 왕위 쟁탈전에 몰두하기 시작했다. 그리하여 통일 이후의 안정기가 150여 년을 넘기지 못하고 반란이 빈발하면서 중앙 정부는 지방에 대한 통제력을 상실해 갔다. 지방에서는 유력자들이 성장하여 권력 욕구를 키우고 있었으나 골품제가 유지되는 한 그들의 욕구는 충족될 수 없었다. 오죽했으면 진흥왕 때 설계두라는 사람이 "신라에서는 사람을 쓸 때 골품을 따지므로 정해진 신분이 아니면 비록 큰 공을 세워도 한계가 있다" 하며 신라를 등지고 당나라로 떠나 버렸을까.

불국사 삼층석탑

경주 불국사 삼층석탑(국보 제21호)의 원래 이름은
'석가여래상주설법탑釋迦如來常住設法塔'으로 '석가탑'이라고 줄여서 부르기도 한다.

불국사 극락전

경주시 토함산 기슭에 있는 불국사는 신라의 불교 문화는 물론이고 나아가
한국 불교를 대표하는 사찰이다.

당시 이런저런 이유로 신라를 등진 사람들이 많았는데, 남산 자락에 있었던 남산사南山寺에 얽힌 이야기가 《신증동국여지승람》에 다음과 같이 남아 전한다.

대세라는 신라 사람은 넓은 세상으로 나가고자 했다. 진평왕 9년(587)에 담수라는 승려를 만나 다음과 같이 말하였다.

"신라의 이 산골짜기 사이에서 한평생을 마친다면 연못 속의 물고기나 새장 안의 새와 무엇이 다르겠습니까? 내 장차 뗏목을 타고 바다를 떠다녀서 오나라, 월나라와 같은 먼 나라에서 가서 이름난 스승을 따라 이름난 산에 들어가 도를 닦으려 합니다. 만약 나처럼 평범한 사람이 신선으로 바뀔 수 있는 길을 배울 수 있다면 광활한 하늘 너머로 바람을 타고 훨훨 날아갈 수 있을 것이니, 이는 천하의 기이한 유람으로 웅장한 구경거리일 것입니다. 그대는 나를 따라갈 수 있겠습니까?"

담수는 그 말에 대답하지 않았다. 대세가 그 자리에서 물러 나오다가 구칠이라는 사람과 마주쳤는데, 그는 굳세고 절개가 빼어났다. 드디어 그와 함께 남산사에서 노닐었는데, 별안간 바람이 불고 비가 내려 낙엽이 뜰에 괸 물에 떴다. 그것을 본 대세가 구칠에게 말하였다.

"나는 그대와 함께 서쪽으로 노닐러 가고 싶은 뜻이 있습니다. 각각 나뭇잎 한 개씩을 취하여 배로 삼아서, 그것이 떠내려가는 차례를 가지고 우리가 떠나가는 순서를 살펴보기로 합시다."

잠시 뒤 대세의 나뭇잎이 앞서 떠나기 시작했다. 대세가 웃으며 구칠에게 말하였다.

"나는 그곳으로 갑니다."

그 말을 들은 구칠이 성을 발끈 내며 말하였다.

"나도 남자인데, 어찌 나만 남아 있으란 말입니까?"

마침내 그들은 서로 친구가 되어 남해에서 배를 타고 떠났다. 그 뒤로는 그들이 간 곳을 알지 못하였다.

'마음이 가면 몸도 간다'라는 옛말처럼 마음으로 나뭇잎을 움직여 다른 나라로 떠났다는 이야기 속의 주인공들은 그 뒤로도 수없이 나타나 신라를 떠났다. 결국 신라는 9세기 말부터 지방 세력의 반란으로 걷잡을 수 없는 혼란에 빠져들었다. 당시 진성여왕은 그러한 사실을 감지하지 못한 채 호색에 빠져 있었고, 여왕의 총애를 받는 몇몇 가신들의 횡포로 기강은 극도로 문란해졌다. 왕실의 권위는 땅에 떨어졌고, 그 틈에 지방 호족들은 나라 곳곳을 점령하여 반半독립적 세력을 형성하고 있었다. 이에 따라 농민들은 국가와 호족 그리고 연이어 계속되는 자연재해라는 삼중 수탈에 시달렸다.

엎친 데 덮친 격으로 진성여왕 2년(888) 5월에는 큰 가뭄이 들었다. 농사를 망친 농민들은 그다음 해에 공부貢賦를 바치지 못했다. 결국 농민들이 세금을 못 내자 국고가 텅텅 비고 나라 살림이 어려워졌다. 농민층의 몰락은 국가 재정을 파국으로 몰고 갔다. "나라 안의 여러 주군州郡에서 공부를 나르지 않으니 부고府庫가 비어 버리고 나라의 쓰임이 궁핍해졌다. 왕이 사신을 보내 납세를 독촉했지만 이로 말미암아 곳곳에서 도적이 벌 떼같이 일어났다"라는 《삼국사기》의 기록으로 보아 당시의 상황이

경주 포석정

유상곡수流觴曲水의 연회를 행하던 포석정은 불국사와 토함산의 석굴암을 비롯하여
반월성, 포석정, 괘릉 등과 함께 신라가 남긴 문화유산 중 하나다.

얼마나 절박했는지를 짐작할 수 있다. 최치원崔致遠도 〈해인사묘길상탑지 海印寺妙吉祥塔誌〉에 그 무렵을 이렇게 기록하고 있다.

> 굶주려 죽은 시체와 전쟁터에서 죽은 시체가 들판에 별처럼 즐비하였다. (…) 하늘과 땅은 온통 어지러워지고 들판은 전쟁터가 되니 사람들은 방향을 잃고 행동은 짐승과 같았다. 나라가 기울어지려고 한다.

천년 사직 신라가 저물어 가고

농민들의 저항은 시간이 흐를수록 거세게 전개되었고, 초적草賊 또는 적고적赤拷賊이라고 일컬었던 도적 떼는 붉은색 바지를 입고 관아를 습격하여 비축된 관곡을 약탈해 갔다. 그때 합천 해인사도 농민들의 습격을 받았다.

진성여왕 3년 사벌주(현 상주)에서 일어난 원종과 애노의 폭동을 필두로 하여 죽주의 기훤, 북원의 양길, 염주의 유긍순, 괴산의 청길 등이 앞다투어 일어났다. 그러자 신라의 조정을 두고 '다섯 겹으로 둘러친 햇무리가 중천에 떠 있다'는 불길한 소문이 떠돌았다. 그때 신라 헌안왕의 서자였지만 음모로 인하여 애꾸눈이 된 채 세달사에서 승려로 있던 궁예가 나타난다. 기훤의 부하로 있던 궁예가 개성, 철원 지역을 중심으로 후고구려를 세운 때는 진성여왕 7년(893)이었다.

고구려 유민들의 호응을 받으며 한반도를 재통일하기 위해 궁예가 불철주야 세력을 확장하고 있을 때 상주 사람 견훤이 역사의 전면에 등장하게 된다. 이들 지방 세력은 서로 전투를 치르면서 더욱 큰 세력을 중심으로 통합되어 후삼국시대를 열었고, 고려 태조 18년(935) 신라의 마지막 왕 경순왕이 고려 태조 왕건에게 항복하면서 천년에 걸친 신라의 역사는 막을 내리게 된다. 조선시대의 문장가인 서거정은 〈반월고성半月古城〉이라는 시에서 세월의 흐름 속에 황폐해진 경주를 보며 다음과 같은 시를 남겼다.

> 반월성 머리에 날이 저물어 가니
>
> 길 떠난 나그네의 생각이 더욱 처량하여라
>
> 푸른빛 떠오르는 양산 기슭에는 운연이 잠긴 지 오래요
>
> 누른 잎 떨어진 시림始林에는 세월이 아득하구나
>
> 명활촌 남쪽에는 구름이 아득하고
>
> 흥륜사 북쪽에는 풀이 무성하네
>
> 평생에 불여의不如意 하니 어디에 쓰랴
>
> 술병 앞에서 곤드레 취해 볼까

광해군 연간에 편찬된 《동국지리지東國地理誌》에서 한백겸韓百謙은 신라의 수도에 대해서 다음과 같이 쓰고 있다.

신라 통일 후 수도를 중앙으로 옮겨 사방변민四方邊民을 통제하였다면 고구려의 옛 땅을 수습하여 요동 만주의 부여 땅까지 우리 영토가 되었을 것이

다. 그랬더라면 거란, 여진이 국경 밖에서 커질 수 있겠는가. 통일 당시 군신이 국토의 한 귀퉁이에서 편안함을 추구하는 수구적 태도로 인하여 서북의 땅만을 인적隣敵에게 주기를 헌신짝처럼 하였으니 고려 말까지 700년 동안 옛 강역 疆域 내의 형극을 제거하지 못하여 하루도 편안하지 못했으니 탄식할 일이다.

왕건은 고려 건국 이후 자웅을 겨루었던 견훤의 후백제마저 통합하여 후삼국을 통일했다. 신라를 병합한 고려가 새로운 시대를 맞아 개성(개경)으로 수도를 정하면서 역사의 중심 무대는 경상도에서 경기도와 황해도 지역으로 옮겨졌고, 경상도 지역은 앞 시대에 누린 한반도 역사의 중심 기능을 잃고 말았다.

왕건의 집권을 도운 경상도 지역의 신라 토착 세력과 개성으로 올라간 신라 쪽 사람들은 옛 고구려 지역 출신의 호족들과 대치하면서 새 왕조의 문물제도 정착과 한화漢化 정책, 즉 중국화 정책을 적극적으로 주장하면서 신라 문화의 전통을 지키려고 애썼다. 그러나 신라 출신의 사람들은 개성을 중심으로 한 중부 지방 출신이 정계의 주도권을 잡음으로써 11세기까지는 밀려나 있었다. 12세기 전반 묘청의 난을 계기로 김부식金富軾 일파가 집권하며 주도권을 장악하는 듯했지만 문신들의 득세에 불만을 품고 의종 24년(1170)에 일어난 무신의 난을 계기로 곧 무너지고 말았다.

토착 세력의 정계 진출이 이어지고

같은 경상북도라 하더라도 지역에 따라 고려 중앙 정부와의 관계와 토착 세력의 진출에서 큰 차이가 있었다. 경주, 안동, 성주 지역은 왕건의 후삼국 통일을 적극적으로 도와서 고려 왕조로부터 많은 특혜를 받았지만, 상주나 문경 등은 왕건의 적대 세력인 견훤의 출신 지역이어서 고려 중기까지도 토착 세력의 진출이 거의 없었다.

고려 문종 무신 집권기에 이의민李義旼과 연결되었던 경주의 토착 세력은 신라의 부흥을 위하여 중앙 정부에 반기를 들기도 했다. 그러나 안동과 상주 지방은 그러한 세력의 움직임에 동조하지 않고 계속하여 집권 세력 편에서 관군을 도왔다. 따라서 이곳은 군, 현의 등급이 올라가고 영역이 커졌으며 토착 세력이 계속해서 정계에 진출하는 혜택을 받았으나, 경주와 경상남도 지역은 군, 현의 등급이 낮아지고 영역이 줄어들었으며 현지 세력이 커다란 타격을 받게 되었다.

무신의 난을 계기로 경주 출신의 김부식 일파는 몰락하고 안동 김씨, 안동 권씨, 영해 박씨, 순흥 안씨, 성주 이씨, 경주 이씨, 상주 김씨 같은 경상북도 출신의 신흥 사대부들 다수가 한꺼번에 중앙에 진출하면서 정치와 학문 쪽에서 주도권을 쥐게 되었다. 그리하여 공민왕 10년(1361)에 홍건적이 개성을 함락했을 때 공민왕은 경상북도 안동 지방을 피난처로 택하게 되었다.

이때부터 나라에서는 영남을 일컬어 '인재의 곳간'이니, '국가 재부의 원천'이니 하여 중시하게 되었고, '조선 인재의 반은 영남에 있다'는 유행어까지 나오게 되었다. 영남을 대표하는 경상북도에서는 14세기 조선 시대로 접어들면서 다른 지방에 견주어 학자와 관리가 많이 나왔다. 선조 이전 정부 요직에 오른 사람 중에는 경상도 출신이 많았다. 종묘에 배향된 이황, 이언적, 정구, 정여창 역시 경상도 사람이다.

그러나 동인과 서인으로 나뉘어 당쟁에 빠져 있는 사이 선조 25년(1592)에 미증유의 국난인 임진왜란이 일어났다. 7년에 걸친 임진왜란과 정유재란이 끝나자 광해군 시대가 열렸고 이후 인조반정으로 왕위에 오른 인조는 이이, 성혼 등과 맥을 같이하는 서인들을 등용했다. 그 뒤부터는 기호학파를 비롯해 경성 지역에서 여러 대를 살고 있는 사람들만 치우치게 등용했다.

《택리지》는 당시의 상황을 다음과 같이 기록하고 있다.

최근 100년 동안 영남 사람으로서 판서가 된 사람이 두 명, 아경亞卿이 된 사람이 네다섯 명뿐이고, 정승이 된 사람은 없다. 영남 사람의 관직은 아무리 높다 해도 3품에 불과하고, 아래로는 고을의 수령 정도였다. 그러나 옛날 선인이 남겨 놓은 풍습과 혜택이 지금까지 없어지지 않아서 예의와 문물을 숭상하는 풍속이 남아 지금도 과거 합격자가 많이 나오는 것은 여러 도에서 으뜸이다.

이러한 기록으로 유추해 보면 영남 선비들이 조선 중기 이후 차별을 받으면서도 학문에 전력했음을 알 수 있다. 《택리지》는 다음과 같이 글을 이어간다.

솟을대문

솟을대문은 기와집 대문의 한 형식으로, 경상북도 지역에서 널리 발달한 건축 양식이다.
양반 사대부가는 솟을대문을 한껏 높여 그 집안의 권세를 드러내려 했다.

경상좌도는 토지가 메마르고 백성이 검소하고 가난하게 살아도 문학하는 선비가 많다. 경상우도는 토지가 기름지고 백성이 부유하여 호사하기를 좋아하고 게을러서 문학에 힘쓰지 않은 까닭으로 신분이 높아진 사람이 적다. 이것이 영남 풍속의 윤곽이다. 그렇지만 토지가 비옥하고 척박한 정도가 고을마다 다르고, 인재 역시 좌도와 우도에서 골고루 배출되었다.

2

예의범절의 고장

옛 선비의 시간을 품다

문사의 숨결이 어린 도산

지금은 안동시에 딸린 예안禮安은 옛날에는 현이었다. 《신증동국여지승람》에 이르기를 "풍속은 절약하고 검소함을 숭상한다" 했고, 고려 후기 문신 김효정金孝貞이 "지역은 편소하고 토질이 박하다" 한 예안현은 본래 고구려의 매곡현買谷縣이었다. 신라 때 선곡善谷으로 고쳐 나성군의 영현領縣이 되었다가, 고려 태조 때 성주城主 이능선李能宣이 의병을 일으켜 귀순했으므로 예안으로 고쳐서 군으로 승격되었다. 1914년 군면 통폐합에 따라 안동군에 편입되었다.

예안은 예안, 도산陶山, 녹전祿轉의 세 개 면의 지역이었다가 안동댐이 만들어지면서 오늘에 이르렀다. 안동과 순흥, 영천, 예천 등은 이백二白(태백산과 소백산)의 남쪽에 자리하는데, 이중환은 이곳을 신이 내린 길지라고 했다. 《택리지》에 따르면 "태백산 밑은 산이 평평하고 들이 넓어 밝고 수려하며, 흰모래와 단단한 토질은 그 기색이 거의 한양과 흡사하다" 했다.

안동시 도산면 토계리가 된 예안현 온계리는 퇴계退溪 이황李滉의 고향이다. 조선 중기 문신이자 학자인 이황은 이식李埴의 막내아들로 태어났다. 12세에 작은아버지 우堣에게서 기초 학습을 했으며 그 후 독학했다. 태어난 지 일곱 달 만에 부친상을 당해 아버지도 스승도 없이 스스로 공부에 전념한 이황은 특히 도연명의 시와 사람됨을 흠모했다. 20세 무렵 침식을 잊고 《주역》에 몰두한 탓에 건강을 해친 그는 그 뒤부터 여러 가지 병을 앓았다.

34세가 되던 중종 29년(1534)에 문과에 급제하면서 관계에 발을 들여놓은 이황은 중종 말년에 조정이 어지러워지자 고향으로 돌아왔다. 그리고 고향인 낙동강 상류 토계兎溪의 동암東巖에 양진암養眞庵을 짓고 자연을 벗 삼아 독서에 전념했다. 이때 토계를 퇴계라 개칭하고 자신의 아호로 삼았다. 살 곳을 정했던 당시의 상황이 〈도산잡영陶山雜詠〉에 잘 그려져 있다.

처음 내가 시냇가에 터를 잡고 살 때, 퇴계를 굽어보는 곳에 몇 칸 규모의 집을 얽어 서책을 간직하고 타고난 소박한 덕을 기를 곳으로 삼았는데, 무릇 벌써 세 번이나 그 터를 옮겼으나 비바람에 허물어진 상태였다. 또한 퇴계 가는 지나치리만큼 고요하기는 하지만 마음을 활달하게 지니기에는 어울리지 않기에, 다시 터를 옮기기로 작정하여 도산의 남쪽에 이 땅을 얻게 되었다. 앞으로 강과 들이 내려다보이는 작은 골짜기가 하나가 있는데, 그윽하고 고요하며 멀고도 드넓을뿐더러 바위와 산기슭이 매우 밝고 돌우물이 달고 차서 세상을 피해 자신을 가다듬기에 안성맞춤인 곳이었다. (…) 이에 비로소 굴레에서 벗어나 전원에 몸을 던지니, 앞에서 말한 산림의 즐거움이 뜻밖에 내 앞으로 다가 왔다.

"나는 팔리기를 기다리는 물건과 같다"라고 고백했던 공자나 벼슬자리를 얻기 위해 여러 나라를 떠돌았다는 맹자와 달리, 퇴계는 20여 차례나 관직을 사양하고 전원에서 나오지 않았다. 그래서 일부 사람들은 그에게 '산새'라는 별명을 붙여 조롱했고 또 어떤 사람들은 세상을 깔보며 자신만 편하게 지낸다 비아냥거렸다. 당시 대학자였던 기대승奇大升이 그렇듯 관직에 나오지 않는 여유가 무엇인지 묻자, 퇴계는 "자신이 몸을 바쳐야 할 곳에서 의義가 실현될 수 없게 되었다면 당장 물러나야 '의'에 어긋남이 없을 것입니다"라고 대답했다. 그가 관직을 그만둘 때 집에는 조두어 말밖에 없었으며 하인도 없었다고 《명종실록》에 기록되어 있다. 또한 관직에 제수되어 상경할 때는 의관조차 마련하지 못해 다른 사람이 빌려주겠다고 나설 정도였다고 한다. 《중종실록》은 사림 중에 성리학 연구와 문장 수준에서 "이황을 앞설 사람이 없다"라고 기록하고 있다.

이황은 선조 3년(1570)에 고향에서 죽음을 맞았는데, 묘지에는 그의 유훈대로 자연석에 '퇴도만은진성이공지묘退陶晚隱眞城李公之墓'라 새긴 묘비만 세워졌을 뿐이다. 그가 죽은 지 4년 뒤에 고향 사람들이 도산서당 뒤편에 서원을 지어 도산서원의 사액을 받았다. 그곳에 퇴계의 위패를 모셨고 그에게는 문순文純이라는 시호가 내려졌다. 조선 유학사에 한 획을 그은 이황을 당시의 학자들은 '북두칠성과 같은 자리에 있다'거나 '하늘에서 빛나는 해나 별과 같은 분'이라고 칭송했다.

도산서원

퇴계가 죽은 지 4년 뒤에 고향 사람들이 도산서당 뒤편에 서원을 지어
도산서원의 사액을 받았다.

시사단

안동 도산면에 있는 시사단에서 조선 정조 때 도산별과를 보았다.
응시자가 8000명에 이르러 이를 기념하기 위해 비와 비각을 세웠다.

도산서원 건너편 낙동강변에 시사단試士壇이 있다. 영조 4년(1728)에 이인좌의 난과 정희량의 난이 일어난 뒤 영남 유생들의 벼슬길이 막혀 버렸다. 60여 년의 세월이 흐른 뒤인 정조 16년(1792)에 정조가 이황의 학덕과 유업을 기리기 위해 도산별과를 신설하여 이곳 시사단에서 별시를 치렀다. 이때 시험을 치르기 위해 모인 유생들이 8000여 명에 이르렀다고 한다.

도산면 토계리 원촌에는 민족 시인 이육사의 생가 터와 시비가 있다. 이육사는 1904년 이황의 14대손으로 경상북도 안동시 도산면 원천리에서 태어났다. 본명은 이활(이원록, 이원삼이라고도 함)이며, '육사'는 대구 형무소에 있을 때 수감 번호가 264번이었던 데서 따왔다고 한다. 1925년 이육사는 대구에서 의열단에 가입했고 1927년에 조선은행 대구 지점 폭파 사건에 연루되어 형무소에 투옥되었다. 이후 1929년 광주 학생 항일 운동과 1930년 대구 격문 사건에 연루되어 모두 17차례에 걸쳐 옥고를 치렀다. 중국을 오가며 독립운동을 하던 이육사는 1943년에 일본 관헌에게 붙잡혀 북경으로 송치된 후 1944년 1월 북경 감옥에서 생을 마감했다.

이육사의 문학 활동은 조선일보 대구 지사에서 근무하던 1936년 1월 《조선일보》에 〈말〉을 발표하면서 시작되었다. 대표작으로 〈청포도〉, 〈황혼〉, 〈절정〉, 〈광야〉 등이 있으며, 생존 당시에는 작품집이 발간되지 않았고 1946년 그의 동생이 시집을 발간했다. 1968년에는 안동에 그의 시비가 건립되었다.

하늘이 내린 재상 서애 류성룡

실학의 대가이자 명재상으로 이름난 서애西厓 류성룡柳成龍의 고향은 안동시 풍천면 하회리다. 중종 37년(1542) 류중영柳仲郢의 둘째 아들로 태어난 그는 김성일金誠一 과 동문수학했으며, 21세 때 퇴계 이황에게서 "하늘이 내린 인재이니 반드시 큰 인물이 될 것"이라는 말을 들었다. 선조는 류성룡을 일컬어 "바라보기만 하여도 저절로 경의가 생긴다" 했고, 이항복李恒福은 "어떤 한 가지 좋은 점만을 꼬집어 말할 수 없다" 했으며, 이원익李元翼은 "속이려 해도 속일 수가 없다"라고 했다.

25세 때 문과에 급제하여 예조·병조 판서를 역임했으며, 정여립 모반 사건 때도 자리를 굳건히 지켰다. 동인이었음에도 광국공신光國功臣 3등으로 풍원부원군豊原府院君에 봉해졌다. 정치가 또는 군사 전략가로 생애 대부분을 보낸 류성룡의 학문은 체體와 용用을 중시한 현실적인 것이었다. 임진왜란 때는 이순신李舜臣에게 《증손전수방략增損戰守方略》이라는 병서를 주어 실전에 활용하게 했다.

선조 25년(1592)에는 영의정에 올랐고 선조 31년에는 북인의 탄핵을 받아 관직이 삭탈되었다. 2년 뒤에 복관되었으나 버슬에 나가지 않고 은거하며 고향의 옥연서당에서 임진왜란을 기록한 《징비록懲毖錄》(국보 제 132호)과《서애집》,《신종록愼終錄》 등을 저술했다.

류성룡이 병들어 누웠다는 소식을 들은 선조는 어의를 보내 치료하게 했지만 선조 40년(1607) 66세를 일기로 생을 마감했다. 하회에서 세상을 떠난 류성룡의 집안 살림이 넉넉지 못해 상을 치르지 못한다는 소식에

하회마을

낙동강이 하회마을을 휘돌아 흘러가며 만들어 낸 넓은 모래 퇴적층이 운치를 더한다.

하회마을 초가집

하회마을은 사대부들이 살던 기와집과 서민들이 살던 초가집이 어우진 곳이다.

병산서원

병산서원은 류성룡의 학문과 덕행을 추모하기 위해 존덕사를 창건하여 위패를 모시면서
설립되었다. 1868년 대원군의 서원 철폐 때에도 잘 보존된 서원 중의 하나다.

충효당

안동 하회마을을 대표하는 건물인 충효당은 1600년대에 건립된 류성룡의 종택으로,
평소 충과 효를 중시했던 서애의 뜻을 받들어 이름 지었다.

수천 명이 그의 빈집이 있는 서울의 마르냇가(현 건천동)로 몰려들어 돈을
모아 삼베를 마련하고 장례에 보탰다고 한다.

실록의 사관은 류성룡을 "타고난 자질이 총명하고 기상이 단아하였다.
(…) 어린 나이에 과거에 급제하여 명예가 날로 드러났으나 아침저녁 여
가에 또 학문에 힘써 종일토록 단정히 앉아서 조금도 기대거나 다리를 뻗
는 일이 없었다. 남을 대할 적에는 상대의 말에 귀를 기울여 듣고 말수가
적었다"라고 칭찬한 뒤, "이해가 앞에 닥치면 동요를 보였으므로 왕의 신
임을 오래 얻었으나 직간했다는 말을 들을 수 없었고, 정사를 오래 맡았
으나 잘못된 풍습은 구해 내지 못하였다"라고 기록했다.

하회마을에서 강을 거슬러 올라간 병산리에 류성룡을 모신 병산서원
屛山書院이 있다. 이 서원은 광해군 5년(1613)에 정경세鄭經世 등의 지
방 유림들이 류성룡의 학문과 덕행을 추모하기 위해 존덕사尊德祠를 창
건하여 위패를 모시면서 설립되었다. 본래 이 서원의 전신은 고려 말 풍
산현에 있던 풍악서당豐岳書堂으로 풍산 류씨의 교육 기관이었는데, 선
조 5년(1572)에 류성룡이 이곳으로 옮긴 것이다. 인조 9년(1629)에 류
성룡의 셋째 아들 류진을 추가 배향했으며, 철종 14년(1863) '병산'이라
는 사액을 받아 서원으로 승격되었다. 많은 학자를 배출했으며, 고종 5년
(1868)에 대원군의 서원 철폐 때에도 잘 보존된 47개 서원 중의 하나다.

도처에 서원을 건립한 영남학파의 거봉 이황은 "서원은 성균관이나 향
교와 달리 산천 경계가 수려하고 한적한 곳에 있어 환경의 유혹에서 벗어
날 수 있고, 그만큼 교육성과가 크다" 말했다. 그래서 그런지 모든 서원은
경치가 좋거나 한적한 곳에 자리했는데, 병산서원만큼 그 말에 합당한 서

원도 그리 많지 않을 것이다.

피난 온 왕의 시름을 달랜 영호루

안동시 임하면 금소리는 나라 안에서도 이름난 안동포가 생산되는 마을이다. 삼베길쌈이 워낙 성했던 곳이라 다른 마을 처녀가 시집오기를 꺼렸을 정도였다. 그러나 이제는 이곳마저도 안동포를 짜는 사람들이 점점 줄어들어 서민들이 즐겨 입었던 안동포는 구경조차 어려운 지경이 되고 말았다.

안동시에서 영주로 가는 국도 옆에 있는 이천동에는 거대한 자연석을 이용하여 만든 이천동 석불, 일명 제비원 미륵이 있다. 신라 때 도선국사가 새겼다고 전해지는 이 석불은 11미터 높이의 화강암 암벽을 그대로 깎아 몸통을 만들고 2미터 높이의 바위를 부처의 머리로 만들었다. 보물 제115호로 지정되었으며, "성주의 근본 어디메뇨, 경상도 안동 땅 제비원"이라고 노래한 무가巫歌〈성주풀이〉의 기원이 된 곳이기도 하다. 이 석불이 있는 이천동 영남산에 연미사가 있다.

《택리지》에 실린 안동에 관한 기록을 살펴보자.

안동부 관아는 화산花山 남쪽에 있다. 황강 물은 동북방에서 흘러오고 청송靑松의 읍천은 임하臨河에서 흘러와 이곳에 이른다. 이 두 물은 동남쪽에서 합쳐서 읍성을 돌며 서남쪽으로 흘러간다. 남쪽에는 영호루映湖樓가 있는데,

고려 공민왕이 남쪽으로 피난 왔을 때 이 누각 위에서 잔치하며 놀았다. 누각에 걸린 현판은 바로 공민왕이 쓴 것이다. 영호루 북쪽에는 신라 때 지은 옛 절이 있었다. 지금은 폐사가 되어 승려는 없어도 그 정전은 들 복판에 따로 서 있는데 조금도 기울지 않아 사람들이 노나라의 영광전靈光殿에 견준다.

안동의 영호루는 밀양의 영남루嶺南樓, 진주의 촉석루矗石樓, 남원의 광한루廣寒樓와 함께 한수 이남의 대표적인 누각으로 일컬어졌다. 조선 전기 영남 출신 학자 김종직은 〈영호루중신기映湖樓重新記〉에 다음과 같이 썼다.

영호루는 안동의 이름난 누각이다. 그 강산의 뛰어난 장관은 비록 촉석루나 영남루에 비해서는 더러 손색이 있을지 모르겠다. 하지만 같이 낙동강 언덕에 자리한 상산商山의 관수루觀水樓, 일선一善의 월파정月波亭은 영호루와 어깨를 나란히 할 수가 없다.

영호루의 현판은 고려 말 공민왕의 필적으로 전해진다. 영호루의 정확한 건립 연대는 알 수 없으나 고려 전기인 원종 15년(1274) 김방경金方慶 장군이 이 누각에 올라 시를 읊었다는 기록으로 볼 때 그 이전에 지어진 것으로 추정된다.

공민왕 10년(1361) 홍건적의 난을 피해 안동에 피난 왔던 공민왕은 적적한 마음을 달래기 위하여 자주 남문 밖 영호루를 찾아 누각 아래 강물에 배를 띄우고 유람하며 활을 쏘기도 했다. 난이 평정되고 환도한 뒤 공민왕

11년에 왕이 친필로 쓴 금자金字 현판을 내려 달게 했다고 한다.

영호루는 여러 번의 물난리로 공민왕 이후 다섯 차례 유실되었고 일곱
차례 중수되었다. 1934년 7월에는 낙동강 상류 지방의 폭우로 인해 안동
시내가 물에 잠기는 대홍수가 있었다. 이 수해로 영호루는 주춧돌과 돌기
둥 몇 개만이 남게 되었다. 그러다가 1970년 시민들의 성금과 국비, 시비
를 모아 영호루를 다시 지어 현재에 이른다. 옛 영호루는 지금 자리의 강
건너편에 있었다. 이곳을 찾았던 다산茶山 정약용丁若鏞은 다음과 같은
시 한 편을 남겼다.

태백산 꼭대기에 응축한 맑은 기운
이 누대 앞에까지 달려와서 펼쳐졌네
바닷물과 산맥이 삼천리를 에워싼 곳
홍성한 예악 문물 사백 년을 이어왔네
푸른 물 맑은 모래 아름답게 빛나고
드높은 성 거대한 집 빽빽하게 연이었네
하회마을 고택은 알괘라 어드메냐
딴 시대라 쓸쓸히 한번 슬퍼하노라

안동을 두고 《신증동국여지승람》은 "부지런한 것과 검소한 것을 숭상
하고, 농사짓고 누에치는 일에 힘쓴다", "물은 황지로 빠져서 1만 구렁을
흡수하고 산은 태백산이 가장 뛰어나게 뭇 봉우리를 통솔한다"라고 그
풍속과 형승을 기록하고 있다. 또한 안동 지역의 대표적 향토지 《영가지

永嘉志》를 편찬한 조선 중기 학자 권기權紀는 안동을 일컬어 "산은 태백에서부터 내려왔고 물은 황지에서부터 흘러온 것을 환하게 알 수 있어서 (…) 산천의 빼어남과 인물의 걸출함과 토산의 풍부함과 풍속의 아름다움과 기이한 발자취"를 지닌 고장이라고 표현했다.

'안동 상전床廛의 흥정이냐'라는 옛말이 있는데, 이는 옛날 안동 여자들이 조용히 상전에서 물건을 사 가듯 말은 안 하고 행동으로 의사 표시를 할 때 이르는 말이다. 무표정한 얼굴의 안동 사람들은 무뚝뚝하지만 끈질긴 인내심을 가졌다고들 말한다. 그 이유를 유교 문화권에서 찾기도 하지만, 이 지방의 열악했던 자연환경과 독특한 역사에서 기인했다고 보기도 한다. 즉 안동 지방은 당쟁이 치열했던 조선 중기 이후 잠시 정권을 잡았던 남인 세력이 300여 년 동안 묻혀 지낸 '야당 지역'이었기 때문이다. '대추 한 알 먹고 요기한다'는 선비 기질의 권위를 가졌고, '열 끼를 굶어도 내색을 하지 않는다'는 몸가짐이 이해관계에 앞섰던 가치관도 대물림되어 내려왔을 것이다. 안동문화원장을 지낸 유한상은 이런 기질을 가진 안동 사람을 '안동 숙맥'이라 한다.

왕건과 견훤의 싸움터였던 안동

송현동 향전다리 동쪽에 있는 말구리재는 고려 태조 왕건과 후백제의 견훤이 싸울 때 견훤의 말이 뒹굴어서 크게 패했던 곳이라 하고, 무나무골 북쪽에 있는 물개골에선 왕건과 견훤이 싸울 때 견훤의 군사가 몰살당했다고 한다. 솔티고개 동쪽에 있는 마을인 합전에서도 고려와 후백제의 큰 싸움이 있었다. 태조 13년(930) 1월 21일 왕건은 병산甁山에 진을 치고 후백제 견훤은 석산石山에 진을 쳤다. 격전 끝에 왕건이 시랑侍郞 김락金樂과 함께 짐수레를 타고 이곳에서 견훤을 크게 이겨 후백제 군사 8000여 명을 죽이고 고창군古昌郡(현 안동)을 평정했다. 이로 인해 매년 정월 보름날에 안동 지방에서는 동채싸움이라고도 하는 차전놀이를 하는 풍습이 생겼다.

차전놀이 외에도 안동에는 정월 보름에 하는 석전놀이나 놋다리밟기 등의 전통 민속놀이가 전해지고 있다. 그중 놋다리놀이는 송야천에서 시작되었다. 송야천은 영주시 평은면 지곡리 봉수산에서 발원하여 남쪽으로 흐르다가 안동시 북후면 옹천동과 도촌동을 지난다. 이 물은 다시 서후면 저전리와 송현동을 지나 금계리에 이르고 서후면과 경계를 이룬 뒤 풍산읍 막곡리 앞에서 낙동강에 몸을 푼다. 이 지역의 '막은니', 즉 '맑은내'라는 뜻의 '솔밤내'에 놋다리밟기의 유래가 전해진다. 문경새재를 넘어 예천, 풍산을 거쳐 이곳에 닿은 공민왕 일행의 행색은 초라하기 이를 데 없었다. 이곳까지 몸소 걸어온 왕비를 어떻게 하면 강을 건너게 할까 고민하던 안동의 부녀자들이 강물을 가로질러 한 줄로 섰다. 그들이 허리를 구부려 사람 다리를 만든 뒤에 그 위로 왕비를 부축하여 건너게 한 그것이 놋다리밟기의 유래가 되었다고 한다. "어느윤에 놋다리로" 하고 문창하면 상대 쪽에서 "청계산에 놋다릴세" 하며 답창하는 〈놋다리 밟기 노래〉도 전해진다. 석전놀이에 관해서는 《신증동국여지승람》에 실린 설명을 보자.

매년 음력 정월 열엿새에 부내에 사는 사람들이 부의 중앙에 있는 내를 경계
선으로 하여 좌우편으로 패를 나누어 돌을 던져서 서로 싸워 승부를 결정한다.
경오년(중종 5, 1510) 왜적을 토벌할 때에 석전을 잘하는 사람들을 모집하여 선
봉으로 삼았더니 적이 감히 앞으로 나오지 못하였다.

종이 봉황이 내려앉은 봉정사

빼어난 문화재들이 보석처럼 숨어 있는 천등산 기슭에 있는 봉정사鳳
停寺는 의상이 세운 절이다. 부석사를 창건한 의상이 종이로 봉황을 만들
어 도력으로 날려 보냈고 그 봉황이 앉은 이곳에 절을 짓고 봉정사라 이
름했다. 또 다른 일설에 따르면 의상이 화엄 기도를 드리기 위해서 이 산에
오르니 선녀가 나타나 횃불을 밝혀 걸었고, 청마가 앞길을 인도하여 지금
의 대웅전 자리에 앉았기 때문에 산 이름을 천등산天燈山이라 하고 청마
가 앉은 것을 기념하기 위해서 절 이름을 봉정사라고 지었다 한다.

창건 이후의 확실한 역사는 전하지 않으나 참선도량으로 이름을 떨쳤
을 때는 부속 암자가 9개나 있었다고 전해지는데 한국전쟁 때 사찰에 있
던 경전과 사리 등이 모두 불에 타 버려 역사를 제대로 알 수 없다. 이 절
이 사람들에게 널리 알려진 것은 그리 오래전 일이 아니다. 1999년 엘리
자베스 영국 여왕이 한국을 방문했을 때 하회마을과 이곳 봉정사를 찾아
이때부터 사람들의 발길이 이어지고 있다.

이 절에는 고려 때 지은 극락전(국보 15호)과 더불어 조선 전기 건물인

대웅전, 조선 후기 건축물인 고금당과 화엄강당이 있어서 우리나라 목조 건축의 계보를 한곳에서 볼 수 있다. 일주문을 지나 나무숲 길을 걸어가면 돌계단에 이른다. 한 발 두 발 숨이 가쁘게 올라가면 봉정사의 강당인 덕회루 밑으로 지나게 된다. 마치 부석사의 안양루를 지나 무량수전 석등 앞으로 올라가듯이 그 문을 들어서면 석축이 나타나고 대웅전을 중앙에 두고 요사채와 화엄강당이 눈에 들어온다. 그 좌측으로 같은 위치, 같은 높이의 극락전이 고금당과 함께 있다. 봉정사 극락전은 정면 3칸, 측면 4칸의 단정한 맞배지붕으로 나라 안에 현존하는 건물 중 가장 오래된 목조 건물로 알려져 있다. 1972년 9월 봉정사 극락전을 해체, 보수하는 과정에서 상량문이 발견되면서 대략의 건립 연대가 밝혀진 것이다. 중도리에 홈을 파고 기문장처記文藏處(기록이 들어있는 곳)라 표시한 곳을 열어 보자 〈극락전 중수 상량문〉이 들어 있었고 그 내용은 이러했다.

안동부 서쪽 30리쯤 천등산 산기슭에 절이 있는데 봉정사라 부른다. 절의 모양이 마치 봉황이 머무는 듯하여 이와 같은 이름으로 부르게 됐다. 이 절은 옛날 능인대덕이 신라 때 창건하고 (…) 이후 원감과 안충 등 여러 승려에 의해 여섯 번이나 중수되었다. 그러나 지붕이 새고 초석이 허물어져 공민왕 12년 (1363)에 용수사의 대선사 축담이 와서 중수했는데 다시 지붕이 허술해져서 수리하였다.

이 상량문으로 봉정사의 극락전이 그때까지 가장 오래된 건물이라고 알려졌던 고려 우왕 2년(1376)에 중건된 무량수전보다 13년이나 앞서 중수되었다는 것이 밝혀졌다. 그러나 무엇보다 중요한 것은 13년이라는 시간 차이보다 봉정사 극락전의 건축 양식이 대체로 고구려식이라는 점이다.

극락전은 1972년의 해체, 복원 공사 때에 금, 은, 구리의 옛날식 삼색 단청이 지워져 버렸고, 그 중요한 일부분이었던 귀중한 벽화가 뜯겨 포장 된 채로 내버려져 옛 맛을 상실하고 말았다. 이 건물은 배흘림기둥에 기 둥 위에만 포작이 있는 주심포식 맞배지붕이며 법당으로 소박하고 간결 하게 지어진 장식이 거의 없는 고려 중기의 단아한 건물이다. 바닥에는 검은 전돌을 깔았다. 이런 방식은 고려시대의 일반적 양상이었으나 보수 할 때에 대웅전, 화엄강당, 고금당이 새집같이 지어져서 몇백 년을 세월 속에 묵어 온 온갖 풍상이 돌이킬 수 없게 되어 찾는 이들의 마음을 섭섭 하게 한다.

극락전 앞에는 아담하면서 새까만 석탑이 있으며 극락전 우측에 고금 당(보물 449호)이 있다. 고금당古金堂은 이름 그대로 옛 금당이다. 삼국 시대에 금당은 절의 가장 중요한 건물이었으나 현재는 봉정사 승려들이 거처하는 요사채로 쓰이고 있다. 고금당 앞쪽에 화엄강당이 서 있다. 한 때는 강당으로 쓰였을 이곳 역시 승려들의 요사채로 쓰이고 있는데, 정면 3칸, 측면 2칸에 주심포식 맞배지붕이다.

화엄강당 좌측에 대웅전이 자리 잡고 있다. 인조 3년(1625)과 순조 9년 (1809)에 대대적인 손질을 거친 대웅전은 앞이 열려 있는 일반적인 건물 들과는 다르게 건물 앞쪽에 조선시대 양반집의 사랑채에서 볼 수 있는 툇 마루가 설치되어 있다. 처음 볼 때는 어색해 보이지만 볼수록 정감이 간 다. 대웅전 가운데에는 석가모니불과 양쪽에 관세음보살·대세지보살을

봉정사 만세루

대웅전과 극락전에 들어가기 위해 통과해야 하는 중문인 만세루는
원래는 덕휘루로 불렸으나 언제 이름이 바뀌었는지는 알 수 없다.

모셨는데 그 뒤편의 후불벽화 〈영산회상벽화〉를 유심히 볼 필요가 있다. 1997년 그 위에 걸어 놓았던 탱화를 떼어 내자 발견된 〈영산회상벽화〉는 길이 4미터가 넘는 거대한 벽화로 강진의 무위사 벽화보다 앞선 조선 전기 벽화로 짐작된다.

한편 고종 19년(1882)에 새로 입힌 대웅전 단청은 고려시대 단청의 요소를 지니고 있어 회화사적으로도 매우 귀중한 것으로 평가를 받고 있고, 특히 본존불을 모신 수미단 천장부에 그려진 용 문양은 발가락이 다섯 개로 조선 전기 사대주의의 영향을 받기 전 그림으로 주목받고 있다. 그 이유는 조선 이후 황제를 상징하는 용은 발가락이 5개, 왕은 4개, 왕세자는 3개로 확정되었기 때문이다.

대웅전에서 전면에 보이는 누각이 만세루의 누마루다. 법고와 목어 사이로 봉정사의 오랜 역사를 적은 편액들이 걸려 있다. 나는 승려들이 머무는 무량해회無量海會라는 요사채를 돌아 영산암으로 향한다.

정몽주가 공부한 절 개목사

원래에는 천등산에서 흐르는 골짜기 그대로가 길이던 것이 영화 〈달마가 동쪽으로 간 까닭은?〉의 촬영지로 알려지면서 찾는 이들이 늘어나자 골짜기를 메우고 계단을 만들었다. 영화 〈달마가 동쪽으로 간 까닭은?〉1989년 해외 각종 영화제에서 상을 받으며 한국 영화의 우수성을 널리 알린 작품으로서 노승과 젊은 승려, 동자승 3인의 구도적 삶을 담고 있다.

투철한 수행으로 득도의 경지에 오른 노승 혜곡이 "사방이 몹시도 어두우니 마음의 심지에 불을 밝히고 갈 길을 비추어라"라고 어둠 속에서 석등의 심지를 돋우던 장면은 오래도록 잊히지 않는다.

지조암과 더불어 봉정사에 딸린 암자 중 하나인 영산암은 오래전부터 알고 있던 지인의 집을 찾아가는 느낌이다. 봉정사 대웅전 앞에 있다가 옮겨진 우화루의 작은 문을 지나 영산암의 마당에 들어서면 큰 바위 곁에 잘 드리워진 소나무가 한 그루 있고 목백일홍을 비롯한 여러 나무들이 요사채, 삼성각, 응진전 등 다섯 채의 건물들과 묘한 조화를 이루며 서 있다. 지난날 봉정사 승려들의 공부방이었을 것으로 짐작되는 영산암에는 상주하는 승려는 없다.

마음 가득 안기는 절 영산암에서 소나무가 우거진 산길을 한참을 걸어가 고갯마루를 넘어서면 아담한 그림 같은 절 개목사가 나타난다. 개목사開目寺는 신라시대에 의상이 창건했는데 이에 얽힌 설화가 재미있다. 의상이 출가하여 천등산 정상 근처 큰 바위 밑에서 수도를 했는데 하늘에서 큰 등불을 비춰 주어 99일 만에 도를 깨치게 되었다. 의상은 지금의 터에 99칸의 절을 창건하고 '하늘의 등으로 불을 밝혔다'는 뜻으로 천등사라 이름을 지었다. 고려 말에는 정몽주鄭夢周가 이 절에서 공부했다. 조선 초 맹사성孟思誠이 안동 부사로 부임한 뒤 주수하면서 맹인이 많은 안동에서 더 이상 맹인이 생기지 않도록 절의 이름을 개목사로 고쳐 지었다. 이후부터 안동에는 장님이 생기지 않았다고 한다.

의상이 지을 때 99칸이었다는 전설과는 다르게 현존하는 당우는 법당인 원통전과 요사채 그리고 문을 겸한 종루가 있을 뿐이다. 허물어져 가는 농춘의 빈집이나 여염집 같은 문루를 지나자 한가한 풍경처럼 서 있는 원통전(보불 242호)이 보인다. 소박하지만 마음에 끌리는 원통전은 정면 3칸에 측면 2칸의 건물로 조선 전기에 지어진 주심포식 맞배지붕이다. 건물 전면에 툇칸을 놓고 마루를 깐 점이 독특한데 옆에서 보면 지붕 앞쪽의 처마가 다소 무거워 보인다. 앞뒤 높이가 비대칭이기 때문에 주두부터 시작되는 일반적인 주심포와 달리 헛첨차에서부터 보아지[樑奉]가 대들보를 받도록 하며 특별히 고안한 공포 구성이 특이한 조선 전기의 건물이다.

봉화 억지 춘양

안동에서 북쪽으로 낙동강을 따라 거슬러 올라가면 태백산이 있고 그 산 밑에 지금은 봉화군에 편입된 내성奈城, 춘양春陽, 소천召川, 재산才山 네 마을이 있다. 모두 깊은 두메에 있어 경상북도 전체를 통틀어 가장 궁벽한 곳이다. 봉화는 전국 지방자치단체 중 재정 자립도가 가장 약한 군 가운데 하나다. 영조 35년(1759)의 호적 대장에 기록된 가옥 수는 1106호고, 인구는 5798명이었다. 그중 남자는 2435명이고, 여자는 3363명이었다.

고구려 때의 이름이 고사마현古斯馬縣이고 신라 경덕왕 때는 옥마玉馬였으며, 고려 때 지금의 이름을 얻은 봉화奉化는 《신증동국여지승람》에 "절약과 검소를 숭상하며, 누에치기, 뽕나무 가꾸기에 힘쓴다"라고 풍속이 기록되어 있다. 예나 지금이나 깊은 산골로 잣과 송이버섯, 석이, 석청이 유명한 봉화에 철길이 놓이게 된 것은 제2차 세계대전 말인 1944년

닭실마을 전경

봉화 유곡리에 있는 닭실마을은 안동 권씨 집성촌이다.
'닭실'은 금빛 닭이 알을 품은 형상이라 하여 붙은 이름이다.

이었다. 납과 아연 그리고 세계에서 유일하게 백중석白重石이 나오는 이 곳에 영주에서 춘양까지 철길을 만들기 시작한 것이다. 일제가 경상북도 북부 지방 사람들을 강제 동원하여 철길을 놓기 시작했는데, 그 이듬해에 봉화까지 뚫렸다. 광복 후 중단 상태에 있다가 1949년에 다시 춘양까지 잇는 공사가 시작되었으나 한국전쟁이 일어나 다시 중단되고 말았다. 두 번이나 철길 공사가 중단되자 봉화 지방에서는 '억지로 춘양까지 철길을 놓으려고 들면 변란이 일어난다'라고 하여 '억지 춘양'이라는 유행어가 생기기도 했다. 그러다 1953년에 춘양을 거쳐 삼척 탄전 지대까지 잇는 공사가 벌어져 2년 만에 완공되었다. 영주에서 철암까지 이어져 영암선이라는 이름이 붙은 이 철길은 광복 후에 우리 기술로 처음 놓은 것이었다.

철길이 뚫림에 따라 경상북도와 강원도의 외진 지방의 물산 집산지였던 봉화는 그 세력을 교통의 요지가 된 영주에 빼앗기고 말았다. 물자도, 상권도, 사람도 그리고 1962년에는 세무서도 영주로 옮겨졌다. 군청 소재지인 봉화면이 읍이 된 것도 1979년에 군청 소재지를 모두 읍으로 승격시킨다는 국가 방침 덕분이었다. 철길이 뚫렸을 무렵만 해도 봉화의 옛 이름을 따서 여전히 '내성장'으로 통하는 봉화장에는 모이는 장사꾼이 500명을 넘었으나, 1980년대에는 100명쯤이 모이는 한적한 장이 서다가 지금은 겨우 장터의 명목만 유지하고 있을 뿐이다.

백두대간을 두고 북쪽으로 모레기재를 넘어 춘양면 우구치牛口峙를 흐르는 물길은 남한강이 되고, 춘양천은 남한에서 제일 긴 강인 낙동강의 상류가 된다. 봉화군 춘양면은 예로부터 이곳에서 나거나 모여드는 소나무 재목인 춘양목으로 이름이 높다. 춘양목은 한옥을 짓는 데에 으뜸가는 목재로 쳤으므로 봉화읍의 청암정靑巖亭과 석천정石泉亭 같은 조선 중기의 건물과 흔히 'ㅁ' 자로 이루어진 안동 세도가나 서울 양반집들이 대부분 춘양목으로 지어졌다.

춘양목은 겉껍질이 붉은빛이 돌아 적송이라고도 부르는 육송인데, 춘양목이라는 이름은 집산지인 춘양의 지명을 딴 것이다. 춘양목은 다른 지역의 육송과는 달리 곧게 자라는 데다가 껍질이 얇고 결이 고와 부드럽다. 또한 켠 뒤에도 크게 굽거나 트지 않으며, 켜면 그냥 하얗게 보이기 쉬운 다른 지역의 육송과는 달리 붉은빛 또는 보랏빛을 띤다. 그리고 벌레가 먹거나 썩지 않으며, 대패질해 놓으면 윤기가 자르르 돈다.

춘양목은 춘양면의 북쪽인 소천면과 강원도 지역에까지 분포되어 있었다. 육로로 수송할 수 없었으므로 일제 강점기 때만 해도 뗏목을 만들어 낙동강에 띄우면 소천면의 석포리, 현동리, 임기리와 명호면을 지나 안동에서 건져 매매가 이루어졌다. 그러나 사고파는 거래는 대부분 춘양면에서 모여서 했다. 안동이나 영주에서 춘양면으로 가려면 봉화읍을 거쳐야 했는데, 봉화읍에 상권이 형성되는 데 춘양목의 역할이 컸다.

춘양목이 목재로 쓰이려면 적어도 반백, 즉 수령이 50년쯤은 된 것이라야 했는데, 옛날에는 산에 나무들이 울창했기 때문에 해마다 베어 내어도 그 양을 충분히 댈 수가 있었다. 게다가 고갯길이 험하여 달구지로 옮겨갈 수가 없어서 베어 내는 양이 한정될 수밖에 없어 숲이 보존될 수 있었다. 하지만 일제 강점기 말기부터 춘양에 수십 개에 이르는 제재소가 들어서더니 마구잡이로 베어 내기 시작했고, 한국전쟁 뒤 혼란기에는 군

용 화물차가 줄을 지어 춘양목을 마구 잘라 실어 냈다. 그 결과 지금까지 남은 적송 군락지는 소천면에서도 외진 마을인 남회룡리와 분천리의 사유지 3제곱킬로미터에 있는 반백이들뿐이다. "1950년대 말에만 해도 춘양면 소재지에 100개가 넘는 술집들이 흥청거렸는데…" 하며 말끝을 흐리는 주민들의 기억 속에만 춘양목이 남아 있다.

봉화군 소천면 석포리에서 명호면에 이르는 낙동강 유역은 사람들의 손길을 타지 않은 전인미답의 절경을 지닌 곳이 많다. 승부터널, 풍애터널 등의 긴 터널뿐만 아니라 길이 없다 보니 낯선 곳에서 길을 물을 사람조차 없다. 강을 건너는 수고와 혼자 걷는 외로움 없이는 갈 수 없는 낙동강 물길은 "촉으로 난 길은 푸른 하늘로 오르는 길보다 험하구나" 하는 이태백의 시를 연상시킨다. 서거정도 봉화를 두고 시를 한 수 읊었다.

푸른 비탈은 하늘에 닿고 숲은 우거졌는데
두세 농가는 노란 띠 풀에 덮여 있네
주민들이야 어찌 알리, 강호江湖의 맛을
고작 산나물 조금 캐어 술안주를 마련했구나

이러한 서거정의 시가 지금도 어울리는 오지를 뚫고 합강나루와 명호 소수력발전소를 거친 물길은 봉화의 명산 청량산 기슭에 닿는다. 이 길은 나라 안의 수많은 강 길 중에서 가장 아름답고 고적한 길이다.

낙동정맥 너머인 동해 지방에서 생산되는 생선과 소금이 이 두메산골로 들어와 서로 통하는 이익이 있었고, 병란이나 세상이 어지러운 때에

봉화 청암정

청암정은 중종 21년(1526) 권벌 權橃이 세운 정자다.
연못 가운데 놓인 너럭바위 위에 정자를 세워 거북이 위에 정자가 있는 형상이다.

피해서 살 만한 곳이 있다고 해서 수많은 사람들이 들어와 살았던 봉화 동쪽에 영양英陽이 있다. 신라 초에 이곳 영양군 일대는 고은현古隱縣 (현 영양읍)과 청기현靑杞縣(현 청기면)이 되었다가 경덕왕 때 유린현有隣 縣의 속현이 되었다. 고려 초에 영양군으로 개명되어 예주禮州의 속읍이 되었다가 조선 전기에는 영해부에 소속되었다. 《경상도지리지》에 따르면, 당시 영양현이 40호에 1026명이었고, 청기현은 29호에 462명이었다. 현종 5년(1664)과 숙종 원년(1675)에 영해부에서 독립시켜 줄 것을 요구하는 상소에 힘입어 숙종 8년(1682)에 영양현으로 독립했지만 석보면 은 영해도호부에 속했다. 1895년 영양군으로 승격하여 안동부에 속했고, 1914년 군면 통폐합에 따라 행정 구역이 조정되어 오늘날의 모습을 갖추 게 되었다.

조지훈의 고향 영양

《영양읍지》에 "교통이 불편하고 흉년이 잦아 풀뿌리와 나무껍질로 목숨을 이을 때가 많았으나, 조선 숙종 때 현이 부활되었다. 그 후 이웃인 안동과 예안의 유학에 영향을 받아 점차 글을 숭상하게 되었고, 주민의 성질이 착하면서도 인내력이 있다" 기록되어 있는 영양에는 '당대에 타 관에서 들어오면 돈을 벌 수 있으나 당대에 다시 떠나지 않으면 안 된다' 라는 근거 없는 말이 돌기도 했다.

봉화군 경계에 있는 일월산과 오십봉, 주산, 수양산 등 높은 산들이 펼쳐져 있어 영양에서 울진으로 가려면 여러 산을 넘어야 했다. 그중 백암산을 넘어 동해로 가는 고개 이름이 울릿재였다. 봄가을마다 곡식을 관청에 바치려고 넘어갈 때 고갯길에 도사리고 있던 호랑이와 도둑들에게 수많은 사람들이 목숨을 잃었다. 그런 연유로 울면서 넘어갔기 때문에 울릿재 또는 읍령泣嶺으로 불렸다. 《신증동국여지승람》에는 "서읍령은 부의 동쪽 40리에 있어서 온 고을의 전송, 영접하는 곳이 되었다. 세상에서 전하는 말에 '크고 작은 사신의 행차가 만약 처음으로 재를 넘으면 반드시 흉한 일이 있다' 하여 사람들이 다 피했다"라고 기록되어 있다.

영양군 청기면 청기리에서 영양읍 서부리로 넘어가는 예우름재는 행곡령 또는 여림현이라고도 하는 해발 579미터의 고개다. 조선시대 청기 고을 사람들이 영해부로 부역하러 다닐 때 너무 험준해서 넘어 다니기 어려우므로 그 괴로움을 한탄하며 넘었다 하여 붙여진 이름이다.

영양군 일월면 주곡리 주실마을에는 박목월, 박두진과 함께 청록파 시인이라 불리는 조지훈의 생가가 있다. 본명은 동탁, 호가 지훈인 그는 어려서 조부에게 한문을 배웠고, 3년간 영양보통학교를 다니다가 서울로 올라왔다. 1939년 혜화전문학교(현 동국대학교) 문과에 입학해 《백지》 동인으로 참여했고, 시인 조연현 등과 친하게 지냈다. 1941년 대학을 졸업하고 일제의 탄압을 피해 오대산 월정사에서 불교 전문 강원 강사로 활동했다. 그때 《금강경오가해》와 《화엄경》 등의 불교 서적들을 즐겨 읽었으며 노장사상과 당시唐詩에 심취하기도 했다. 1942년 조선어학회의 《큰사전》 편찬위원으로 참여했고, 조선어학회 사건으로 검거되어 신문을 받기도 했다. 광복 이후 동국대학교 강사를 거쳐 고려대학교 교수가 된 조지훈은 한국전쟁이 일어나자 문총구국대 기획위원장으로 중부 전선에서 종군했다. 1968년에는 한국시인협회 회장 등을 역임했다. 같은 해에 토혈로 사망하여 경기도 양주군 마석리에 안장되었는데, 그의 나이 48세였다. 그가 지은 《지조론志操論》은 지금도 많은 사람들의 가슴속에 살아 숨 쉬고 있다.

　　지조란 것은 순일한 정신을 지키기 위한 불타는 신념이요, 눈물겨운 정성이며, 냉철한 확집確執이요, 고귀한 투쟁이기까지 하다. 지조가 교양인의 위의 威儀를 위하여 얼마나 값지고 그것이 국민의 교화에 미치는 힘이 얼마나 크며, 따라서 지조를 지키기 위한 괴로움이 얼마나 가혹한가를 헤아리는 사람들은 한 나라의 지도자를 평가하는 기준으로서 먼저 그 지조의 강도를 살피려 한다. (…)

　　지조를 지키기란 참으로 어려운 일이다. 자기의 신념에 어긋날 때면 목숨을 걸어 항거하여 타협하지 않고 부정과 불의한 권력 앞에는 최저의 생활, 최악의 곤욕을 무릅쓸 각오가 없으면 섣불리 지조를 입에 담아서는 안 된다. 정신의 자존自尊 자시自恃를 위해서는 자학自虐과도 같은 생활을 견디는 힘이 없이는 지조는 지켜지지 않는다. (…)

　　변절이란 무엇인가? 절개를 바꾸는 것, 곧 자기가 심신으로 이미 신념하고 표방했던 자리에서 방향을 바꾸는 것이다. 그러므로, 사람이 철이 들어서 세워 놓은 주체의 자세를 뒤집는 것은 모두 다 넓은 의미의 변절이다. 그러나, 사람들이 욕하는 변절은 개과천선의 변절이 아니고, 좋고 바른 데서 나쁜 방향으로 바꾸는 변절을 변절이라 한다. (…)

조지훈 생가

영양군 일월면 주곡리 주실마을에 자리한 조지훈 생가는 인조 7년(1629)에 지어진 것이다.
인근에는 조지훈이 어렸을 때 수학한 월록서당이 남아 있다.

차돌에 바람이 들면 백 리를 날아간다는 우리 속담이 있거니와, 늦바람이란 참으로 무서운 일이다. 아직 지조를 깨뜨린 적이 없는 이는 만년을 더욱 힘쓸 것이니 사람이란 늙으면 더러워지기 마련이기 때문이다. 아직 철이 안 든 탓으로 바람이 났던 이들은 스스로의 후반을 위하여 번연飜然히 깨우치라. (…)

《사람의 아들》,《젊은 날의 초상》,〈황제를 위하여〉 등의 소설을 지은 이문열도 이곳 영양군 출신이다. 영양에서 영덕군 창수면으로 넘어가는 고개가 창수령인데, 이문열은《젊은 날의 초상》에서 창수령을 이렇게 묘사했다.

창수령 해발 7백 미터, 아아, 나는 아름다움의 실체를 보았다. 창수령을 넘는 동안의 세 시간을 나는 아마도 영원히 잊지 못하리라. 세계의 어느 지방, 어느 봉우리에서도 나는 지금의 감동을 다시 느끼지는 못하리라. 우리가 상정할 수 있는 완성된 아름다움이 있다면 그것을 나는 바로 거기서 보았다. 오, 그 아름다워서 위대하고 아름다워서 숭고하고 아름다워서 신성하던 그 모든 것들을….

태백산 밑의 네 산골 마을 가운데 영양군과 진보眞寶 두 고을은 풍속이 대략 같고 진보에서 동쪽으로 읍령을 넘으면 곧 영해(현 영덕) 지역이다. 조선 후기까지만 해도 현이었던 진보는 현재 청송군에 딸린 하나의 면이다. 진보현의 객관 북쪽에 있던 압각대鴨脚臺를 두고 서거정은 다음과 같은 시를 지었다.

다행히도 동헌 앞에 압각대가 있어

과객을 받으므로 갔다가는 돌아오네

강남에서 어느 누구 장대류(유과의 버들)를 부르는고

농상隴上에는 아무도 역사매驛使梅를 기대지 않네

붉은 나무는 가까워 걸음이 길어질 듯하고

푸른 산은 눈앞에 우뚝함이 쌓여 있네

늙은이가 힘써 일했지만 무슨 일을 이루었는가

세월은 유유히 술잔에 부쳤거늘

이러한 시가 남겨진 진보현은 경상북도 청송군 진보면에 있던 조선시대 행정 구역으로, 본래는 신라의 칠파화현漆巴火縣이었다. 주왕산과 청송보호감호소가 있는 청송靑松에 대해 조선 전기 문신 홍여방洪汝方은 〈찬경루기讚慶樓記〉에서 이렇게 기록했다.

선덕宣德 기유년(세종 11, 1429) 중춘仲春에 나는 바다를 따라 동에서 북으로 가다가 진보에 이르러서 방향을 남쪽으로 돌려 수십 리를 가는 동안 점점 산세는 기복이 있어서 용이 날아오르고 범이 웅크린 것 같았으며, 냇물은 서리고 돌아서 마치 흘러가려 하다가 다시 나오는 것 같았다. 소나무와 잣나무는 울울창창하고 연기와 노을은 어둠침침하게 잠겨 있어서 맑고 그윽한 동학洞壑이 의젓한 선경仙境인 듯한 것은 곧 청송이었다. (…) 행례行禮를 마친 뒤에 남루南樓에 올랐더니 원체 백성들이 순박하고 풍속이 후하여 온종일 고소장을 내는 자가 없었다.

청송군 파천면 덕천리에는 심 부잣집이 있다. 조선 후기 영조 때 만석꾼으로 불린 심 처사의 7대손인 송소松韶 심호택沈琥澤이 고종 17년 (1880) 무렵에 지은 이 집은 '송소 고택'이라는 명칭보다 '심 부잣집'이라고 더 많이 불린다. 9대에 걸쳐 만석꾼을 낸 청송 심 부잣집은 12대에 걸쳐 만석꾼을 낸 경주의 최 부잣집과 함께 경상도의 이름난 부잣집이다. 이 집이 의성에서 청송으로 이사 올 때의 이야기가 전한다. 어느 날 도적들이 이 집에 들어와 집 안 사람들을 위협하자 안방마님이 나와서 "사람들의 목숨은 다치게 하지 마라"면서 곳간 문을 활짝 열어 주고 마음껏 가져가게 했다. 도적들이 욕심껏 가져가고 남은 재산으로 지은 집이 바로 이 집이다. 그러나 그 떵떵거리던 청송 심 부잣집도 광복 이후 토지 개혁으로 '부잣집'이라는 이름만 전해 오다가 지금은 한옥 생활 체험관으로 활용되고 있다.

파천면 신기리 가람실 서북쪽에 자리한 골짜기 감람골에는 퇴계 이황의 5대조의 묘가 있다. 이곳은 금계포란형 金鷄抱卵形의 명당으로 이황의 6대조가 진보현 아전으로 있을 때 이야기가 전해진다. 하루는 원님이 감람골의 지세를 살펴보고 명하기를 "달걀을 가지고 와서 이곳에 파묻고 자시까지 기다려 닭이 우는 소리가 나는지 들어 보고 오라" 했다. 이상한 생각이 든 아전은 속이 곯은 달걀을 묻고 자시가 되어 가 보니 아무 소리도 들리지 않으므로 닭 우는 소리가 안 들린다고 전하니, 원님은 아무 말도 하지 않고 잠자코 있었다. 그 뒤 원님은 서울로 큰 벼슬을 얻어 떠났다. 아전은 전의 일이 아무래도 수상하여 밤중에 몰래 새 달걀을 가지고 가서 그곳에 파묻고 기다리니 닭 우는 소리가 들리는 게 아닌가. 그래서 땅을 파 보니 달걀이 병아리가 되어 있었다. 그리하여 명당자리인 줄 알고 있다가, 부친 상을 당하여 이곳에 묘를 썼다. 그러나 시체가 땅 밖으로 튀어나오므로 다시 깊이 파고 묻었으나 또 땅 밖으로 튀어나왔다. 그리하여 서울로 올라가 그때의 원님을 찾아뵙고 지난날 자신이 지은 죄의 용서를 빌며 그 까닭을 물으니, 원님은 자기가 그때 산소 자리를 잘못 본 것이 아님을 깨닫고 말하기를 "그곳은 큰 벼슬을 지낸 사람만이 묻힐 곳이다" 했다. 그러고는 헌 관복 한 벌을 내주며 "시체에 이 관복을 입혀서 장사 지내라" 하여 그대로 했더니 6대 만에 퇴계 이황이 태어났다고 한다.

"무릉도원에 들어가는 듯한 여기가 내 고향, 맑은 냇물과 붉은 절벽이 금당에 비치네"라고 이곳 진보를 노래한 사람이 이황이다. 김종직은 청송을 두고 다음과 같은 시를 남겼다.

한 봄을 구르는 쑥처럼 떠다니는 이 몸은 외롭구나

이미 좋은 계절에 꾀하던 일은 시기를 잃었음을 깨닫는다

장막 안의 잣나무 향이 타서 다하고자 하는데

일만 산 깊은 곳에 청부 靑鳧(청송)가 자고 있다네

3

의성에서 만나는 일연

속세 바깥이라 티끌도 깨끗하고

산수유꽃 노랗게 흐느끼는 의성

안동에서 남쪽으로 낙동강을 건너면 팔공산이다. 팔공산 북쪽 낙동강 남쪽에 있는 의성義城의 원래 이름은 소문국召文國이었다. 신라가 소문국을 합병한 뒤 경덕왕이 문소국으로 고쳤고, 고려 때 현재 이름으로 고치고 부로 승격시킨 후 여러 부침을 겪은 뒤 오늘에 이르렀다. 《신증동국여지승람》에 "검소함과 솔직함을 숭상하고, 누에치기와 뽕나무 가꾸기에 힘쓰며 주민이 순박하다" 기록되어 있다. 기축옥사 당시 동인의 영수로서 최대의 피해를 본 이발李潑은 "깨끗한 산천이 백 리이고, 태평한 연화가 천 가家라"라고 의성의 형승을 노래했다.

의성의 특산물은 마늘과 산수유다. "산수유꽃 노랗게/흐느끼는 봄마다"라는 박목월의 시 한 구절을 읊으며 계절이 지나 가을이 오면 산수유나무마다 빨간 열매를 매다는데, 산수유는 씨를 발라낸 다음 약재로 쓴다.

의성군 단촌면 구계리 등운산 자락에는 경상북도 북부 지방에서 이름이 널리 알려진 부석사, 봉정사를 말사로 거느린 고운사가 있다. 신문왕 원년(681) 의상이 이 절을 창건할 당시에는 고운사高雲寺였다. 이후 최치원이 이곳에 와서 여지와 여사 두 승려와 함께 가운루駕雲樓와 우화루羽化樓를 짓고 이를 기념하여 최치원의 자字를 따서 '고운사孤雲寺'로 이름을 바꾸었다고 한다.

한국전쟁이 발생하기 전만 해도 절 입구에 수많은 여관들이 있었다는데, 비행기의 폭격으로 불타 버렸다. 불교 종단의 세력 다툼으로 황폐해졌던 이 절이 제 모습을 찾은 것은 그리 오래전 일이 아니다. 현전하는 최치원의 시 120여 수 중 그의 마음을 가장 잘 드러냈다는 평가를 받는 〈추야우중秋夜雨中〉을 보자.

가을밤에 오직 괴로이 시 읊나니
세상에 날 알아주는 이 적구나
창밖에 내리는 삼경의 빗소리를 들으며
등불 앞 만고를 향해 이 마음 달리노라

정종 3년(948)에 운주가 중창했고, 현종 9년(1018)에는 천우가 대웅전, 약사전, 극락전, 적묵당, 설선당 등을 중창했다. 그 뒤에도 중창이 이어졌으며 임진왜란 때는 사명대사가 이끄는 승병들의 보급창 역할을 하기도 했다. 헌종 원년(1835)에 화재로 소실되자 만송, 호암, 수열 등이 함께 재건했다. 근대에 이르기까지 재건과 중수가 계속되었는데, 현존하는 당우로는 대웅전, 극락전, 관음전을 비롯한 스물 채 정도의 건물이 있다. 고운사의 문화재로는 최치원이 처음 지었다는 가운루(경상북도 유형문화재 제

고운사 가운루

팔작지붕집의 중층中層 누각인 가운루는 내부의 구조물에서 조각 솜씨가 다른 부재들이
함께 있는 것으로 보아 몇 차례의 중수 과정을 짐작케 한다.

151호)와 석조여래좌상(보물 제246호), 삼층석탑(경상북도 문화재자료 제28호) 등이 있다.

의성군 금성면에는 국보 제77호로 지정된 아름다운 탑리리 오층석탑이 있다. 통일신라시대 화강석으로 만들어진 이 탑은 높이 9.6미터, 기단폭 4.5미터이다. 부분적으로 중국 금나라 전탑塼塔 수법을 모방했고 한편으로는 목조 건물 양식을 보이는 이 탑의 기단은 단층으로 14석으로 된 지대석 위에 24석으로 면석面石을 구성하고 있다. 이 탑을 세우기 전에 목탑과 전탑이 있었다는 유력한 근거가 되는 탑리리 오층석탑은 경주 분황사 모전석탑(국보 제30호)과 함께 통일신라 전기의 석탑 양식을 연구하는 데 귀중한 자료다.

한편 점곡면 사촌리沙村里는 본래 사기그릇을 구워 만드는 사기점沙器店이 있었으므로 점실 또는 사진, 수촌이라고 불렀는데, 사촌 김씨들의 집성촌이다. 가뭄이 자주 들었던 사촌동의 김씨 마을에는 '사촌 처녀는 쌀 서 말도 못 먹어 보고 시집간다'는 말이 있다. 그런데 지금은 '사촌 처녀는 좁쌀 서 말도 안 먹고 시집간다'는 말로 바뀌었다.

춘산면 빙계리에는 여름에도 얼음이 어는 빙계계곡이 있다. 경상북도의 명승지 여덟 곳을 추려서 경북팔경을 꼽을 때면 이곳 빙계동 골짜기가 첫 번째로 꼽혔다고 한다. 빙계계곡은 삼복더위에 얼음이 얼고 엄동설한에 따뜻한 김이 모락모락 올라오는 신비한 곳이다. 매년 여름이면 '얼음골'이라는 이름으로 각종 언론에 수없이 오르내린다.

계곡은 입구에서부터 2킬로미터에 걸쳐 펼쳐지는데, 크고 작은 바위굴이 산재해 있다. 각각의 바위굴에는 얼음 구멍인 빙혈氷穴과 바람 구멍

속세 바깥이라 티끌도 깨끗하고

탑리리 오층석탑

의성군 금성면 탑리리 오층석탑은 통일신라시대 것으로 돌을 벽돌 모양으로 다듬어
쌓아 올린 전탑 양식과 목조 건축의 수법을 동시에 보여 주는 특이한 구조를 가지고 있다.

인 풍혈風穴이 있어 빙산氷山이라고 한다. 빙산을 휘감아 도는 내[川]를 빙계氷溪라 부르는데, 빙계는 이곳을 찾는 방문객들에게 언제나 시원함을 제공하는 물놀이장이 되기도 한다. 또한 빙계팔경이라 하여 아름다운 여덟 경치를 자랑하는데, 입구에서부터 용추龍湫, 물레방아[水礁], 풍혈, 인암仁岩, 의각義閣, 석탑, 빙혈, 불정佛頂이다. 저마다 빼어난 풍광으로 매년 휴가철 계곡을 찾는 방문객 수는 수만 명에 이르며 매년 20~30퍼센트씩 증가하는 추세다.

지금은 경상북도 의성군에 딸린 하나의 면이 되었지만 1914년 행정 구역을 개편하기 전까지 하나의 군이었던 비안현比安縣 객관의 동헌인 요산헌樂山軒을 두고 조선 전기 문신 김지경金之慶은 다음과 같은 기문을 지었다.

공자 말씀에 '어진 이는 산을 좋아하고[樂山], 지혜로운 이는 물은 좋아한다'는 말이 있다. 무릇 궁실을 경영하는 이는 땅을 선택하면서 산수의 명승지를 얻지 못한다면 비록 사치를 다한다 하더라도 후세에서는 높이지 않을 것이니, 택할 점이 무엇 있겠는가. 이 동헌으로 말하자면, 여기에 앉아 사방을 돌아보니 푸른 산이 병풍처럼 둘러 있고, 산골 물이 띠처럼 앞에서 흐르고 있어 실로 산에 오르고 물가에 가는 듯한 멋이 있다. 산수의 즐거움이 모두 갖춰져 있는 것이다. 그 밖에 제도의 교묘함이나 단청의 아름다움은 나머지 일뿐이다. 이제부터 이 동헌에 오르는 이는 산수의 즐거움을 좌우에서 취하여도 그 근원을 만날 수 있을 것이다. 더구나 현의 별호가 본시 병산이니, 산수를 병풍에 그리는 것이 산수를 눈에 직접 대는 것보다 못하다. 이렇게 해서 병풍의 뜻을 취하고, 감히 요산으로서 이 마루의 이름으로 삼고자 하거니와 괜찮을 것인지.

김지경이 묘사한 띠처럼 흐르는 내는 쌍계천이다. 쌍계천은 쌍계리에서 위천渭川으로 접어드는데, 군위군 고로면 학암리와 화산에서 발원하여 여러 고을을 지나 비안면과 구천면, 안계면을 지나 상주시 중동면 우물리에서 낙동강으로 들어가는 천이다.

경주 출신 조선 전기 문신 김겸金謙은 시에서 비안을 두고 "관거官居는 이제 영락했고, 고와古瓦는 푸른 이끼 끼었어라" 했고, 역시 조선 전기 문신인 이영견李永肩은 "사산의 푸른 솔 처마에 가깝고, 계하階下의 차가운 못 속속들이 맑도다" 노래했다. 서거정도 다음과 같은 시 한 수를 읊었다.

두 시내가 안아 들어 흰 물굽이 돌아 흘러
공관이 의연하게 섬 안에서 자리하였네
말은 푸른 버들 다리 건너 자라 등을 지나고
새는 푸른 절벽 그림 속을 날아오누나

서거정이 노래한 비안의 관가는 지금 그 어느 곳에서도 찾을 길이 없으니 한번 가면 다시 오지 않는 것이 이 세상의 일이란 말인가?

일연의 마지막을 지켜본 군위

의성 옆 군위군은 경상북도 땅의 한가운데에 있다. 군위軍威의 원래 이름은 노동멱현奴同覓縣이었으나 경덕왕 때 지금의 이름으로 고쳤다. 《신증동국여지승람》에 따르면 "풍속이 순후, 질박하다. 비록 고을의 권세 있는 부자라도 호미와 쟁기를 들고 농사에 부지런하며, 부잣집 부녀자들도 비단옷을 입지 아니한다" 되어 있다. 예천 향현사에 봉향된 조선 전기 문신 윤상尹祥의 시에 군위는 "산이 맴돌고 물이 휘돌아 한성을 이루고, 두어 집 치장된 것 그림처럼 맑아라"라고 남아 있다.

군위군 부계면에는 1960년대에 학자들에게 알려져 국보 제109호로 지정된 군위 아미타여래삼존 석굴이 있다. 경주 토함산에 있는 석굴암과 비교할 때 규모와 예술성은 떨어지지만, 이 지역 사람들에게는 신비하고 영험이 있는 것으로 알려졌다.

군위읍 용대리는 2009년에 선종한 김수환 추기경이 태어난 곳이다. 대한제국 말 천주교 박해를 피해 용대동에서 옹기를 굽던 부친 밑에서 태어나 한국 천주교를 대표하는 추기경을 지낸 김수환 외에 군위군 역사에서 빼놓을 수 없는 사람이 《삼국유사》를 지은 일연一然이다. 일연의 마지막을 지켜보았던 산이 화산 건너에 있는 옥녀봉이다.

일본의 풍수학자 무라야마 지준村山智順이 쓴 《조선의 풍수》에는 "옥녀탄금형玉女彈琴形 속의 옥녀는 무예에 숙달한 여자이고 금은 악기다. 아름다운 옥녀가 악기를 타면 누가 환희하지 않으랴. 누가 춤추고 노래하지 않으랴. 따라서 이러한 지형을 그대로 두면 대대로 인재 또는 과거 급

인각사

옥녀봉 자락에 있는 인각사는 신라 선덕여왕 11년에 의상대사가 창건했다.
일연은 입적하기 전 5년 동안 이곳에 머물며 《삼국유사》를 완성했다.

제자와 부자, 옥녀를 낸다고 한다"라고 했고, "옥녀산발형玉女散髮形은 안산의 달빛형으로 오른쪽에 거울형, 왼쪽에 분갑기름항아리형이여야 한다. 산발은 화장하기 위한 자세이므로, 곧 단정한 모습을 예기한다. 그렇기 때문에 이러한 지형은 사람들에게 선망받는 정도로 올라가며, 또한 주시의 목표가 될 재자가인才子佳人을 낸다"라고 했다.

옥녀봉 자락에 있는 인각사麟角寺는 신라 선덕여왕 11년(643)에 의상 대사가 창건했다. 《신증동국여지승람》에 따르면 인각사는 화산에 있었으며 동구에 바위 벼랑이 우뚝한데, 옛사람의 말에 기린이 이 벼랑에 뿔을 걸었으므로 그렇게 이름 붙인 것이라 한다. 일연은 입적하기 전 5년 동안 인각사에 머물며 《삼국유사》를 완성했다.

일연은 고려 회종 2년(1206) 경상북도 경산시 압량면 옥곡동에서 태어났다. 부친이 일찍 세상을 떠나 홀어머니 슬하에서 자랐으니 어린 시절의 고생은 이루 말할 수 없었을 것이다. 일연은 9세 되던 해에 출가했는데, 태어나면서부터 의표가 단정했으며 엄정한 데가 있고 말이 없었다. 일연이 처음 찾아간 절은 해양海陽(현 전라남도 광주)의 무량사無量寺였다. 무량사는 통일신라 말기에 선종을 도입한 도의선사가 가지산에서 보림사를 창건하고 교리를 설파하면서 시작된 구산선문의 하나로, 우리나라 선종의 뿌리를 이루는 가지산문의 말사로 추정된다. 하지만 정확한 위치는 알려지지 않았다. 무량사에서 열심히 공부한 일연은 14세에 강원도 설악산 진전사陳田寺에서 정식 승려로 입문하여 이때부터 여러 산사를 순례하며 수도에 힘썼다. 그는 깊은 선리와 높은 법담으로 가는 곳마다 널리 이름이 알려지게 되었다. 고종 14년(1227) 일연은 나이 22세에 승과의 선

불장選佛場에 나가 가장 좋은 성적으로 급제했고, 고향에서 가까운 포산
(비슬산) 보당암寶幢庵으로 옮겨 수도에 전념했다.

내가 오늘 갈 것이다

일연은 왕명으로 운문사에 머무르면서 선풍을 크게 일으켰으며, 《삼국
유사》 외에도 《화록話錄》, 《게송잡저偈頌雜著》, 《조파도祖派圖》 등 수
백 권의 책을 저술했다. 84세가 되던 해인 충렬왕 15년(1289) 7월 8일 새
벽에 제자들을 모아 놓고 "내가 오늘 갈 것이다"라고 말한 후 입적했다.
그해 10월 인각사 동쪽 언덕에 탑이 세워졌고 6년 후에는 비가 세워졌으
며, 시호는 보각普覺이다.

일연이 살았던 고려 사회는 최씨 무신 집권기에서 대몽항쟁기를 거친
뒤 몽골의 지배를 받던 시기로, 국내외적으로 다사다난하여 온 국민이 고
통을 겪던 시련기였다. 일연이 《삼국유사》를 펴냈을 때 그의 나이는 80세
였다. 우리는 그를 당시 고려 불교의 최고 승려로 기억하는 것이 아니라,
장령에도 온 정신을 기울여 쓴 《삼국유사》의 저자로 더 많이 기억한다.

《삼국유사》는 일연 개인이 편찬한 역사책이어서 체제와 양식이 자유
롭다고 평가된다. 그러나 《삼국사기》가 김부식 혼자만의 저서가 아닌 것
처럼 《삼국유사》 역시 일연 혼자 집필하지 않았을 것이다. 그의 제자들과
더불어 자료 수집과 필사, 판각 등을 함께한 공동 작업의 결과였을 것이
라는 설이 유력하다. 일연 자신도 스스로 《삼국유사》의 저자라고 이름을

밝히지는 않았다. 《삼국유사》의 정덕본正德本 마지막 권 첫머리에 '대선사 일연'이라는 이름이 발견되어 일연과 《삼국유사》의 관계를 알게 되었는데, 그것마저도 일연 스스로 적은 것이 아니고 그의 제자 가운데 한 사람이 존경의 마음으로 적었을 것이라는 설이 유력하다. 기록에 따르면, 일연이 지은 책이 100권이 넘지만 오늘날까지 남아 있는 것은 거의 없다.

오늘날 한편에서는 《삼국사기》에 대하여 사대주의 역사관에 근거해 편의대로 사료를 없애 버렸다 평가하고, 《삼국유사》에 대하여는 황당무계하고 믿을 수 없는 일들을 기록해 사료 가치가 없다는 악평을 내린다. 그렇지만 한 세기 반의 시간 차를 두고 태어난 《삼국사기》와 《삼국유사》가 아니었다면 우리는 삼국시대의 역사와 문화뿐만 아니라 그 시대 민중의 삶 속으로 자유롭게 시간 여행을 떠날 수 없었을 것이다. 그러한 가능성을 열어 두었다는 것 자체만으로도 《삼국사기》나 《삼국유사》가 우리 민족의 귀중한 문화유산으로 평가되는 데 손색이 없다. 또한 일연은 1980년대부터 일기 시작한 '우리 것 바로 알기'의 하나로 펼쳐지는 우리 산하와 문화답사 여행의 원조로서 길이 기억될 것이다.

의흥義興은 조선 전기 문인이자 서예가 유호인兪好仁이 시에서 "예전에 노승이 살던 곳, 연기와 석실石室이 안개에 잠겨 있네. 시내와 산은 참다운 면목이요, 꽃과 버들은 제대로 풍광일세. 속세 바깥이라 티끌도 깨끗하고, 한가한 속엔 세월도 길다. 창에 기대 편안히 한숨 자고 막 깨어 나려는데, 새벽 종소리 요란하네"라고 했던 곳이다. 의흥이라는 지명은, 이곳의 신라 때 이름인 구산현龜山縣의 지형이 거북이 엎드린 형세이므로 발전이 더디다고 하여 의롭게 발전하고 흥하라는 뜻에서 지었다고 한

다. 조선시대에는 이곳이 대구, 영천, 의성, 안동을 연결하는 군사와 교통
의 요충지였으므로 숙종 15년(1689)에 화산산성을 축조했고, 팔공산에
도 성을 쌓았다.

《신증동국여지승람》에 "풍속이 순후하고 소박한 것을 숭상한다"라고
실려 있는 의흥을 두고 고려 후기 문장가 이규보李奎報는 다음과 같이
노래했다.

> 좋은 경치 끝이 없어 밥 먹이는 손 많으니
>
> 씹는 맛 사탕수수와 같아 점점 아름다워
>
> 우연히 그림이 된 것은 시냇가의 절이요
>
> 별다르게 풍류를 점령한 것은 버들에 비친 집일세
>
> 물결 급하니 노는 물고기 떨어지는 돌에 부딪히고
>
> 바위 비었으니 새 희롱으로 꽃을 잡아당기네
>
> 들으니 이 속에 삼신산이 있다 하니
>
> 봉래, 영주의 길 막혔다고 누가 말하든가

의흥에서 태어난 인물이 조선 전기 문장가인 홍귀달洪貴達이다. 본관
은 부계缶溪, 자는 겸선兼善, 호는 허백당虛白堂 또는 함허정涵虛亭이
다. 세조 6년(1460)에 과거에 급제하여 예종 원년(1469)에는 교리였다가
장령이 되어 조정의 글이 모두 그의 손에 의해 쓰였다. 사예가 되었을 때
그를 외직인 영천 군수로 보내려 하자 대제학 서거정이 "그는 글을 잘하
여 조정에 없어서는 안 될 사람"이라고 하여 외직 전출이 취소되고 홍문

관 전한과 예문관 전한이 되었다.《세조실록》편찬에도 참여한 홍귀달은 벼슬이 참찬에 이르렀는데, 연산군 10년(1504) 손녀를 궁중에 들이라는 왕명을 거역하여 장형杖刑을 받고 경원으로 유배 도중 교살되었다. 문장이 뛰어나고 글씨에도 능했으며, 성격이 강직하여 부정한 권력에는 굴하지 않았다. 모두 그에게 몸을 조심하라고 했지만 태연하게 말하기를 "내가 국가의 은혜를 두터이 입고 이제 늙었으니, 죽어도 원통할 것이 없다" 했다. 중종반정 후 신원되었는데, 시호는 문광文匡이다.

일연의 고향인 경산慶山의 본래 이름은 압량소국押梁小國이었으며, 고려 충선왕 때 지금의 이름으로 바뀌었다.《신증동국여지승람》의 기록에 따르면 경산은 풍속이 검소하고 소탈한 것을 숭상하며 특산물로는 사과가 유명하다.

경산시 와촌면 대한리에 있는 팔공산 관봉 석조여래좌상(보물 제431호)은 갓바위 미륵 또는 관암석불이라고도 불린다. 약사 신앙의 1번지라고 알려진 팔공산에는 수많은 약사여래좌상이 있는데, 그중에서 가장 영험하다고 소문난 곳이 이곳에 있는 갓바위 불상이다. 대구, 경북뿐만 아니라 전국적인 명성을 얻어 이 불상에 기도하기 위해 남녀노소를 막론하고 수많은 사람들이 찾아온다. 특히 매달 음력 그믐부터 초이레까지는 해가 뜨기 전인 새벽 네 시부터 갓바위로 향하는 사람들의 발길이 끊임없이 이어진다. 양양 낙산사, 남해 보리암, 고창 선운사의 도솔암이 기도 효과가 크다고 알려진 절인데, 그중 갓바위는 '정성스레 기도하면 한 가지 소원은 들어준다'는 소문이 퍼져 갈수록 사람들의 발길이 북적거린다. 입시철이나 선거철에는 더욱더 인산인해를 이룬다.

속세 바깥이라 티끌도 깨끗하고

팔공산 갓바위 불상

약사 신앙의 1번지라고 알려진 팔공산에는 수많은 약사여래좌상이 있는데,
그중에서 가장 영험하다고 알려진 곳이 이 갓바위 불상이다.

해발 850미터 지점에 자리한 갓바위 불상의 높이는 4.15미터이고, 좌대를 포함한 전체 높이는 5.6미터에 이른다. 머리에는 두께 15센티미터에 이르는 판석이 올려져 있어 마치 갓을 쓴 듯 보인다. 불상의 머리에는 불정이, 이마에는 백호가 뚜렷하고 얼굴은 풍만하며 이목구비 조각이 세련되어 잘 조화를 이루고 있다. 가슴과 어깨는 넓고 번듯하여 후덕한 인상을 준다. 갓바위 불상은 신라시대에 원광의 제자 의현이 어머니의 명복을 빌기 위해 만든 것이라 한다.

한편 오늘날 경산시에 딸린 자인면은 조선 후기까지만 해도 하나의 현이었다. 이 지역에 '한장군놀이(경산자인단오제)'가 전해져 온다. 자인면 사무소 뒤쪽에는 한장군의 사당인 한당韓堂이 있는데, 해마다 단옷날이면 서부동 한당에서 제사를 지낸 뒤 이곳으로 와서 또 지낸다. 서부동 서림에 있는 한장군의 사당은 중앙에 붉은 베로 두른 막이 있고, 그 안쪽 가운데에는 밤나무로 만든 길이 약 70센티미터의 '한장군신위'라 쓰인 위패가 있으며 그 아래에 제상이 놓여 있다. 제상 오른쪽에는 백지를 감은 활 모양의 솔가지가 있는데, 그 양끝에는 소지 때 쓰는 종이가 매여 있고 그 끝에는 대추와 밤, 흰떡이 두 개씩 쌓여 있다. 또 좌우 벽의 아래쪽에는 작은 닫집이 있고 그 안에 길이 약 20센티미터의 '좌(우)신위'라 쓴 위패가 있으며, 앞에는 또 네모진 제상이 놓여 있다.

신라 때(또는 임나군이 침범했을 때) 한장군 남매가 교촌리의 유계에서 여원무女圓舞를 추어 도천산성에 웅거한 왜적을 꾀어내 모두 잡아 죽였는데, 그 공로를 기리기 위해 이곳에 사당을 세우고 해마다 단옷날에 제사를 지내게 된 것이다. 이때 대명 행렬이라 하여 옛 여원무의 흉내를 내는

데, 두 남자아이가 여자 옷차림을 하고 고운 빛깔 종이로 만든 화관을 쓰고 춤을 춘다. 다른 사람들은 징과 꽹과리, 북을 치고 자인 호장은 예복을 입고 가마를 타고 가고 그 뒤를 지방 관원과 청년들 대표 수십 명이 모두 말을 타고 따라가면서 이 사당에 와서 제사를 지낸다. 그런 뒤 곧바로 북사동의 한당으로 가서 제사를 지내고 북사동의 계림 뒤에서 기마 전쟁 연습을 했다. 또 밀양 등지에서 명창 기생과 광대들을 불러와 노래와 춤을 춘다. 계림에서는 그네뛰기, 계림 언덕에서는 백일장, 시장 부근에서는 씨름 대회를 열어 함께 축하했다. 영조 41년(1765)에 현감 정충언鄭忠彦이 사당을 중수하고 그의 동생 충빈忠彬에게 〈영신사迎神詞〉라는 노래를 짓게 하여 제사 때 제창했다. 한장군놀이는 한때 폐지되었다가 1968년에 다시 시작되었으며, 1971년에는 국가무형문화재 제44호로 지정되었다.

박인로의 고향 영천

군위 동쪽이 신라 때 절야화군切也火郡이었던 영천永川이다. 《세종실록지리지》에 "땅이 메마르고 기후는 춥다"라고 기록된 영천의 당시 호수는 377호이고 인구는 3087명이며, 군정은 시위군이 45명, 진군이 64명, 선군이 130명이었다.

《신증동국여지승람》에서 "풍속은 평이한 것을 숭상하였다" 했고, 서거정은 그의 시에서 "흰 구름 누른 학은 몇몇 때나 돌아왔나. 이수와 삼산이 차례로 열려 있네"라고 영천의 형승을 노래했다. 영천은 서거정의 시처럼 자호천, 신령천 등의 물길과 보현산, 화산, 채약산 등의 높은 산 때문에 예로부터 이수삼산二水三山이라 불리기도 했다.

영천 관아의 남쪽 6리에 있던 산이 작산鵲山이다. 전해 오는 말에 따르면 고을 땅의 형세가 날아가는 봉황처럼 생겼는데, 봉황은 대나무를 좋아하고 또 까치가 지저귀는 것을 보면 날아가지 않기 때문에 산의 이름을 '작산' 또는 '죽방산竹坊山'이라고 지었다고 한다.

영천이 지금의 이름을 얻게 된 연유가《여지도서》에는 다음과 같이 실려 있다.

북천北川은 관아의 북쪽 6리에 있다. 모자산 서쪽에서 흘러나와 청통역淸通驛 남쪽에 이르러 남천과 합류해 동경도를 이룬다. 영천 고을이 남천과 북천두 물줄기가 합류하는 안쪽에 있고, 물줄기가 '영永' 자 모양을 이루므로 '영천'이라고 이름 지었다.

영천은 조선 명종 때 무신이자 시인이었던 박인로朴仁老의 고향이기도 하다. 박인로의 본관은 밀양이고, 자는 덕옹德翁, 호는 노계蘆溪 또는 무하옹無何翁이다. 그는 9편의 가사와 70여 수의 시조를 남겼으며 정철鄭澈, 윤선도尹善道와 더불어 조선 3대 시인으로 불린다.

박인로의 일생 중 전반기에 대한 기록은 별로 알려진 것이 없다. 미미한 향반의 후예일지라도 "이 세상에 남길 만한 이름은 효도, 우애, 청백이며 가슴속에 간직한 것은 충과 효 두 글자"라고 하면서 수기치인修己治人의 이상을 실현하는 전형적 사대부의 삶을 살았다. 선조 25년(1592) 임진왜란이 일어나자 의병에 가담해 무공을 세우기도 했다. 긴 전쟁이 끝난 뒤의 상황을 박인로는 "들판에 쌓인 뼈는 산보다 높고 큰 도읍, 큰 고을이 여우굴이 되었다"라고 표현했다. 하지만 그는 당시 시대를 여전히 왕의 덕화가 두루 미치는 태평성대로 인식하여 전쟁 동안 소홀히 했던 오륜을 적극 실천할 것을 강조했다. 39세 때 무과에 급제해 조라포 만호로 부임, 선조 34년(1601) 이덕형李德馨에 홍시를 받고 돌아가신 부모를 그리며 〈조홍시가早紅柿歌〉를 짓기도 했다.

> 쟁반에 놓인 조홍감이 곱게도 보이는구나
>
> 유자 아니라도 품음직도 하다마는
>
> 품어 가도 반길 사람 없어 그것으로 서러워하노라

선조 38년에는 동래의 통주사로 부임해 임무를 수행하며 〈선상탄船上嘆〉을 지어 무인다운 기개와 자부심을 표현했다. 광해군 3년(1611)에는 용진龍津 사제에서 은거하던 이덕형을 찾아가 그의 뜻을 대신해 〈사제곡莎堤曲〉을 지었다. 같은 해에 지은 가사 〈누항사陋巷詞〉는 향촌에 묻혀 사는 자신의 궁핍한 생활을 노래해 안빈낙도하고자 하는 뜻을 밝혔다. 〈사제곡〉은 박인로가 갈망하던 사대부적 삶의 전형을 보여 주며, "어리석고 세상 물정에 어둡기로는 나보다 더한 사람이 없다"라는 자조적 고백으로 시작되는 〈누항사〉는 곤궁한 현실과 그 개선의 가능성마저 무산되고 마는 갈등의 과정을 생생히 보여 준다. 〈누항사〉를 좀 더 보자.

자연을 벗 삼아 살겠다는 꿈을 꾼 지도 오래더니

먹고 사는 일이 거리낌이 되어, 아! 슬프게도 잊었도다

저 냇가를 보건대 푸른 대나무가 많기도 하구나

교양 있는 선비들아, 낚싯대 하나 빌려라

갈대꽃 깊은 곳에서 밝은 달과 맑은 바람의 벗이 되어

임자가 없는 자연 속에 절로절로 늙어 가리라

무심한 갈매기야, 나더러 오라고 하며 또 말라고 하랴

다툴 사람이 없는 것은 다만 이것뿐인가 하노라

(…)

박인로는 76세에 이르러 노계에 안거할 택지를 마련하고 〈노계가蘆溪歌〉를 지었다. 그의 생애 전반부는 임진왜란에 종군한 무인으로서의 면모가 두드러졌다면, 후반부에는 향리에서 유가서를 읽으며 안빈낙도를 실천한 선비로서 살아갔다. 그의 아름다운 시들은 시문집《노계집蘆溪集》에 남아 전한다.

산수가 아름다운 자연과 더불어 살기를 꿈꾸었던 박인로의 고향 영천에 있던 명원루(조양각)의 동실이었던 청량당淸涼堂을 두고 조선 전기 문신 조위曺偉는 시 한 편을 남겼다.

새로이 화려한 집을 지어 물을 내려다보고 있는데

내 여기 올라서서 있은 지 오래어라

더운 바람 꽃다운 풀, 개인 냇물 멀었고

떨어지는 해 외로운 구름, 새만 홀로 날고 있네

산안개 몽롱하여 구슬발 밖에 떨어지고

버들 꽃 어지러이 모자 가에 불어오네

밤이 깊어 달은 난간 위에 올라오니

한결 같은 청량한 맛 홀로 일고만 있네

바람에 실려 오는 비파 소리

낙동강에서 두 번째로 긴 지류인 금호강琴湖江은 유로 연장이 117.5킬로미터이고 유역 면적이 2053제곱킬로미터다. 포항시 죽장면 상옥리 가사령(해발 500미터)에서 발원하여 서남쪽으로 흘러 죽장면과 영천시 자양면의 중심을 뚫고 임고면 우항동에 이르러 동쪽으로 흘러오는 임고천과 합해지고, 북서쪽에서 흘러오는 고현천 및 신령천과 합해진 뒤 금호강이 된다. 금호읍을 지나 경산시 북부를 가로로 뚫고 대구시를 동쪽에서 북쪽으로 둘러 서쪽으로 활 모양을 이루면서 달서구 파호동에서 낙동강으로 들어간다. 《경상북도 지명유래총람》에는 다음과 같은 글이 실려 있다.

금호는 영천시 서쪽 6킬로미터 지점에 있는데, 금호읍 남쪽과 북쪽이 구릉지로 호수와 같아 갈댓잎이 바람에 흔들릴 때 비파[琴] 소리와 같은 아름다운 소리를 낸다고 하여 금호라고 불렀다고 한다.

　금호강변에 세워진 조양각朝陽閣은 명원루明遠樓 옛터에 지은 정자로, 일명 '서세루'라고도 부른다. 삼면이 시원스럽게 탁 트였고 아래로 금호강이 남쪽으로 흐르는 곳에 세워진 이 누각은 밀양의 영남루, 진주의 촉석루와 함께 영남의 3대 누각으로 꼽힌다. 영천을 지나던 조선시대 문장가 용재 容齋 이행李荇은 조양각을 두고 다음과 같은 시를 지었다.

　　쓸쓸한 흰머리는 가을빛으로 물들고
　　잠깐 들른 백 척 누각이 한껏 뽐내네
　　여기는 영천이라 경치 가장 좋은 곳
　　들녘의 안개에 신산 세계가 파묻혔네

　영천을 중심으로 대구, 포항, 경주, 의성 등과의 거리가 대략 80리 안팎이라서 조랑말을 타고 여행을 하던 조선시대에는 하룻길 여정이었다. 이른 아침에 출발하여 해거름 녘에 도착하는 영천은 그런 연유로 객줏집과 주막이 유독 많았던 고장이다. 경상도 일대의 물산이 모여서 거래되는 큰 장인 영천장도 객줏집과 주막의 성업을 부추겼다. 오일장이 쇠퇴한 뒤에도 영천장이 서면 이곳저곳에서 장꾼들 1만여 명이 몰려들었고, 대목장에는 2만여 명이 몰려들어 인산인해를 이루었다고 한다. 그래서 경상도 지역에서 '가는 말도 영천장, 못 가는 말도 영천장'이라는 말이 통용될 정도였다.

　영천시 신녕면은 조선시대에 신녕현新寧縣이었다. 본래 신라의 사정화현史丁火縣이던 것을 경덕왕이 지금 이름으로 고쳐 임고군臨皐郡의

속세 바깥이라 티끌도 깨끗하고

영천 거조암 영산전과 삼층석탑

영천시 통천면 팔공산 자락에 있는 거조암은 은해사의 산내 암자다.
신라시대에 창건된 암자로 영산전 靈山殿(국보 제14호)과
삼층석탑(경상북도 문화재자료 제104호) 등이 있다.

영현으로 삼았다. 고려시대에 현종이 경주부에 소속시켰고, 공양왕이 감무를 두었으며 조선시대에 예에 따라 현감으로 고치고 장수역으로 읍내를 옮겼다. 연산군 3년(1497)에 고을의 아전들이 현감 길수의 사나운 정치가 괴로워서 땅을 비우고 도망가자 현을 해체했다가 다시 복구했다. 당시 이 지역의 토질은 비옥하고 척박한 것이 반반이었다고 한다. 정몽주는 이곳을 지나며 다음과 같은 시 한 편을 남겼다.

흰 구름은 푸른 산에 있는데
노는 손 고향을 떠나네
해 저물어 눈과 서리 찬데
어찌하여 먼 길을 가는가
역 정자에서 밤중에 일어나니
닭 우는 소리 크게 들리네
내일 아침 앞길 떠나면
유연한 회포 금치 못하리
친구들 날로 이미 멀어지니
머리를 돌이키면 눈물만 흐르네

길을 떠나는 나그네가 되면 그때부터 왜 그리 서럽고 외로운지. 그래서 헤르만 헤세도 《유리알 유희》에서 "나그네는 작은 일로도 보람을 얻으니, 참고 견디는 것만이 유일한 낙이다"라고 얘기했을 것인데, 정몽주 역시 친구들은 자꾸 멀어지고 갈 길은 머니 얼마나 가슴이 저리도록 아팠겠는가. 신녕현에는 이런 집 떠난 나그네들의 편의를 위해 국가가 경영하던 여관인 역원이 여럿 있었다.《신증동국여지승람》에 따르면 신원新院은 현의 서쪽 7리에, 양야원陽也院은 현의 동쪽 17리에, 갑현원甲峴院은 현의 서쪽 15리에 있었다.

조선 전기 학자 유방선柳方善은 시에서 가도 가도 민가가 눈에 띄지 않는 영천의 신녕을 두고 "민가가 드물게 있으니 고을 되기 마땅치 않고, 나무가 우거졌으니 도리어 촌락 같다" 했고, 조선 전기 경상도 관찰사를 지낸 홍여방洪汝方은 "시냇물 누각 앞에 이르러 문득 흐르지 않고 빙빙 돌며 머뭇거리니 누굴 위해 머무름인가. 제 마음은 이제부터 구렁에 가득 찬 뒤에 나가려는 듯, 이름에 급급해서 근심하는 것 비웃는 듯하네" 라고 노래했다.

넓은 바다를 눌러 파도가 만경이라

영천의 북동쪽이 포항이다. 지금은 포항에 딸린 하나의 면인 청하는 조선 후기까지만 해도 독립된 현이었다. 홍여방은 기문에서 청하현의 형승에 대해 "동쪽으로는 넓은 바다를 눌러 파도가 만역이요, 서쪽으로는 중첩된 봉우리와 나란히 서 있어 구름과 안개가 온갖 모습으로 변화한다" 했다. 조선 전기 이곳에 암행어사로 왔던 김정국金正國의 시 한 편이 쓸쓸하기 그지없다.

호미곶 등대

한말인 1908년에 준공된 포항 호미곶 등대(경상북도 기념물 제39호)는
한반도 동쪽 땅끝에 위치한 우리나라에서 제일 높은 등대다.

호미곶 일출

육당 최남선이 조선십경 중 하나로 꼽을 만큼 포항 호미곶 일출은 유명하다.
여기에 더해 1999년에 완공된 '상생의 손'이 색다른 풍경을 연출한다.

> 고을의 객사는 쓸쓸하고 이바지도 부족한데
> 지금은 암행어사의 신분이라는 것을 잊어버렸네
> 처마 밖의 웅장한 풍랑 소리 깜짝 놀라 들어 보고
> 뜰 앞에 비친 차가운 달빛을 아끼며 즐겨 본다네
> 나그네는 고향 생각에 젖었는데 하늘은 컴컴하고
> 잠 못 이루고 뒤척이는 베갯가로 밤이 길구나
> 해마다 이 몸은 남쪽으로 날아가는 기러기 따르는데
> 늙어 가도록 나그네 마음은 너그러워지질 않네

김종직은 이곳 포항 지역을 두고 다음과 같은 글을 남겼다.

동해 바닷가에 영일 혹은 임정臨汀이라고 불리는 고을이 있는데, 대개 신라의 동쪽 가장자리 땅이었다. 신라 초기에는 전혀 개척되지 않은 황무지였으므로 들어볼 만한 아무런 제도도 없었다. 신라 중엽에 이르러 어진 왕이 잇달아 일어나 나라를 다스리고 비로소 중국과 통하게 되어 예제禮制들을 상고하게 되었다. (…)

신라의 도읍인 경주와 가까운 곳임에도 불구하고 전혀 개척되지 않았다고 실려 있는 것을 보면 그 당시 영일만을 품은 포항의 땅이 그만큼 삭막했음을 알 수 있다.

포항의 향토 사학자 박일천이 1960년대에 펴낸《일월향지日月鄕誌》에는 한 병사가 남긴 〈탄왜구시〉가 실려 있다. "도륙과 약탈 뒤에는 시체가 산을 이루고 피가 내를 이루었으며 (…) 노략질한 쌀이 흘러 길을 덮었고 어린아이의 배를 갈라내고 술을 담았다"라고 기록된 포항은 청하淸河, 장기長鬐, 영일迎日, 흥해興海의 네 개 고을이 합쳐져 하나의 군이 되었다. 특히 영일군은 《삼국유사》에 나오는 연오랑과 세오녀 설화의 무대로 그 내용은 다음과 같다.

신라 제8대 아달라왕 즉위 4년인 정유(157)에 동해 바닷가에 연오랑과 세오녀 부부가 살고 있었다. 어느 날 연오가 바다에 나가 미역을 따는데 갑자기 웬 바위들(혹은 물고기라고도 한다)이 나타나 연오를 태우고 일본으로 갔다. 일본 사람들이 이를 보고 "이 사람은 범상치 않은 인물이다" 하고는 왕으로 삼았다 (《일본제기》를 보면 신라 사람으로 왕이 된 자가 없다. 연오는 변방 고을의 작은 왕이요, 진정한 왕은 아닐 것이다).

세오는 남편이 돌아오지 않는 것을 괴이쩍게 여겨 나가서 찾다가 남편이 벗어 놓은 신발을 보고 바위 위로 올라갔더니 바위들은 또한 예전처럼 세오를 태우고 갔다. 그 나라 사람들이 놀랍고 이상하여 왕에게 아뢰어 바쳤더니 부부가 서로 만나 세오는 귀비가 되었다.

이때 신라에서는 해와 달의 빛이 없어지매 천문을 맡은 관리가 아뢰었다. "우리나라에 내려와 있던 해와 달의 정기가 지금 일본으로 가 버렸기 때문에 이런 괴변이 생겼습니다."

왕이 사신을 보내 두 사람을 찾았더니 연오가 이렇게 말하였다. "내가 이 나라에 온 것은 하늘이 그렇게 시킨 것이다. 지금 어찌 돌아가랴. 그러나 왕비가 명주 비단을 짠 것이 있으니 이것으로 하늘에 제사를 지내면 좋을 것이다."

심부름을 갔던 사람이 신라에 돌아와 연오의 말대로 명주 비단으로 제사를 지냈더니 해와 달이 예전처럼 떠올랐다. 그 일이 있고 나서 신라에서는 그 비단을 국보로 삼았으며, 그 비단을 보관한 창고를 귀비고貴妃庫라 하였다. 제사를 지낸 곳은 영일현 또는 도기야都祈野라고 불렀다고 한다.

박일천에 따르면, 연오랑과 세오녀로 상징되는 이 집단은 신라 초기에 '근기국'으로 불리던 부족 국가였다. 진나라가 멸망한 뒤에 동쪽으로 뻗어 나온 세력 중 하나였다. 이 부족은 베 짜는 기술을 신라에 전했으나 신라가 강성해져 주변 지역을 정복해 나가자 무리를 지어 일본으로 건너갔다. 지금도 영일 지방에는 '왜 배가는 것 같다'라는 말이 있는데, 이는 줄줄이 이어서 수평선 위를 지나가는 배들의 행렬을 지칭하는 말이다. 아득한 옛날, 이 부족이 가축과 가재도구를 싣고 수평선 저쪽에 있는 왜로 줄줄이 사라져 가던 모습이 이 말 속에 담겨 있다.

한편 오늘날 포항시 흥해읍은 조선시대에 독립된 하나의 군이었다. 조선 전기 문신 권근權近은 흥해를 두고 다음과 같은 기문을 지었다.

고개를 넘어 동남쪽 바닷가로 수백 리를 가면 군이 있으니 흥해다. 땅이 제일 끝까지 가다가 막혔는데 물고기와 소금과 땅이 기름져서 이로움이 있다. 그 옛날 여기 사는 백성들은 편안하게 살았는데, 중간에 왜적의 난을 입고 나서부터 점점 메마르고 황폐해져 갔다. 경신년(우왕 6, 1380) 여름에 이르러 더욱 화를 심하게 받아 고을이 함락되고 불타서 백성들이 학살과 약탈을 당하여 거의 없어지고 그중에 벗어난 자는 흩어져 사방으로 달아났다. 마을은 빈터만 남았

영일만 해안도로

포항시 북구 흥해읍 달만곶과 남구 호미곶면 호미곶 사이에 있는 영일만은
고려 초기부터 공식 사용된 명칭으로 해돋이, 해맞이란 뜻이 있다.

고 무성한 나무들만 길을 가리니 이 고을 원院이 된 사람도 먼 마을에 가서 살고 머리를 움츠려서 고을 안으로 들어오지 못한 지 수년이 되었다. 정묘년(우왕 13)에 이르러 국가에서 군 남쪽에 병선을 두어 바다와 포구를 통하게 하여 적들이 오는 것을 막은 연후에 떠돌던 백성 중에 고향을 생각하던 자들이 차츰 돌아오기 시작하였다. 그러나 아직도 성지의 견고함이 없어서 모여서 살지 못하고 이따금 산골짜기에 굴을 파고 살면서 그 자취를 감추었다가 때로 나와서 농사도 짓고 물고기도 잡았으며, 왜적이 쳐들어오면 능히 서로 구하지 못하고 도망해 숨을 뿐이었다. 그러므로 수령들이 먼 마을에 살면서 감히 오지 못하기는 전과 같았다.

왜구의 침입이 계속되어 원으로 발령을 받아도 제 고을로 들어오지 못한 채 남의 고을에서 머리를 들지 못하고 지내야 했던 벼슬아치의 처지와 나라의 도움이 전혀 없는 가운데 힘겹게 하루하루를 보냈던 백성들의 비참한 생활이 눈앞에 생생하게 보이는 듯하다. 이런 고을일수록 적을 막기 위한 성을 견고하게 쌓았다. 흥해읍성은 석성으로 둘레가 1493척이고 높이가 13척이었으며, 성안에 세개의 우물이 있었다.

정약용과 송시열의 적소가 있었던 장기

포항시 장기면은 조선 후기까지만 해도 하나의 현이었다. 이곳에 정약용의 자취가 여럿 남아 있다. 정조의 총애를 한 몸에 받았던 다산은 왕의 급작스러운 죽음과 함께 나락의 길로 접어들게 되었다. 순조 원년(1801) 대비 김씨는 천주교(사학) 탄압을 위한 사학금령邪學禁令을 선포했다. 300여 명이 죽어 간, 이른바 신유사옥이 일어난 것이다.《순조실록》의 기록을 보자.

사람이 사람 노릇을 할 수 있음은 인륜이 있기 때문이요, 나라가 나라일 수 있음은 교화가 있기 때문이다. 오늘날 사학이라고 말해지는 것은 아비도 없고 왕도 없어 인륜을 파괴하고 교화에 배치되어 저절로 짐승이나 이적夷狄(오랑캐)으로 돌아가 버린다. (…) 각 지방의 수령들은 오가작통五家作統의 법령을 밝혀서 그 통統 안에 사학의 무리가 있다면 통장은 관에 고해 처벌하도록 하는데, 당연히 코를 베어 죽여서 씨도 남지 않도록 하여라.

정약용의 셋째 형 약종이 신유년(1801) 1월 19일 교시서와 성구, 신부와 교환했던 서찰 등을 담은 책롱을 안전한 곳으로 운반하려다가 한성부의 포교에게 압수되는 일이 발생했다. 2월 9일 이가환(전 공조판서), 이승훈(전 천안현감), 정약용(전 승지)을 국문하라는 사헌부의 대계가 올라갔다. 결국 2월 16일 이승훈, 정약종, 최필공, 홍교만, 홍낙민, 최창현 등 천주교의 주축들은 서소문 밖에서 목이 잘려 죽었고, 이가환과 권철신은 고문을 못 이겨 옥사하고 말았다. 죽음을 모면하고 귀양을 가야 했던 그때의 상황이《순조실록》에 실려 있다.

죄인 정약전, 정약용은 바로 정약종의 형과 아우다. 당초에 사서邪書가 우

리나라에 들어오자 읽어 보고는 찬미하였으나 중간에 스스로 깨닫고 다시는 더
러움에 물들지 않으려는 뜻이 예전에 올린 상소문과 이번 국문을 받을 때 상세
히 드러났다. 차마 형을 증거할 수 없다고는 했지만, 정약종의 문서 중 서로 주고
받았던 글 속에서 정약용이 알게 되는 것을 경계하고 있으니 평소에 집안에서도
금지하고 경계했던 것을 증험할 수 있다. 다만 최초에 더러움에 물들었던 것으로
세상에서 지목을 받게 되었으니 정약전과 정약용은 사형의 다음 형벌을 적용하
여 죽음은 면해 주어 약전은 강진의 신지도에, 약용은 장기현에 정배하였다.

정약종은 장남 철상과 함께 서소문 밖에서 처형되었으며, 청국인 신부
주문모도 의금부에 자수하여 사형되었다. 장기현에서 귀양살이하던 정약
용은 조정의 고관대작들이 '이理다, 기氣다' 하고 떠드는 공리공론의 성
리학을 풍자한 시를 여러 편 지었다. 정약용의〈고시 27수古詩二十七首〉
중 일부를 보자.

요즘 선비들 성리性理 이야기만 즐겨하나
현실 정치에는 얼음과 숯이라네
깊이 숨어 살며 감히 나오지도 못함은
나와 본들 남의 노리갯감 되기 때문
마침내는 물정모르는 경박한 사람들만이
앞장서서 나라 일을 맡고 만다네

다산은 장기에서 8개월에 걸쳐 고난의 유배 생활을 하며 여러 편의 저

술을 남겼다.

신유사옥은 그것으로 끝이 아니었다. 같은 해 가을에 황사영 黃嗣永 백서 사건이 일어났다. 백서 사건이란 제천의 배론 토굴에 도피 중이던 황사영이 중국에 있는 프랑스 선교사에게 비단에 써서 보내려던 편지가 발각되어 빚어진 옥사였다. 편지의 내용은 청국 황제가 조선 국왕에게 천주교도 박해 중지의 압력을 가하도록 선교사들이 개입해 달라는 청원이었다. 황사영은 즉각 체포되어 능지처참을 당했다.

황사영은 16세 때 진사시에 장원 급제한 수재로, 정약용의 조카사위였다. 즉 정약용의 큰형인 정약현의 딸이 황사영의 아내다. 이때 황사영의 어머니와 아내는 거제도, 제주도로 쫓겨나 종살이를 하게 되었고, 세 살배기 아들은 추자도에 버려졌다. 정약용과 정약전은 그해 10월 20일 저녁에 또다시 체포된 채 올라와 감옥에 갇혔고, 결국 강진으로 긴 유배 생활을 떠나게 된다.

장기에는 정약용 외에도 유배객이 많았다. 그중 한 사람이 《조선왕조실록》에 3000번이 넘게 나오는 우암 尤庵 송시열 宋時烈이다. 노론의 영수인 송시열이 유배를 온 해는 숙종 원년(1675)이었다. 현종 사후 효종의 모후인 조대비의 복상 문제로 덕원에 유배되었다가 숙종 원년에 이곳으로 이배된 것이다. 《송자대전 宋子大全》에 따르면, 을묘년(1675) 윤6월 10일에 영일 형산강을 건너 장기에 들어와 오도전 吳道全의 집에서 숙종 5년 거제로 이배되기까지 5년 동안 위리안치의 유배형을 견뎌야 했다. 보수 주인 오도전 집안에 전해 내려오는 《우암선생장기적거실기 尤庵先生長鬐謫居實記》에는 다음과 같은 글이 실려 있다.

우암이 적소인 장기현 경계에 이르러 현 내의 촌명村名을 물었는데, '마산촌'이 있었다. 선생은 "읍호邑號의 '기譬' 자와 촌명의 '마馬' 자가 의미 있는 듯하다"라고 하며, 마산촌에 거처를 정하도록 했다. 거처의 주인이 바로 사인士人 오도전이다. (…)

선생이 유배지에 도착한 이후로 여러 도의 관장官長들이 간혹 술을 보내서 안부를 묻거나 원근에서 선비들이 찾아와 뵈올 때 선생은 몸소 위리안치된 수문水門 안에서 맞이하여 선 채로 문 안과 밖에서 수작하였고 한 번도 위리 안으로 맞아들인 적이 없었다.

선생은 늘 달밤이면 마당을 배회하였는데, 위리가 세월이 오래되어 허물어져 없어진 곳이 있었다. 선생은 울타리가 없어진 곳에 이르면 혹여 한 걸음이라도 울타리 경계를 넘었을까 두려워하여 문득 발길을 돌리고 집안사람에게 묻기를 "내가 산책할 때 혹 울타리 경계를 넘어간 적이 있었느냐"고 했고, 집안사람은 대답하기를 "일찍이 그러한 적이 없었습니다" 했다. 선생이 말하기를 "그러면 다행이다"라고 하였으니 대개 근신하는 것이 이와 같았다. (…)

장기는 남쪽 지방이라 학질이 많았다. 이웃에서 이 병에 걸려 앓고 있을 때 선생이 거처하시는 울타리 안에만 들어오면 병이 나았다고 한다. 그래서 선생이 떠나신 뒤에도 학질에 걸리면 '송대감宋大監'이란 세 글자만 써서 환자 등에 붙이면 병이 나았다고 한다.

송시열은 이이李珥의 학문을 이어받은 기호학파로, 이황의 학문을 이어받은 영남학파와 함께 조선 유학의 쌍벽을 이루었다. 그는 기호학파 사대부로부터 공자나 맹자처럼 송자宋子란 칭호를 받을 만큼 당대 최고의 권위를 누렸다. 그러나 그의 생애는 순탄치 못했다. 그가 살았던 17세기는 그야말로 정치적 격변기로 불확실성의 시대였기 때문이다. 송시열은 아내의 임종은커녕 장례식에도 갈 수 없었고 그 자신도 비극적 죽음을 맞았다. 장기현에서 위리안치의 유배 생활을 하던 송시열은 아내의 부음을 듣고 손자에게 슬픈 제문 한 장만을 보낼 수밖에 없었다. 다음은《송자대전》에 실린 아내 이씨에게 바친 제문이다.

아, 나와 당신이 부부로 맺어진 지가 지금 53년이 지났습니다. 그동안 나의 가난함에 쪼들리어 거친 밥도 항상 넉넉하지 못하여 손발이 다 닳도록 고생하던 그 정상은 이루 다 말할 수가 없습니다. 그리고 내가 쌓은 앙화殃禍 때문에 아들과 딸이 많이 요절하였으니, 그 슬픔은 살을 도려내듯이 아프고 독하여 사람으로서는 견뎌 낼 수 없는 일이었습니다. 게다가 근세에 이르러서는 내가 화를 입어서 당신과 떨어져 살아온 지가 이제 4년이 되었는데, 때때로 나에게 들려오는 놀랍고 두려운 일들 때문에 마음을 녹이고 창자를 졸이면서 두려움에 애타고 들볶이던 것이 어찌 끝이 있었겠습니까.

얼마나 답답한 일이겠는가. 집은 갈 수조차 없는 먼 곳에 있고, 소문은 흉흉하기 이를 데 없고 몸마저 병들어 의기마저 소침하니 대체 누구를 믿고 누구에게 하소연한단 말인가. 그쯤 되면 그 누구도 믿을 수가 없어 그저 침묵할 수밖에는 없을 것이다. 언제쯤 유배에서 풀려 돌아간다는 기약은 없는데 사랑하는 아내가 죽었다는 소식을 접한다면 하늘이 무너지고 땅이 무너진 것이 이보다 더할까. 날아가는 새들도, 구름도 자유롭게 갈 수 있는 그곳은 몇 천 리인지도 모르고 갈 수조차 없으니 말이다.

그러나 시인들의 논죄가 바야흐로 극에 달하였고, 바다의 장기瘴氣가 몸을 매우 괴롭히므로, 이 생명이 끝나는 것도 아침이 아니면 저녁일 것입니다. 나의 자손과 여러 아우들은 마땅히 나의 뼈를 고향 산에 묻어 줄 것이고 보면 또한 당신도 마땅히 옮겨서 나와 합장해 줄 터이니, 살아서는 떨어져 있었으나 죽어서나마 함께 살 수 있는 때가 바로 그때일 것입니다. 이 밖에 다시 무슨 말을 하겠습니까. (…) 오직 당신은 어둡지 않을 터이니, 나의 슬픈 정성을 살펴주시오. 아, 애통하고 또 애통합니다.

나는 새도 떨어뜨리는 권력을 지녔던 송시열일지라도 정적이 얼마나 많았는가. 그때마다 그의 아내는 가슴 졸이며 좌불안석의 삶을 살았을 것이고, 그런 아내를 바라보면서도 형제간에도 나눌 수 없다는 권력을 지키기 위해 또는 명분을 지키기 위해 얼마나 녹슨 칼날을 갈고 또 갈았겠는가. 이제 아내는 저승으로 가고, 그는 아내의 빈소도 찾지 못한 채 손자 희석을 보내 제문을 올린다. 얼마나 가슴이 에였겠는가.

또 하나, 이곳 장기와 관련이 있는 특기할 인물이 정조 연간의 선화자 仙華子 김약행金若行이다. 그는 3000리 유배형을 받았는데, 그를 미워한 정조는 옛 관행을 적용하여 유배 거리를 조금도 줄이지 말고 꽉 채워 보내라고 했다. 김약행은 이곳 장기로 보내졌다가 다시 강원도 평해로 보내졌고, 함경도 단천까지 보내져 3000리를 채웠다고 한다.

윤선도와 정약용의 유배지였던 장기곶에는 〈대동여지도〉를 그린 김정호金正浩와 대한제국 초기 개혁 사상가였던 김옥균金玉均의 흔적도 남아 있다. 김정호는 동해로 뻗친 장기곶과 울진군에 있던 죽변곶 중 어느 쪽이 더 튀어나왔는지를 재기 위해 죽변과 장기 사이를 일곱 차례에 걸쳐 오갔다고 한다. 결국 그가 그린 〈대동여지도〉에는 장기곶이 더 튀어나와 있다.

한편 한말의 풍운아 김옥균의 팔이 포항시 회목에 던져져 지금도 푸른 동해의 파도 아래에 잠들어 있다. 고종 31년(1894) 3월 28일 중국 상해 미국 조계지인 철마로에 있는 동화양행에서 자객 홍종우洪鍾宇에 의해 비운의 죽임을 당한 김옥균이 청나라 군함인 위원호에 실려 양화진에 도착했다. 4월 14일 양화진에서 육시처참형을 받은 뒤 그 머리와 사지가 옥문에 매달렸다가 장기곶 앞바다에 시체 중 팔 한 토막이 내던져진 것은 동학 농민 혁명이 한창이던 고종 31년(갑오년) 5월이었다. 그의 팔을 이곳에 버린 이유는 동해에서 튀어나온 이곳의 지형에 역모의 기운이 서려 있기 때문이라고 한다.

조선시대에 역모를 꾀했던 역적이 이토록 비참한 최후를 맞았는데, 처자들은 대부분 노비로 전락했다. 그들을 인조천민人造賤民이라고 했다. 인조천민들은 추석이나 한식날을 전후해 기나긴 성묘 나그넷길에 올랐다. 역적들은 대개 육지형六枝刑을 당해서 육신이 여섯 갈래로 갈래갈래 찢긴 채 팔도八道에 전시되었다가 버려지기 마련이었다. 그 육시 시체 가운데 머리 부분은 기호畿湖, 왼팔은 경상도 등으로 분담되어 큰 시장을 중심으로 전시 코스가 정해져 있었는데, 육지시를 끌고 다니는 망나니들은 그 흉물을 끌고 부잣집이나 큰 가게에 들어가 강제로 돈을 얻어 내기도 했다. 그 역적의 왼쪽 다리는 항상 함경도의 몫이었다. 전시가 끝나면 버리게 된 곳이 함경남도 단천군 광천면 용금리의 매골모루였다. 조선 전기에 수복된 북관(함경북도) 지방을 제외하면 이곳이 우리나라의 최북단이었으므로 조선 500년 동안 역적의 왼발은 내내 이곳에 버려졌다. 그런 연유로 육지형을 당해서 무덤을 갖지 못한 역신의 후손들은 이 매골모루를 향해 기나긴 순례 길에 올랐다고 한다. 그래서 추석이나 한식을 전후해선 이들 후손들의 곡성이 이 매골모루 일대를 진동시켰다고 한다. 효성이 지극한 가문에서는 후손 한 사람을 이곳 매골모루에 상주시켜 제사를 지내게도 했고, 재력이 있는 후손들은 이곳에 제사답을 마련해 제사를 지내게도 했다.

바다를 베게 삼은 백사장은 사라졌지만

영일만을 끼고 있는 포항시는 1970년대부터 시작된 포항 제철 단지의 개발로 급속히 성장하기 시작했다. 1970년부터 1981년까지 장장 11년에 걸친 대공사 끝에 완공된 포항종합제철은 현재 포스코로 개명되어 세계 제일의 철강 회사로 명성을 누리고 있다. 1968년 당시 정부가 포항종합제철을 100만 톤 이상의 생산력을 갖춘 제철소로 건설하겠다고 했을 때, 나라 밖 돈줄들은 경제적 타당성이 없다며 외면했다. 기술, 자본, 경험에서 내세울 게 없는 악조건을 딛고 세계적인 제철소를 이룬 것은 기적 같은 일이다. 기계, 금속, 선박, 자동차, 건설 같은 굵직한 산업의 기초 소재를 공급하는 기간산업체 포스코가 포항에 들어서며 경제 발전에 기여한 바도 크지만, 지역 형산강은 범람도 함께 일어나 송도해수욕장은 그 빛을 잃어 가고 그 맛이 뛰어나 일본으로 수출까지 되었던 영일만 방어도 자취를 감추고 말았다.

현재 포스코가 자리 잡은 곳에 대송정으로 유명한 대송역大松驛이 있었다.《신증동국여지승람》에 따르면 대송정은 현의 동쪽으로 7리 떨어진 곳에 있다. 동쪽에 큰 바다를 베개로 하고 백사장이 있었는데, 푸른 소나무 수백 그루가 줄지어 있었다고 한다. 동쪽 바닷바람을 막기 위해 소나무를 많이 심어 울창한 숲 앞에 흰 모래밭이 있으니 경관 좋은 해수욕장을 이루었으리라. 하지만 공업 단지 조성으로 그 풍광은 사라졌고, 동촌 남쪽에 있던 부련사浮蓮寺라는 절집도 사라진 지 오래다. 그리고 포스코가 들어서 있는 포항시 남구 송내동 송정 안쪽에 있던 주진注津과 조선시대 행인들의 편의를 제공하던 주진원 역시 흔적조차 찾아볼 수 없다. 형산강변에 있던 주진나루가《신증동국여지승람》에 다음과 같이 실려 있다.

주진은 현의 북쪽 15리, 즉 경주 안강현 형산포 하류에 있으며, 동쪽은 바다로 흘러 들어간다. 전하는 말에 의하면, 겨울이면 청어가 반드시 가장 먼저 이곳에서 잡힌다 하는데, 먼저 이것을 나라에 바친 뒤라야 모든 읍에서 잡기 시작했다. 이 청어의 산출이 많고 적음으로 그해의 풍흉을 짐작했다 한다.

아마도 청어가 수온과 기후에 민감하게 반응하는 특성이 있어 농점에 활용되지 않았을까 싶다. 허균許筠은《도문대작屠門大嚼》에서 청어에 대해 다음과 같이 기술하고 있다.

> 네 종류가 있다. 북도산北道産은 크고 속이 희고, 경상도에서 잡히는 것은 등이 검고 배가 붉다. 호남에서 잡히는 것은 조금 작고 해주海州에서는 2월에 잡히는데 매우 맛이 좋다. 옛날에는 매우 흔했으나 고려 말에는 쌀 한 되에 40마리밖에 주지 않았으므로 (…) 난리가 나고 나라가 황폐해져서 모든 물건이 부족하기 때문에 청어도 귀해진 것을 탄식한 것이다. 명종 이전만 해도 쌀 한 말에 50마리였는데 지금은 전혀 잡히지 않으니 괴이하다.

당시 나라 전역에서 났던 청어가 가끔은 사라졌다가 많이 나오다가 다시 사라지는 것을 글에서 볼 수 있다.

형산강 지류로 이제는 호수로 변하여 그 흔적만 남은 칠성천에 전하는 이야기가 하나 있다. 신라 때 이 강 부근에 칠성七星이라는 사내가 홀어머니 함께 살고 있었다. 그런데 그 어머니는 밤이 되면 연인을 만나기 위해 강을 건너다녔다. 어느 날 이 사실을 알게 된 칠성이 어머니의 밤 마실을 위해 돌을 날라 강에 징검다리를 놓았다고 한다. 그 다리를 효자다리 혹은 소자다리라고 했다. 대단한 효심이기도 하지만 유교가 들어오기 전이라 가능했던 이야기가 아닌가 싶다. 최백호가 부른 〈영일만 친구〉로도 널리 알려진 형산강은 울산광역시에서 비롯하여 경주를 지나 포항에서 강으로서의 삶을 마감한다.

내연산 학소대

포항시 송라면에 자리한 내연산 학소대는 거대 암벽이 장관을 이루며
12폭포와 이어져 절경을 뽐낸다.

동해의 끝 울릉도

포항에서 배를 타고 세 시간쯤 가면 울릉군鬱陵郡이다. 울릉도는 경상북도 동해상에 위치한 섬이다. 강원도 삼척시 원덕읍에서 직선거리로 137킬로미터, 죽변항에서 140킬로미터, 포항에서 217킬로미터쯤 떨어진 울릉도를 더러는 의죽도礒竹島라고 일컫는다.《신증동국여지승람》은 울릉도에 대해 다음과 같이 기록하고 있다.

우산도于山島(울릉도)는 무릉武陵이라고도 하고 우릉羽陵이라고도 한다. 두 개의 섬이 고을 바로 동쪽 바다 가운데 있다. 봉우리 세 개가 곧게 솟아 하늘에 닿았는데 남쪽 봉우리가 약간 낮다. 바람과 날씨가 청명하면 봉우리 머리의 수목과 산 밑의 모래톱을 역력히 볼 수 있으며 순풍이면 이틀에 갈 수 있다.

1980년부터 삼척시 원덕읍에서 다니기 시작한 고속정을 타고 세 시간 반이면 울릉도에 닿을 수 있다. 포항시에서 세 시간 거리에 있는 이 섬은 고종 19년(1882)에 울릉도 개척령이 내려졌을 때만 해도 인구가 116명에 불과한 작은 섬이었다. 그러나 개척이 진전됨에 따라 인구가 급속히 늘어 1975년쯤에는 인구 밀도가 전국 평균치보다 높았다고 한다.

울릉도의 초기 역사는 자세히 전해지지 않으나 고구려 동천왕 20년(246) 중국 위나라의 관구검이 고구려를 침략한 사실을 기록한《위지魏志》에 "동해에 또 하나의 섬이 있으나 언어가 통하지 않는다"라는 기록이 남아 있다. 울릉도에 대한《신증동국여지승람》의 기록은 다음과 같이 이어진다.

신라 때 험함을 믿고 항복하지 않았는데 지증왕 12년(511)에 이사부가 아슬라주 阿瑟羅州(현 강릉) 군주가 되어, 우산국 사람들은 미욱하고 사나우니 위엄으로 항복하기 어렵고, 계교로 복종시켜야 한다고 하면서 나무로 만든 사자를 많이 전함에 나누어 싣고 그 나라에 가서 속여 말하기를 "너희들이 항복하지 않으면 이 맹수猛獸들을 놓아서 밟아 죽이리라" 하니, 나라 사람들이 두려워하여 와서 항복하였다. 고려 태조 13년(930)에 그 섬의 사람이 백길토두白吉土豆로 와서 토산물을 헌납하였다. 의종 13년(1159)에 왕이 울릉도 땅이 넓고 토지가 비옥하여 백성이 살 만하다는 말을 듣고 명주도 감창 김유립金柔立을 보내어 가서 보게 하였는데 그가 돌아와서 아뢰기를, "섬 중에 큰 산이 있는데, 산마루에서 동쪽으로 바다까지는 1만여 보步요, 서쪽으로는 1만 3000여 보, 남쪽으로는 1만 5000여 보, 북쪽으로는 8000여 보이며 촌락터 일곱 곳이 있고, 돌부처, 무쇠종, 돌탑이 있으며 시호柴胡, 고본藁本, 석남초石南草가 많이 납니다" 하였다.

《고려사》에는 현종 9년(1018)에 동북 지방의 여진족이 울릉도에 침입하여 섬을 쑥밭으로 만들었다고 기록되어 있다. 울릉도는 이처럼 잦은 여진족의 침입으로 인해 고려 현종 때부터 거의 빈 섬으로 남게 되었다. 13세기 초에 무신 최충헌崔忠獻이 울릉도를 적극적으로 개척하려 한 적이 있었으나, 조선시대에는 오가는 것의 어려움을 들어서 섬을 비워 두는 소극책을 썼다. 그리하여 조선 전기에 부역을 피하여 이 섬에 숨어들어 와 사는 사람이 있어 태종 때 삼척 사람 김인우金麟雨를 시켜 사람들을 모두 철

수시켰다. 그때 울릉도 다녀온 김인우의 다음과 같은 보고가《세종실록지
리지》에 실려 있다.

토지가 비옥하고 대나무의 크기가 다릿목 같으며, 쥐는 크기가 고양이 같고
복숭아씨가 됫박만 한데 모든 물건이 다 이렇다.

조선 성종 3년(1472)에 따로 삼봉도가 있다는 보고를 한 사람이 있었
다. 그래서 조정에서는 박종원朴宗元을 보내서 찾아보게 했는데, 풍랑으
로 인하여 배를 대지 못하고 돌아왔다. 같이 갔던 배 한 척이 울릉도에 정
박해 있다가 큰 대나무와 큰 북어를 가지고 돌아와서 아뢰기를 "섬 중에
사는 사람이 없다"라고 했다. 그러나 사람들은 자꾸만 울릉도로 들어갔
다. 그리하여 세종 20년(1438)에는 울진현 사람인 만호와 남호를 보내어
사람들을 데리고 나오게 했다. 하지만 눈앞의 옥토인 울릉도로 들어가는
주민이 날로 늘어나 성종 때는 1000여 명에 이르렀다.

임진왜란 이후 이곳에 가 본 사람이 있었는데, 역시 왜병이 불을 지르
고 약탈하는 일을 당하여 다시는 사람이 살지 않았다고 한다. 선조 때 지
금의 울진군 기성면으로 유배를 갔던 이산해李山海는 〈울릉도설蔚陵島
說〉을 남겼다.

울릉도는 동해 가운데 있는 섬으로, 육지와의 거리가 몇백 리가 되는지 모른
다. 매년 가을과 겨울이 교차할 즈음 흐릿한 기운이 말끔히 걷히고 바다가 청
명할 때, 영동에서 바라보면 마치 한 조각 푸른 이내가 수평선 저편에 가로놓

여 있는 것 같다. 유독 진주부眞珠府(현 삼척)가 이 섬과 가장 정면으로 마주 보고 있어 행인들 중 소공대召公臺(관동대로상에 있는 차마고도 같은 길)에 오른 이들은 더러 이 섬의 숲과 멧부리의 형상을 명료하게 볼 수 있으니, 이로써 거리가 그리 멀지 않음을 알 수 있다.

기성 사람들이 말하기를 "노루나 사슴, 갈대, 대나무 따위가 왕왕 바닷가 백사장에 떠밀려 오고, 이름 모를 새들이 날아서 바다를 건너 해변까지 와서는 그만 힘이 빠져 날갯죽지를 드리운 채 떨어져 아이들에게 잡힌 적도 있다. 그리고 어부나 뱃사공 가운데는 혹 표류하여 섬에 당도했다가 채소 뿌리와 나물 잎이 물결에 이리저리 떠밀리는 것과 사면이 모두 검푸른 암벽뿐이되 오직 덩굴풀을 더위잡고 들어갈 수 있는 동문洞門 하나가 있는 것을 보았으나, 지키는 사람이 있을까 염려하여 그냥 주위를 서성댈 뿐 감히 가까이 가지 못하고 노를 저어 돌아온 자도 있었다"라고 하였으니, 이 섬에 사는 사람들은 대체 어떤 이들이란 말인가. 어쩌면 부역을 피하거나 죄를 짓고 도망쳐 온 사람들이 자기들끼리 혼인을 맺어 점점 더 인구가 불어났을지도 모르고, 아니면 오랑캐 종족들이 이미 오래전부터 이 섬을 점거하여 살고 있는 것인지도 모를 일이다. 그리고 과연 사람이 살고 있다고 한다면 어찌 한 번쯤 배를 타고 육지를 왕래한 적이 없겠으며, 어찌 다른 곳과 물건 하나 교역하지 않았을 리가 있겠는가. 의심이 가는 대목은 한둘이 아니지만 결론을 얻지 못하여 끝내 이 섬을 모호하고 흐릿한 무하유지향無何有之鄕으로 남겨 두고 마니, 이 어찌 한퇴지韓退之가 말한 "무릉도원에 관한 이야기는 참으로 황당하다"라는 것이 아니겠는가.

아, 신선에 대한 말들이 있은 지 이미 오래이나, 이른바 봉래, 방장, 영주란 것들이 과연 실제로 존재하는지는 알 수 없으며, 곤륜산 정상에 있다는 신선

©유철상

통구미 거북바위

울릉도 통구미항에 도착해 여행을 시작하면 가장 먼저 마주하는 거북바위는
거북이가 울릉도를 오르는 형상을 닮았다고 하여 붙여진 이름이다.

울릉도 해안산책로

울릉군 도동항 관문 해안 좌안도로와 행남등대, 저동항 촛대바위를 동시에 연결하는
해안산책로에서는 절경과 함께 맑은 날 육안으로 독도를 조망할 수도 있다.

이 사는 현포玄圃를 본 사람이 또한 누구란 말인가. 가령 신선이 없다고 한다면 그만이겠지만, 있다고 한다면 이 섬이 봉래나 곤륜 중 하나로 이인과 선객이 살고 있는 곳일지 어찌 알겠는가. 한 폭의 순풍에 돛을 달면 불과 하루 밤낮 사이에 이 섬에 당도할 수 있을 것이며 세상의 번다한 의혹들을 깨뜨릴 수 있을 터인데, 이 섬에 가 보지 못하니 사람에게 한갓 목을 빼고 동쪽을 바라보면서 속절없이 몽상과 시편 속에서나마 그려 보게 한다. 아, 슬프다.

삼봉도라 불리던 울릉도

이산해의 글처럼 울릉도는 실존 여부와 무관하게 우리 민족의 이상향으로 알려져서 수많은 사람들이 찾아 나섰던 곳이다. 또한 나라의 법을 어긴 범법자들이 많이 숨어들었는데, 영조 연간에 경기도와 충청도 백성들 사이에는 다음과 같은 이야기가 급속도로 퍼져 나갔다.

삼봉도는 동해 가운데 있으며, 둘레가 심히 크고 사람도 많으나 예로부터 나라의 교화를 벗어나 도망친 사람들이 만든 섬이다. 빈한하고 미천한 자를 위하여 망명 역적인 황진기가 장군이 되어 정진인鄭眞人을 모시고 울릉도에서 나오고 있다. 청주와 문의가 함락되고 서울이 함락될 것이매, 이씨 대신에 정씨가 들어서서 가난 없고 귀천 없는 새 세상을 만들 것이다.

이익의 《성호사설星湖僿說》은 울릉도의 생태를 다음과 같이 기록하고 있다.

조정에서 무신 장한상張漢相을 울릉도로 보내어 살피게 했는데 그의 보고에 "남북은 70리요, 동서는 60리이며, 나무는 동백, 자단紫檀, 측백, 황벽黃蘗, 괴목槐木, 유자, 뽕나무, 느릅나무 등이 있고, 복숭아, 오얏, 소나무, 상수리나무 등은 없었습니다. 새는 까마귀와 까치가 있고 짐승은 고양이와 쥐가 있으며, 물고기는 가지어嘉支魚(강치)가 있는데 바위틈에 서식하며 비늘은 없고 꼬리가 있습니다. 몸은 물고기와 같고 다리가 넷이 있는데, 뒷다리는 아주 짧으며, 육지에서는 빨리 달리지 못하나 물에서 나는 듯이 빠르고 소리는 어린아이와 같으며 그 기름은 등불에 사용합니다" 하였다.

울릉도는 이긍익의《연려실기술》에도 나온다.

울릉도는 울진현의 바로 동쪽 바다 가운데에 있다. 날씨가 청명하면 봉우리 끝이며 산기슭을 역력히 볼 수 있다. 지역이 넓고 땅이 비옥하며 대나무를 생산하므로 죽도竹島라고 이르고, 세 봉우리가 있으므로 삼봉도라고도 하며 우산, 우릉, 울릉, 무릉, 의죽礒竹 등은 글자의 음이 잘못 전해져 그렇게 된 것이다.

근현대에 접어들면서 울릉도가 개척된 데에는 한때 한반도 동남쪽의 여러 섬들을 개척하는 벼슬을 맡았던 김옥균의 역할이 컸다. 고종 19년(1882)에 개척령이 내려지기 전만 해도 그곳에서는 한국인 116명과 일본인 79명이 나라의 허락 없이 몰래 숨어 들어가 도벌이나 미역과 약초

를 따서 생활하고 있었다. 이때 개척민들에 의해 멸종된 '깍께'라는 새가
《한국지명총람》에 다음과 같이 실려 있다.

대원사 서북쪽 등성이에 깍껫등(깍께동)이라는 마을이 있다. 울릉도 개척민
들이 먹을 것이 없어서 밤마다 이곳에서 장작불을 놓으면 깍께(새)가 불을 보
고 날라 와서 놀다가 날개가 불에 타서 떨어지면 잡아서 구워 먹었다. 나머지
는 연기에 그을려서 저장하였다가 양식을 삼아 먹어 가면서 개척을 이룩하였
는데 이로 인하여 깍께가 멸종되었다고 한다.

깍께는 관음도에서 떼를 지어 살았다고 한다. 그 섬에 굴이 있는데 관
음보살이 산다고 하며, 태양의 빛을 따라서 오색 또는 칠색의 변화가 많
은 곳이다.

울릉군 북면에 있는 석포리는 정들깨 또는 정들포라고 불리는데, 삼면
이 절벽으로 된 산 위에 마을이 자리 잡고 있다. 울릉도를 개척하던 당시
개척민 중 한 사람이 이곳 처녀에게 정을 들여 놓고 전라도로 떠났다고
해서 붙여진 이름이다.

북면 천부리에서 가장 큰 마을인 선창마을은 왜선창이라는 이름으로
불린다. 조선시대에 왜선들이 이곳에 닿아서 배를 만들고 고기를 함부로
잡아가 숙종 19년(1693)에 안용복安龍福 장군이 왜적을 물리치고 이 섬
을 수호하다가 그해 무고로 고문을 받았다. 그러나 곧 안용복의 충성심이
드러나 마침내 울릉도 수포장이 되어 완전히 왜적들이 범접하지 못하도
록 했다.

속세 바깥이라 티끌도 깨끗하고

울릉도 천부항과 송곳봉

천부항은 조선시대 왜인들이 이곳에서 배를 만들고 도벌한 나무들을 운반하여
왜선창이라고 불렸던 곳으로 송곳봉과 공암을 조망할 수 있는
울릉도 최고의 경치를 자랑한다.

숙종 37년(1711)에 삼척 영장 박석창朴錫昌이 울릉도 수포관이 되어 이곳에 와 머물면서 이 섬을 순회하고 그 일을 기념하기 위해서 작은 바위에 그때의 상황과 같이 온 사람들을 낱낱이 새겼는데 지금도 남아 있는 '도동리 신묘명 각서문道東里辛卯銘刻石文'이다.

북면의 나리마을은 이중식 화산의 분화구이다. 우산국 때부터 사람이 살았으나 조선시대에 공도 정책으로 수백 년 동안 비워 두었다가 고종 때 울릉도 개척령에 따라 개척민들이 들어와 살기 시작했다. 그때 양식이 없어서 나리(백합) 뿌리를 캐 먹고 살았으므로 나릿골, 또는 나리동으로 부르기 시작했다.

돌섬, 독섬, 독도

도둑, 거지, 뱀이 없고, 바람, 향나무, 미인, 물, 돌이 많다고 하여 삼무오다三無五多의 섬으로 불리는 울릉도에는 특히 바람 부는 날이 많다. 한 해에 바람이 잠잠한 날은 70일쯤밖에 안 되고 평균 풍속이 초속 4.5미터에 이르며 폭풍이 이는 날이 179일이나 된다. 그래서 울릉도에는 풍향에 따라 바람을 가리키는 낱말이 풍부하다. 곧 동풍은 동새라 하고, 서풍은 청풍·하늘바람·갈바람이라 부르며, 남풍은 들바람·맛바람, 북풍은 북새·샛바람·북청이라 한다. 그 밖에 동남풍은 울진·들진, 북동풍은 정새, 남서풍은 댕갈바람·처지날·댕갈·댕갈청풍이라 하고, 북서풍은 북청바람 또는 북청이라고 부른다.

속세 바깥이라 티끌도 깨끗하고

울릉도 도동항

해안 유일의 섬 항구인 도동항은 포항과 후포, 묵호에서 항해 시간 3~5시간의 쾌속선이
취항하여 울릉도를 육지와 연결하고 있다.

울릉읍 도동리는 원래 황무지였다. 고종의 울릉도 개척령에 따라 전라도 개척단들이 이곳에 상륙하여 도방청 都房廳을 두었으므로 도방청, 도방 또는 도동이라고 했다. 1914년 행정 구역 통폐합에 따라 저동과 사동의 각 일부를 병합하여 도동리라고 했고, 울릉군청을 태하리에서 옮겨왔다.

울릉도의 저동리는 봉래폭포의 못이 내를 이루었으므로 못개, 모식 또는 모시개라고 불렀는데, 그 이름이 변하여 저동이 되었다고 하며, 울릉도 개척민들이 이곳에 있는 모시를 베고 개척했다는 설도 있다. 이 저동의 상징처럼 서 있는 촛대바위는 큰 모시개 앞바다에 있는 바위로, 지금은 방파제에 서 있다. 높이가 15미터나 되는 이 바위는 옛날 한 효녀가 추운 날 아버지가 고기 잡으러 나갔다가 돌아오지 않자 기다리다가 얼어서 바위가 되었다는 전설이 있다.

작은모시개 북동쪽에 있는 내수전 內水田마을은 고종 21년(1234)에 제주도 대정에 사는 김내수 金來壽가 이곳에 와서 화전을 일구며 살았다고 해서 붙여진 이름이다. 이곳에서 안용복 기념관까지 가는 길이 우산국 시대의 옛길로 울릉도의 속살을 보고 걷는 길이다. 가다가 언뜻언뜻 보이는 섬이 댓섬이라고 불리는 죽도다. 와달리 동쪽 바다 가운데에 있는 이 섬은 사면이 절벽으로 되었고, 위가 평평해서 농사 짓기에 알맞은 섬이다. 주로 수박 농사와 소를 먹여서 생활하는데 교통이 매우 불편해서 절벽에 사닥다리를 놓고 생활했다. 이곳에 살았던 사람들은 육지에서 송아지를 사 가지고 배에 싣고 와서 배를 섬 아래에 정박한 뒤에 송아지를 등에 업고 사닥다리로 올라가 키웠다. 다 키운 후에 그 소를 잡아서 고기를 짊어지고 다시 사닥다리로 내려와서 배에 싣고 육지에 내다 팔아서 곡식을 구해 먹고 살았다. 만일 식량이나 물이 떨어지거나 혹은 병이 들게 되면 봉화를 올려서 나리리의 섬목과 연락을 취하며 살았다.

울릉도에서 동남쪽으로 92킬로미터쯤 떨어진 곳에 독도가 있다. 독도는 독섬이라고도 부르며, 면적은 18만 7554제곱미터다. 울릉도에서 동남쪽으로 87.4킬로미터 떨어진 해상에 있으며, 동도와 서도 및 그 주변에 흩어져 있는 89개의 바위섬으로 이루어진 화산섬이다. 동도는 동경 131도 52분 10.4초, 북위 37도 14분 26.8초에, 서도는 동경 131도 51분 54.6초, 북위 37도 14분 30.6초에 위치한다. 동도와 서도 간 거리는 151미터로 좁은 수도水道를 이룬다. 동도는 해발 98.6미터에 면적 7만 3297제곱미터이고, 서도는 해발 168.5미터에 면적 8만 8740제곱미터다. 악어바위, 코끼리바위, 얼굴바위, 천장굴이 있고 동도를 돌다 보면 동도의 한 면이 마치 한반도의 지형처럼 생긴 곳이 있다. 동물로는 참새, 괭이갈매기 등이 있고 꽃은 술패랭이꽃, 왕해국, 박주가리, 갯까치수염, 괭이밥 등이 있다.

울릉도와 독도를 두고 가장 오랫동안 사용한 명칭은 우산도다. 《고려사》, 《세종실록지리지》, 《신증동국여지승람》은 동해상의 두 섬을 우산과 무릉 또는 우산과 울릉이라고 표기했다. 《성종실록》에는 "섬 북쪽에 바위 세 개가 나란히 있고, 그다음엔 작은 섬, 다음은 암석이 벌여 섰으며, 다음은 복판 섬이고, 복판 섬 서쪽에 또 작은 섬이 있는데, 다 바닷물이 통합니다"라고 실려 있어 지금의 독도 모습을 고스란히 보여 준다.

정조 18년(1794)에 강원도 관찰사인 심진현沈晉賢이 울릉도에 관한 보고서를 보냈는데 "갑인년 4월 26일에 가지도可支島에 가보니 가지어가 놀라 뛰어나오는데"라는 내용이 있는 것으로 보아 당시는 이 섬을 가

독도

임진왜란 이후 일본은 울릉도를 죽도 혹은 의죽도로, 독도를 송도라 부르면서
끊임없이 침구하려 했다.

지도라고 했음을 알 수 있다. 가지어는 물개의 일종인 강치의 우리말 '가제'를 음역한 것으로 보이는데, 가지도란 강치가 많이 사는 섬이란 뜻이다. 지금도 독도에는 강치가 많이 살고 있으며, 서도 북서쪽에는 가제바위가 있다.

1900년에 고종이 칙령 제41호를 발표하면서 울릉도를 울도로 바꾸고, 울릉도 근방의 작은 섬을 '죽도 및 석도'로 규정하면서 처음 석도라는 표현이 등장한다. 울릉도 근방의 작은 섬인 죽서竹嶼를 지칭한 것인데, 석도는 한글로 돌섬이고 돌의 사투리가 '독'인 점을 감안하면 그때부터 독도가 명칭으로 등장한 것으로 보인다.

옛날에 독도는 삼봉도, 가지도, 우산도 등으로도 불렸다. 울릉도가 개척될 때 입주한 주민들이 처음에는 돌섬이라고 했다가 다시 독섬으로 변했고, 독섬을 한자로 표기하면서 독도가 되었다고 한다. 그러나 최근 호남대학교 인문사회연구소가 밝힌 내용에 따르면, 독도의 이름은 전라도 사람들이 지은 것이다. 고종 19년(1882) 이규원李奎遠 감찰사가 울릉도 주민을 조사한 결과 전 주민 141명 가운데 전남 출신이 115명, 강원 출신이 14명, 영남 출신이 11명, 경기 출신이 1명이었다. 전남 지역민 중에서도 흥양군(고흥) 출신이 61명, 흥해군(여수) 낙안읍성이 있는 낙안군 출신이 21명 순이었다. 독도를 석도로 표기한 것은 돌의 전라도 사투리인 '독섬'에서 비롯한 것이라고 한다. 전라도 고흥의 금산면 오천리 앞바다에는 지금도 독도라는 섬이 있다.

한편 프랑스는 독도를 발견한 배의 이름을 따서 '리앙쿠르암Liancourt Rocks'이라 부르고, 영국은 '호넷암Hornest Rocks'으로 표기한다. 일본 군

함 니다카호의 1904년 9월 25일자 보고에 따르면 "리앙쿠르암을 한인들은 독도라고 쓰고, 일본 어부들은 '리앙코도'라고 부른다"라는 기록이 남아 있다. 독도는 그전부터 써 온 이름이지만, 공식적으로는 1906년 울릉군수 심흥택이 올린 보고서에서 사용되었다. 독도는 1914년 경상북도에 편입되어 현재에 이르고 있다.

황현黃玹이 지은《매천야록梅泉野錄》의 1906년 기록에는 "울릉도의 바다에서 동쪽으로 100리 떨어진 곳에 독도라는 한 섬이 있어 예부터 울릉도에 속했는데, 왜인이 자기네 영지라고 늑칭勒稱(강제로 또는 거짓으로 칭함)하고 심사하여 갔다"라고 되어 있으며,《오하기문梧下記聞》에는 "울릉도 100리 밖에 한 속도가 있어 독도라고 부른다"라고 쓰여 있다.

그러나 1905년에 일본은 일방적으로 독도를 다케시마[竹島]로 바꾸고 시마네현에 편입한 뒤 계속해서 독도 영유권을 주장하고 있다. 일본 시마네현 의회는 한국의 강력한 반대를 무릅쓰고 2005년 3월 16일 매년 2월 22일을 '다케시마의 날'로 정하는 조례안을 가결했다. 이에 맞서 한국 정부는 같은 해 3월 17일 일반에 독도 방문을 전면 허용하고 대일 신독트린을 발표했다.

동쪽 바닷가에서 끝나는 영덕 땅

영덕盈德은 포항의 북쪽에 있다.《신증동국여지승람》에 "땅은 동쪽의 바닷가에서 끝나고, 산은 고을과 함께 둘리웠다"라고 기록된 영덕의 고구려 때 이름은 야시홀군也尸忽郡이고, 고려 초에 지금의 이름을 얻었다. 권근이 영덕으로 귀양을 왔다가 남긴 〈영해부 서문루기寧海府西門樓記〉에는 다음과 같은 내용이 보인다.

영해는 옛날의 덕원德原이다. 산에 가리고 바다와 가까운 외진 고장이다. 여름에는 서늘한 바람이 불고 겨울에는 그리 춥지 않으며, 여러 가지 물고기와 자라, 전복, 조개 같은 해산물이 푸짐하게 난다. 옛날 태평스럽던 시절에 주민들은 살림살이가 넉넉했고 송사는 드물었다. 집집마다 거문고가 있어 줄 고르는 솜씨가 빼어났으며, 노래는 맑고 춤은 아름다웠다. 정자와 누대가 어울려선 풍경은 마치 선경仙境과 같았다.

영해의 지명 유래는 이 지역의 바다가 파도 없이 잔잔할 때가 많아서 '바다가 편한 곳'이라는 뜻으로 이름 붙인 것으로 보인다. 고려 말에는 왜구가 침입하여 피아간에 큰 싸움이 여러 번 벌어졌던 곳이다. 현재는 영해가 경상북도 영덕군에 딸린 하나의 면이지만 조선시대 까지만 해도 영해도호부가 있던 곳이며, 조선 후기 혁명가인 이필제李弼濟가 동학의 2대 교주인 최시형崔時亨과 함께 영해민란을 주도했던 곳이다. 한평생 혁명을 꿈꾸며 수많은 민란을 주도했던 이필제 개인의 자세한 내력에 대해 알려진 것은 별로 없다. 다만 그의 본명이 근수根洙이고 충청도 홍주목洪州牧(현 홍성 일대)에서 태어났다는 정도만 알려져 있을 뿐이다.

충청북도 진천으로 이사하여 그곳에서 성장한 이필제의 신분은 향반으로, 철종 14년(1863)에 동학에 입도하여 적극적인 포교 활동으로 농민을 규합해 나갔다. 이 때문에 체포령이 내려지자 충청남도 일대로 피신했다. 피신 중에도 농민을 규합해 또다시 관의 추적을 받아 고종 6년(1869) 말에는 경상남도 진주 일대로 피신, 잠복했다. 이곳에서 이름을 주성칠로 고치고, 고종 7년 7월 농민을 규합하여 진주작변을 일으켰으나 실패했다. 그는 중국으로 쳐들어가 새 왕조를 세우겠다는 정치적 야망을 품고 양영렬 楊永烈이 추천한 초계의 정만식鄭晩植과 정만식이 추천한 장경로張景老와 함께 농민을 규합하여 진주 군기고의 군기를 빼앗아 금병도로 가서 중국으로 들어갈 계획을 세웠다. 하지만 가까운 사람의 밀고로 실패했다.

진주작변이 실패한 뒤 경상북도 영해로 피신, 잠복해 최시형을 설득하여 동학교문 전체의 신원 운동을 전개할 계획을 세워 고종 8년 3월 10일 이른바 이필제의 난을 일으켜 성공을 거두었다. 그해 8월 문경에서 봉기하려다가 체포되어 12월 서울 서소문 밖에서 능지처참형을 당했다. 동학에 입교한 뒤 9년간에 걸쳐 진천, 진주, 영해, 문경에서 네 번의 민란을 주도했던 그의 흔적이 이렇게 저렇게 남아 있는 곳이 영해다.

영해 앞바다의 축산도에서는 공민왕 때 왜구의 선박들을 크게 쳐부수기도 했다. 축산도를 멋스럽게 노래한 사람이 조선 전기에 경상도 안렴사를 역임한 뒤 이곳에 유배를 왔던 안로생安魯生이다.

땅은 다하였고 바다는 크고
구름이 걷히니 섬들이 드러나누나
큰 물결 거세게 치솟아 천둥 울리듯 하니
형세가 눈사태 무너지는 듯하고

만 그루의 대 수풀은 연기에 잠겨 고요하며

일천 척 배의 돛들은 비 맞으며 돌아온다

비록 바다의 도적 불의不意에 올지라도

소문만 듣고 꺾이어 달아날 것을 나는 안다

이 지역은 해안 방어의 요충지였으므로 고려 말기에 읍성을 쌓았고, 조선시대에는 대소산과 광산에 있던 봉수가 남북으로 연결되었다.

영덕의 특산물은 뭐니 뭐니 해도 대게다. 영덕대게는 다리가 대통처럼 길어 생겨난 이름인데 1960년대만 해도 강구항에 산더미처럼 쌓이도록 잡혔다. 하지만 마구잡이로 잡아들인 탓에 지금은 진귀한 특산물이 되고 말았다. 게 한 마리가 삼복더위에 먹는 개 한 마리 값이다. 그것도 수효가 모자라니 러시아 지역에서 잡힌 대게들이 영덕으로 몰려들고 있다. 또한 영덕을 중심으로 흐르는 오십천에서 잡히는 흰 테를 두른 은어는 맛이 좋아 조선시대에 일등 진상품이었다고 한다. 하지만 이것도 지금은 찾아보기가 힘들다.

옛 시절 영해군의 소재지였던 영해면 괴시리는 고려 후기 문장가였던 목은牧隱 이색李穡의 고향이다. 이색의 부친 이곡李穀이 이곳을 지나다가 처녀를 만나 결혼하여 낳은 아들이 이색이었고, 훗날 이색이 중국 사신으로 다녀와서 고향 지형이 중국 괴시와 비슷하다 해서 괴시리라 지었다고 한다.

고려 후기 문신 이원李原도 영덕을 두고 시 한 수를 읊었다.

하늘 남쪽으로 멀리 온 손이 되어

바다 위로 외로이 선 성에 오르네

구름 걷히니 저녁 산은 푸르고

비 개니 가을 해는 밝도다

기나긴 흐름은 남쪽 길을 돌고

훌륭한 나무는 안마당에 있네

지금은 변경 邊境이 잠잠하니

곳곳마다 거문고 타는 소리로세

별종의 추한 인종이 사는 곳

이원의 시를 읊으며 영덕에서 7번 국도를 따라 올라가면 울진군이다. 울진蔚珍의 고구려 때 이름은 우진야현 于珍也縣이며, 신라 때 지금의 이름으로 고쳐 오늘로 이어진다. 울진은 강원도 땅이었으나 1963년 행정 구역 개편에 따라 경상북도로 옮겨졌다. 울진군의 서면과 온정면을 뺀 나머지 읍면들은 동해에 잇닿아 있다. 신라의 삼국 통일을 주도한 김유신 金庾信이 "산림이 울창하고 바다에 이어져 진귀한 물산이 풍부하다"라고 감탄한 데서 그 지명이 유래했다 한다. 조선 전기 문인 최부崔府는 "나그네 베개에 날이 차니 꿈 못 이루는데, 시내와 산의 눈 달빛에 맑기도 하구나. 공문서가 희소하니 먼지가 벼루를 덮었는데, 늦게 일어나니 동창에 바다 해가 올라왔네"라고 노래했다. 또한 한가하기 이를 데 없었던 이곳을 조선 전기 황해도 관찰사를 지낸 이석형李石亨은 시에서 "높은 성 멀리 떨어져 변방 지역을 지키는데, 바로 넓은 바다 눌러 형세도 기이하네. 물결을 뒤쫓는 거센 바람은 바다를 뒤엎을 듯, 하늘에 닿은 늙은 나무는 구름을 의지해 드리웠네"라고 했다.

조선 후기까지만 해도 군이었으나 지금은 하나의 읍인 평해平海는 강원도 땅이었다가 1963년에 경상북도에 편입되었다. 평해는 조선 중기 문신인 이산해가 유배되어 3년 동안 머물렀던 곳이다. 영의정까지 지냈던 그가 절해고도 같은 변방의 외진 곳으로 유배를 와서 얼마나 힘든 세월을 보냈을까. 이산해의 《기성록箕城錄》에 실린 글을 보면 당시 다른 지역과 달리 낙후가 심했던 평해를 그는 '별종의 추한 인종'이 사는 곳이라고 생각했다.

내가 처음 유배지로 갈 때 기성箕城(평해의 군명) 경내로 들어서니 날이 이미 캄캄하여 사동沙銅 서경포西京浦에 임시로 묵게 되었다. 이 포구는 바다와의 거리가 수십 보가 채 안 된다. 띠와 왕대 사이에 민가 10여 채가 보였는데, 집들은 울타리가 없고 지붕은 겨릅과 나무껍질로 이어져 있었다. 맨땅에 한참을 앉았노라니 주인이 관솔불을 밝혀 비추고 사방 이웃에서 사람들이 구경하러 모여들었다. 남자는 쑥대머리에 때가 낀 얼굴로 삿갓도 쓰지 않고 바지도 입지 않았으며, 여자는 어른이나 아이 할 것 없이 모두 머리를 땋아 쇠 비녀를 찌르고 옷은 근근이 팔꿈치를 가렸는데, 말은 마치 새소리와 같이 괴이하여 알아들을 수가 없었다.

방으로 들어가니 비린내가 코를 휘감아 구역질이 나려 하였으며, 이윽고 밥을 차려 왔는데 소반이며 그릇이 모두 악취가 나서 가까이할 수 없었다. 주인 할아범과 할멈이 곁에서 수저를 대라고 권하기에 먹어 보려 했지만 도저히 먹을 수가 없었다. 이에 내가 놀라 궁향窮鄕 벽지에는 반드시 별종의 추한 인종이 세상에 알려지지 않은 채 살고 있나 보다 생각하였다. 그 후 사람들에게 물어본즉 이곳이 이른바 바닷가의 단호蛋戶(바닷가에 사는 미개인의 집)란 것으로, 기성에만 11곳이 있으니 여음, 율현, 구미, 해진, 정명, 박곡, 표산, 장정, 도현, 망양정 등이며 사동도 그중 한 곳이라 하였다.

현재 관동팔경으로 알려진 망양정望洋亭이 울진읍에 있고, 평해읍에는 월송정越松亭이 있다. 특히 월송리는 월송 황씨의 본고장이다. 《삼국사기》의 기록에 따르면, 한나라 사신 황락이 교지국交趾國(베트남)으로 가다가 풍랑을 만나 이곳에 정착했는데 그가 황씨의 시조가 되었다. 그때가 신라 유리왕 5년(28)이었음을 생각해 보면 이 마을의 역사는 거의 2000년쯤 된다고 볼 수 있다.

월송리는 오래된 마을답게 그 지명에도 전설이 따른다. 신라 때의 빼어난 화랑이었던 영랑, 술랑, 안랑, 남랑이 이곳의 빼어난 풍광을 모르고 그냥 지나쳤다고 하여 월송越松이란 땅 이름이 생겼다는 것이다. 월송정이 세워진 것은 고려 때라고 한다. 처음에는 왜구의 침입을 살피기 위한 망루 구실을 했으나, 조선시대에는 양반이나 관리의 놀이터로 바뀌었다. 그러다가 일제 강점기에는 월송정이 미군 폭격기의 지표地標로 이용된다는 꼬투리를 잡혀 아예 헐렸으며, 지금 있는 건물은 1980년에 다시 세운 것이다. 이곳 평해의 월송정에서 평민 의병장 신돌석이 나라 잃은 설움을

월송정

월송정은 고려시대부터 시인 묵객들이 즐겨 찾았던 유람지로
여러 차례의 퇴락과 중건의 과정을 거쳐 1980년에 현재의 모습을 갖추었다.

속세 바깥이라 티끌도 깨끗하고

©유철상

망양정

관동팔경의 하나로 알려진 망양정은 울진읍에 있다.
바닷가 언덕 위에 자리 잡고 있어 동해가 굽어보이는 경치가 관동팔경 가운데 으뜸이다.

〈우국憂國〉이라는 시로 남겼다고 한다.

> 누대에 오른 나그네 갈 길을 잊고
> 잎이 진 나무로 덮인 단군의 터전을 탄식한다
> 남아 이십칠 세에 무엇을 이루었는가
> 문득 가을바람 비껴 감개에 젖는다

태백산 호랑이의 고향

월송정에서 바닷바람을 벗하며 해변을 거슬러 올라가면 만나는 항구가 구산포邱山浦였다. 지금은 쇠락한 구산항이 조선 후기인 19세기 말까지는 육지에서 울릉도로 가는 가장 일반적인 항로였다. 그때 울릉도로 도망한 죄인들을 수색하고 토벌하던 수토사搜討使들이 쉬어 가던 곳이 대풍헌待風軒(경상북도 기념물 제165호)이다. 현재는 울릉군이지만, 수세기 전만 해도 울릉도는 삼척 첨사 또는 월송 만호의 관할권에 놓여 있어 3년마다 수토사들이 울릉도로 파견되었다. 수토사들은 며칠 동안 구산포에서 순풍을 기다려 파도가 잠잠할 때 울릉도로 출발했는데 2~3일이면 도착할 수 있었다고 한다.

대풍헌의 정확한 건립 연대는 확인할 수 없으나 〈구산동사중수기邱山洞舍重修記〉에 따르면, 철종 2년(1851)에 중수하고 대풍헌이란 현판을 걸었다는 기록이 남아 있다. 이 건물은 정면 4칸, 측면 3칸의 일자형一字

形 팔작집으로 동해안의 작은 포구 구산리 마을의 중심부에 남향으로 자리하고 있으며, 오늘날 주민들의 집회장으로 이용된다. 건물의 평면 구성이나 일부 가구 수법에서 특색을 보이나, 전체적으로 여러 부분이 개조, 변형되었다. 부재 치수, 결구 수법 등이 다소 조잡하나 조선시대에 울릉도를 관리하던 수토사들의 출발지라는 점과 조선 정부가 울릉도를 계속하여 관리했음을 보여 주는 귀중한 유물이다.

조선 후기인 고종 때 이규원李奎遠이 구산포를 거쳐 울릉도로 갔다. 고종에게서 검찰사로 임명된 이규원이 서울에서 출발한 것은 고종 19년(1882) 4월 7일이었다. 이규원은 순흥, 안동, 영양을 거쳐 4월 22일 평해에 도착했고, 선박과 일꾼들을 징발하여 서낭제와 동해신제를 지내고 마침내 4월 29일 구산포를 출발했다. 《울릉도 검찰일기鬱陵島檢察日記》에 따르면 이규원은 이틀 만에 구산항에서 울릉도에 당도했다. 이규원의 기록을 보자.

29일, 갑진, 맑음. 오전 10시에 장계와 등보謄報를 모두 치보馳報하였다. 세 척의 배를 동시에 띄웠다. 바다로 나오자 바람이 약해지고 물은 역류하여 바다에서 머물 수밖에 없었다. 석양에 동풍이 조금 불어서 다행히 밤새 항해를 계속하였다. 바다는 하늘가에 닿았으며, 사방을 둘러보아도 산이란 산은 점 하나도 보이지 않는다. 마치 나뭇잎이 큰 바다 복판에서 떠다니는 것 같았다. 한밤중이 되자 구름과 안개가 사방에 자욱하고 파도가 요동을 쳐서 돛대가 흔들리니 사람들이 놀랐다. 밤이 지나자 망망하고 호호浩浩한 것이 도무지 어디를 향하는지 알 수가 없었다. 바람을 타고 동쪽으로 향했는데 처음에는 3~4시 방향을 취했다가 다음에는 5~6시 방향을 취하였다. 정오가 가까워 올 무렵 멀리 울릉도의 형세가 보이자 곧장 1~2시 방향을 취하였다. 순풍을 만나 쏜살같이 갈 수 있었다.

30일, 을유, 맑음. 오후 6시에 세 척의 배가 동시에 울릉도 서쪽에 당도하였다. 이 포구가 바로 소황토구미小黃土邱尾다.

한편 백암산 기슭의 백암온천은 신라시대에 창에 맞은 노루를 쫓던 사냥꾼이 발견한 것으로, 기와집에 석조탕石造湯을 설치하여 온천 목욕을 즐기기 시작했다. 수온이 섭씨 46도로 목욕하기에 알맞다. 갖가지 화학 성분이 들어 있는 방사능천으로 피부병, 신경통, 위장병, 류머티즘 따위에 효과가 좋다고 한다.

울진군 서면에 있는 불영계곡(명승 제6호)은 옥수玉水와 기암괴석, 숲이 어우러져 있다. 불영계곡 군립공원 안에는 키가 큰 적송이 우뚝우뚝 서 있고, 의상대사가 세운 불영사佛影寺가 자리한다.

울진군 축산면 도곡리에서 평민 의병장 신돌석이 태어났다. 1906년 의병을 일으켜 영해, 영덕, 평해, 삼척, 강릉, 양양, 원주, 안동 등 경상북도 북부와 강원도 일대에서 신출귀몰하며 왜군에 맞서 싸웠던 신돌석은 '태백산 호랑이'라는 별명답게 왜군의 간담을 서늘하게 했다. 특히 울진의 장흥포에서는 일본 군선 9척을 침몰시키기도 했다. 그러나 신돌석은 의병 활동이 점차 위축되는 가운데 영해 의병을 공식 해산하고 후일을 기약했다. 1908년 11월 중순 영덕 눌곡에 이른 신돌석은 우연히 옛 부하였던 김상렬을 만나 그의 집에 묵게 되었다. 그때 김상렬이 그의 동생 김상근

월송정 소나무숲

신라시대 사선의 설화가 깃든 월송정 너머에는 소나무 만여 그루가 숲을 이루고 있다.
소나무숲과 월송정 여기에 동해까지 어우러진 정갈한 풍치는 울진의 자랑이다.

과 함께 신돌석에게 술과 고기를 권해 만취하게 한 뒤 깊은 잠에 빠진 그를 무참하게 살해했다. 신돌석은 자신의 목에 걸린 현상금에 눈이 먼 부하, 자신보다도 굳게 믿었던 그 부하들의 손에 살해되고 만 것이다. 그때 그의 나이 서른한 살이었다.

성류굴이 있는 선유산

천연기념물 제155호로 지정된 성류굴은 탱천굴撐天窟, 선유굴仙遊窟이라고도 한다. 주굴은 길이가 약 470미터, 전체 길이 약 800미터다. 입구는 선유산 절벽 밑 왕피천王避川가에 있는 좁은 바위 구멍이다. 사방의 경치가 아름다워서 선유굴 또는 선유산 밑에 성류사聖留寺가 있어서 성류굴이라고 부른다. 일설에는 해일로 인하여 근처가 모두 물에 잠기고 이 산봉우리만 석류만큼 남았다고 하여 석류산이라 하고 그 밑에 있는 굴이라 하여 석류굴이라고 부른다고도 한다.

임진왜란 때 왜군이 울산을 지나 진격해 온다는 말을 들은 근남, 원남 일대의 백성들 500명이 이 굴로 피난했는데, 왜군이 동굴 입구를 막아 버려 모두 굶어 죽었다고 한다. 입구 경사지에 깔린 바위들은 그때 왜적이 입구를 막은 돌이라 하며, 제5광장 동쪽에서는 그때 죽은 사람들의 뼈가 발견되기도 했다. 이 굴에는 이무기가 숨어 있어서 가뭄이 심하면 굴 어귀에 제물을 차려 놓고 기우제를 지냈다고 한다.

유서 깊은 동굴 성류굴은 이곡의《동유기東遊記》에 나오는데 국내 최초 동굴 탐사기라고 할 수 있다.

성류사는 돌벼랑 아래 긴 시내 위에 있는데, 벼랑 돌이 벽처럼 일천 자는 섰으며 벽에 작은 굴이 있는데 성류굴이라고 한다. 굴의 깊이를 알 수 없고 으슥하고 어두워서 촛불 없이는 들어갈 수가 없었다. 절의 중에게 홰를 들리고 인도하게 하였다. 또 출입에 익숙한 고을 사람에게 앞뒤에서 거들게 하였다.

구멍 아가리가 좁아서 무릎으로 4~5보를 가니 좀 넓어져 일어서서 몇 보를 걷자 이번에는 끊어진 벼랑이 세 길은 된다. 사다리를 놓고 내려갔더니 점점 평탄하고 높고 넓어지는데, 수십 보를 가면 평지가 있어 두어 묘畝는 되고, 좌우로 돌 형상이 기이했다. 다시 10보쯤 가면 구멍이 나온다. 북쪽 구멍 아가리가 더욱 좁아서 엎드려 나가야 하는데, 아래가 진흙물이므로 자리를 깔아서 젖는 것을 방지하였다. 7~8보를 가면 좀 트이고 넓어지는데 좌우에 있는 돌의 형태가 더욱 괴이해서 어떤 것은 깃발 같기도 하고 어떤 것은 부도 같기도 하였다. 또 십 수 보를 가면 돌들이 더욱 기괴하고 그 형상이 무엇인지 모를 것이 더욱 많으며, 그 깃발 같고 부도 같은 것이 더욱 길고 넓고 높고 크다. 또 4~5보를 가면 불상 같은 것도 있고 고승 같은 것도 있으며, 또 못물이 있는데 매우 맑고 넓이가 수 묘는 될 만하다. 그 못 가운데 돌 두 개가 있는데 하나는 수레바퀴 같고 하나는 물병 같은데, 그 위와 곁에 드리운 깃발이나 일산 같은 것이 모두 오색이 영롱하다. 처음에는 석종유가 엉긴 것으로 그렇게 굳지 않았는가 생각되어 지팡이로 두드리니 모두 소리가 나며, 그 모양이 길고 짧은 데 따라서 맑고 흐린 것이 편경編磬 같다.

사람들이 말하기를, 못을 따라 들어가면 더욱 기괴하다 하는데, 나는 '이것이 세속 사람으로서 함부로 구경할 것이 아니라' 생각하며 재촉하여 나왔다. 그 양쪽에는 또 구멍이 많은데 사람이 한번 잘못 들어가면 나올 수 없을 것이라고도 생각하였다. 그래서 그 사람에게 "굴의 깊이가 얼마나 되느냐?" 하고 물으니, 대답하기를 "아무도 그 끝에까지 가본 사람이 없다" 하며 "평해군 바닷가에 닿을 수 있다고들 하는데 그 거리는 대개 여기서 20여 리쯤 된다"라고 하였다.

처음에는 옷에 연기가 묻고 더러워질까 봐서 하인들의 의복과 수건을 빌려 가지고 들어갔는데, 나와서 옷을 갈아입고 세수와 양치질을 하고 보니 꿈에 화서국華胥國(중국 고대의 이상향)에 가서 놀다가 문득 깨달은 것 같았다. 일찍이 생각해 보니, 조물造物의 묘함을 헤아려 알 수 없는 것이 많은데 내가 국도國島와 이 동굴에서 확인할 수 있었다. 그것이 정말 자연히 이루어진 것인가, 그렇지 않으면 짐짓 만든 것인가. 그것을 자연히 된 것이라고 한다면 어찌도 그 형체 변화의 교묘함이 이렇게까지 되는 것인가. 그것이 또 짐짓 만든 것이라면, 천세토록 만세토록 귀신이 공력을 쏟는다고 하더라도 어떻게 이렇게까지 최고의 작품을 만들어 낼 수가 있겠는가.

당시에 성류굴의 끝을 추정하기로 평해 바닷가라고 했으니 산포리나 덕신리 부근을 가리키는 것이었으리라.

성류굴 1광장은 연무동, 2광장은 은하천, 3광장은 탑실, 4광장은 지옥동이다. 만불상이라고도 하고 선녀의 밀실 같다고 해서 선녀동이라고도 하는 5광장을 지나면 '로마의 궁전'이라는 명칭이 붙은 6광장이 나온다. 옛사람들이 극락에 간다고 여겼던 7광장 지옥동을 지나면 8광장에 이르

성류굴

성류굴은 사방의 경치가 아름다워 선유굴, 또는 선유산 밑에 성류사가 있어서
성류굴이라고 불렀다.

고, 수레동이라고 부르는 9광장을 지나면 10광장인 법당 석실이다. 11광장은 신라 신문왕의 아들 보천태자가 수도하던 곳이고, 12광장은 1976년에 개발된 보물섬이다. 수만 개의 종유석이 있어 아름답기 이를 데 없는 이곳을 미륵동이라고도 부른다.

이곡이 방문한 이후 오랜 세월이 흐른 뒤 성류굴을 찾았던 김시습金時習은 〈성류사 유숙聖留寺留宿〉라는 시를 남겼다.

성류굴 앞 봄물이 이끼 낀 낚시터에 출렁이고
바위 뒤의 산꽃은 지는 해에 비치네
또 한 가지 청절한 맛이 있는 사람은
밤 깊어 깃들었던 학이 사람 놀라 날음이라

남사고가 태어난 수곡리

중종 4년(1509)에 울진군 근남면 수곡리에서 태어난 격암格菴 남사고南師古는 역학과 천문을 비롯하여 모든 학문에 두루 통달했던 학자다. 권세와 재력으로 치르던 당시의 과거에서 여러 차례 떨어진 뒤에 벼슬을 하겠다는 꿈을 접고 천문지리와 복술卜術을 깊이 연구하여 예언이 어긋나지 않았다고 한다. 63세에 세상을 뜨기 전까지 숱한 예언과 일화를 남겨 지금까지 우리나라 전설에 가장 많이 나오는 인물로 꼽힌다.

이수광의 《지봉유설》에는 남사고가 말하길, 임진년에 백마를 탄 사람이 남쪽에서 조선을 침범하리라 했다는데, 그의 예언대로 임진왜란이 일어나 왜장 가토 기요마사加藤淸正가 백마를 타고 쳐들어왔다고 기록되어 있다. 《연려실기술》에도 남사고의 예언이 틀림없이 맞았다고 언급되어 있다.

남사고는 소백산을 보고 "허리 위로는 돌이 없고, 멀리서 보면 웅대하면서도 살기가 없고, 떠가는 구름과 같고 흐르는 물과 같아서 아무런 걸림이 없는 자유로운 형상"임을 들어 많은 사람을 살려 줄 산이라고 칭송했다. 그의 말이 옳았는지 임진왜란 초에 왜적이 잠깐 새재를 넘기는 했지만 소백산 기슭인 풍기와 영주 일대는 온전했다. 그러나 조선의 수도인 한양의 한산한수漢山漢水는 다골다탄多骨多灘하여 골육상잔의 화가 많을 것이라고 말하면서 여러 가지 재난이 많이 일어닐 것으로 예언했다. 그는 《정감록》 중의 길지인 십승지지十勝之地를 예언했으며, 당쟁이 일어나기 전 명종 말기에는 서울의 지세와 연관 지어 당쟁을 무서운 병에 비유하여 예견하기도 했다.

한 일화에 따르면 어느 날 울진 향교에 갑자기 참새 떼가 날아들자 사람들이 남사고에게 무슨 징조인지 물어보았다. 그는 잠시 후에 쇠갓을 쓴 여자가 들어올 것이라고 대답했다고 하는데, 조금 뒤에 갑자기 소나기가 쏟아져 문밖에서 밥을 짓던 향교의 여종이 솥뚜껑을 덮어쓰고 뛰어 들어와 자리한 사람들이 모두 놀랐다고 한다.

남사고는 근남면 구산리 바깥잘미에 있는 달팽이 집 같은 초가집에 살았지만 술을 즐기며 성품이 고결하여 찾는 이들의 발길이 끊이지 않았다고 한다. 자신의 죽음과 후손이 없을 것까지 정확히 예언한 남사고는 예언서 《남사고비결南師古秘訣》에서 우리나라의 미래에 대하여 국토 분단과 한국전쟁도 예언했다고 하는데 임진왜란 때 불타 없어지고 말았다.

대숲 끄트머리 마을 죽변

대나무가 많은 바닷가 또는 '대숲 끄트머리 마을'이라 하여 죽빈이라고 하다가 죽변竹邊 또는 죽변동이라고 부르게 되었던 죽변은 남인수가 노래한 〈포구의 인사〉라는 대중가요에도 등장한다.

포구의 인사란 우는 게 인사러냐
죽변만 떠나가는 팔십 마일 물길에
비 젖는 뱃머리야, 비 젖는 뱃머리야
어데로 가려느냐 아~

죽변은 울릉도에서 직선거리에 있으며 한때는 포경선들이 줄을 섰던 곳이다. 그런 연유로 죽변초등학교 교문은 고래의 턱뼈로 만든 것이라고 한다. 울진대게와 오징어, 정어리, 꽁치, 명태 잡이로 이름난 항구가 죽변항이었다. 죽변은 어업 전진 기지로 명성을 날렸고 동해안에서도 규모가 크기로 손꼽히는 곳이었다. 죽변 동쪽 바닷가에 있는 마을이 후릿개라고 불리는 후리포이고, 후릿개 서쪽에 있는 장이 죽변장이다. 광복 뒤에 개장되어 3일과 8일에 장이 서던 이 장터에서는 주로 해산물이 거래되었다.

죽변리 동쪽에 있는 죽변항은 1938년에 축항 시설을 했다.

울진군 죽변면 봉평리에 봉평신라비鳳坪新羅碑(국보 제24호)가 있다. 오랜 세월 땅속에 묻혀 있다가 세상의 빛을 본 지 얼마 되지 않는 이 비는 신라 법흥왕 11년(524)에 세운 것으로 봉평비라고도 한다. 1988년 1월 봉평 2리의 논에서 객토客土 작업을 하던 중 장대석 하나가 나와서 포클레인으로 다리 밑에다 옮겨 버렸다. 봉평마을 이장 권대선 씨가 지나가다가 보니 돌이 잘생겨서 정원석으로 쓸까 하고 들여다보던 중 장대석 한쪽에 희미하게 글씨 같은 것이 새겨져 있는 것을 발견했다. 뭔가 심상치 않다고 여긴 그가 마을 노인들에게도 물어보고 군 공보실에 연락해 사람들이 찾아와 보기도 했으나 그냥 누군가 낙서를 한 것일지도 모른다는 의견이 대부분이어서 그냥 방치하고 있었다. 그러다가 군 문화계장과 향토사가들의 노력에 힘입어 이 비가 신라 법흥왕 11년에 세워진 비석임이 밝혀지게 되어 그해 4월 일반에 공개되었다.

봉평비도 고구려의 광개토대왕릉비나 신라의 진흥왕순수비처럼 자연석을 거의 그대로 이용했다. 비석의 재질은 변성화강암으로 좋지는 않으나, 오랫동안 땅속에 묻혀 있었으므로 원래의 형태를 보존하고 있다. 전체적으로 불규칙한 사각형으로 한 면에만 글씨를 새겼다. 비의 전체 길이는 204센티미터로, 글자를 새긴 면의 위쪽 너비는 32센티미터, 중간 너비는 36센티미터, 밑너비는 54.5센티미터다. 비문은 전체 10행으로 구성되었는데 비의 일부가 떨어져 나가 전체 글자 수를 정확하게 알 수는 없으나 398자에서 400자 사이로 추정하고 있다. 서체는 중국 남북조시대의 북조풍 예서와 해서의 중간 형태로 진흥왕순수비보다 치졸한 편이

죽변항

죽변은 대나무가 많은 바닷가 또는 '대숲 끄트머리 마을'이라 하여 죽빈이라고 하다가
죽변 또는 죽변동이라고 부르게 되었다.

봉평신라비

울진군 죽변면 봉평리에 있는 봉평신라비는
신라 법흥왕 11년에 세운 것으로 국보 제242호로 지정되었다.

며, 문체는 신라식의 독특한 한문을 사용했다. 전체 글자 가운데 30여 자는 논란의 대상이 되고 있으며, 16~17자는 정확한 판독이 어렵다.

비문에 따르면 거벌모라居伐牟羅와 남미지男彌只 지역에서 어떤 사건이 발생하여 군대를 동원해 이를 해결한 뒤 당시의 왕인 법흥왕이 13인의 신료들과 영令에 따라 조처를 취했다. 그리고 소를 잡아 의식을 거행한 뒤에 율律을 적용하여 이 지역 지방관과 토호들에게 책임을 물어 장형으로 다스렸다는 기록이다. 비문에는 기존 문헌에는 나타나 있지 않은 많은 내용이 담겨 있어서 신라사 연구에 커다란 활력을 불어넣었다.

먼저 신라 정치사의 핵심 주제인 6부 문제에 대해서 기존에 성립 시기와 과정에 관한 많은 이견이 있었으나 '신라육부新羅六部'라는 구절이 판독되어 이 비가 건립되기 전인 6세기 초 이전에 이미 6부가 성립되었음을 확인했다. 또한 법흥왕이 탁부喙部를 관칭冠稱한 반면에 동생인 사부지갈문왕徙夫智葛文王은 사탁부沙喙部 소속으로 되어 있어서 형제가 각기 다른 부를 관장했음이 드러났다. 이는 신라의 부를 각기 다른 친족 집단 세력으로 설정해 왔던 기존의 견해를 송두리째 부정한 것으로, 부의 성격을 새롭게 조명해 보는 계기가 되었다.

노인법奴人法과 죄인을 처벌하는 장형杖刑의 존재는 법흥왕 때 율령이 성문법으로서 실제로 행하여졌음을 증명해 주었다. 특히 신라에 복속된 집단 예속민으로 보이는 노인과 이들을 다스리는 노인법의 존재는 신라의 대외적인 팽창과 대복속민 시책을 엿볼 수 있게 한다. 이 밖에도 봉평신라비는 부部를 초월하지 못한 왕의 정치적 성격, 17관등의 성립 연대, 지방 통치 조직과 촌락 구조, 의식 행사 양상 등에 관한 문제들에 대

해 새롭게 접근할 수 있는 자료를 제공하여 신라사 연구에 절대적인 중요
성을 지니고 있다. 당시 울진이 신라의 중요한 지역으로 당당히 자리 잡
고 있었음을 증명하기도 하는 봉평신라비는 현재 원래 발견된 지점에서
북서쪽으로 50미터 옮겨서 비각을 세워 보호하고 있다.

4

신라 땅 경주 속 조선의 마을들

밝은 가르침을 우러러 받들리라

태어나지 않은 현인을 꿈꾸는 양동마을

안동의 하회마을과 더불어 조선시대 양반 마을의 전형으로 이름난 경주시 안강읍 양동마을은 '물勿' 자 형국의 명당으로 알려졌다. 경주에서 포항 쪽으로 16킬로미터 정도 가다 만나는 형산강 중류쯤에 기름진 안강평야의 생산력을 바탕으로 마을이 형성되었다. 이곳에서 회재晦齋 이언적李彦迪이 성종 22년(1941)에 태어났다.

이언적은 외가인 월성 손씨 가문의 서백당書百堂(중요민속자료 제23호)에서 출생했는데, 그의 출생에 얽힌 흥미 있는 이야기가 전한다. 손소孫昭가 집터를 잡을 때 지관이 기름진 땅에서는 큰 인물이 태어나지 않는다며 산중턱의 비탈진 자리를 잡아 주면서, 그곳이 양동마을의 '물勿' 자형 혈맥이 맺힌 곳으로 삼현선생지지三賢先生之地라고 했다. 지관의 말처럼 그 집에서 손소의 아들 중 이조판서를 지냈던 청백리 손중돈孫仲暾과 오현五賢이라 추앙받는 이언적이 태어났다. 그 뒤 나머지 한 사람은 아직 나타나지 않고 있다. 외손이 번성한다는 속설 때문에 세 번째 현인을 기다리는 월성 손씨들은 출가했던 딸이 몸을 풀러 오면 해산만은 반드시 다른 집에서 시킨다고 한다.

가장 번창했던 17세기 무렵에는 가옥이 600∼700여 채에 이르기도 했다는 양동마을은 2006년에 조사한 바에 따르면 한식 기와집 119채와 초가집 79채가 남아 있다. 그중에 물봉골 남향받이 언덕에 세워진 여강 이씨의 대종가인 무첨당無添堂은 보물 제411호이고, 마을 입구 첫 번째 산등성이에 있으면서 손중돈이 분가하여 살았다는 전망이 탁 트인 관가정觀稼亭은 보물 제442호이며, 이언적이 경상 감사로 재직할 무렵 지어진 건물 향단香壇은 보물 제412호로 지정되었다. 이언적이 전임하면서 동생에게 물려주어 후손들이 살게 되면서, 이곳은 이씨 향단파의 파종가派宗家가 되었다. 이외에도 양동마을에는 보물과 민속자료가 즐비하여 동네 전체가 문화재라고 할 수 있다. 규모와 질로 볼 때 전통 한옥이 이렇게 밀집된 곳은 양동마을뿐인데도 경주의 현란한 문화유산에 눌려서인지 이곳을 알고 찾는 사람이 그리 많지 않다.

전통이 많이 남아 있는 이곳에서는 아직도 양반과 상놈을 가리는 분위기다. 그래서 양동마을 앞을 흐르는 논내의 어원을 '놓네'에서 찾기도 한다. 즉 이 마을에서 양반 행세를 하는 사람들이 이 개울을 건너서는 누구를 만나거나 대뜸 "내 말을 놓네"라고 말했기 때문에 '논내'가 되었다는 것이다.

안강읍 옥산리에는 옥산서원玉山書院이 있다. 이언적이 세상을 뜬 지 19년 후인 선조 5년(1572)에 당시 경주 부윤이었던 이제민李齊閔은 안강 고을의 선비들과 더불어 이언적의 뜻을 기리고자 서원을 짓고 옥산이

라는 사액을 받았다. 정문인 역락문亦樂門을 들어서면 누각 무변루無
邊樓가 나오는데, 이곳의 현판은 명필 한석봉이 썼다. 마당을 지나면 강
당 구인당求仁堂이 있으며, 강당 정면에 걸린 옥산서원 편액은 추사秋史
김정희金正喜가 제주도로 유배되기 직전에 쓴 것이다. 강당을 옆으로 돌
아 뒤로 가면 이언적의 위패를 모신 사당 체인묘體仁廟가 있고, 사당 주
변에는 장판각藏板閣, 전사청典祀廳, 신도비神道碑 등이 있다.

옥산서원 바로 위의 도덕산 자락에는 정혜사지定慧寺地가 있는데,
《여지도서》에는 정혜사의 모습이 다음과 같이 실려 있다.

정혜사는 자옥산 아래에 있다. 문원공 이언적이 젊었을 때 이곳에서 학업을
닦았다. 처음 세운 지가 몇백 년이나 되었는지 알 수 없다. 문원공이 손수 쓴
《동유록同遊錄》이 법당 북쪽 벽 가운데 기둥에 있고, 일곱 구절로 된 잠언이
북쪽 벽 동쪽 창의 왼쪽에 있었다. 후세 사람들이 그것이 먼지에 더럽혀질까
걱정하여 마침내 그 글자를 새기고 회칠을 하여 감싸 두었다. 옥산서원이 세워
진 뒤에는 옥산서원을 수호하는 사찰이 되었다.

오늘날 절은 사라지고 터만 남은 정혜사지에는 경주 불국사 다보탑과 화
엄사 사사자 삼층석탑과 함께 통일신라시대의 대표적인 이형 석탑인 십삼
층석탑만이 덜렁 남아 있다. 정혜사지 바로 아랫자락에는 이언적이 7년 동
안 은거했던 사랑채인 독락당獨樂堂(보물 제413호)이 있다. 훗날 이곳을
찾았던 이안눌李安訥은 이언적에게 바치는 시 한 편을 남겼다.

양동마을

가장 번창했던 17세기 무렵 집이 600~700여 채쯤 되었다던 이 마을은,
2006년에 조사한 바에 따르면 기와집 119채와 초가집 79채가 남아 있다.

밝은 가르침을 우러러 받들리라

양동마을 서백당

서백당은 양동마을 입향조라 불리는 손소가 세조 3년(1457)에 지은 월성 손씨 종가집이다.
지관이 세 명의 현인이 태어나리란 것을 예언한 일화로 유명하다.

밝은 가르침을 우러러 받들리라

©이종원

양동마을 전경

이언적의 후손들이 살게 되면서 이씨 향단파의 파종가가 된 양동마을에는
여강 이씨의 대종가인 무첨당과 관가정, 향단 등의 문화재가 있다.

189

사람 좋아하며 까마귀도 좋아하니

하물며 강산의 아름다움은 빼어난데

산속에 자리한 이 땅

나는 이곳에서 늙어 가고 싶어라

인생의 갈림길에 서면 참으로 슬프다지만

묵적墨翟이 물든 실 보고 어찌 슬픔 없었으리

영원히 어진 마을에 의지하여 살 터이니

드리우신 밝은 가르침을 우러러 받들리라

옛 현인께서 이미 저 멀리 떠나셨어도

그대를 버리고서 그 누구를 뒤따르리오

사람은 모두 하늘과 같은데 어찌 귀천이 있겠는가

독락당에서 동학을 창시한 최제우가 태어난 현곡면은 그다지 멀지 않다. 최제우는 경주시 현곡면 가정리의 갓질마을에서 순조 25년(1824)에 태어났다. 그가 태어날 때 해와 달이 밝은 빛을 발했고 구미산 봉우리가 기이한 소리를 내며 3일 동안 울었다고 한다. 부모와 일찍 사별한 최제우는 삶의 무의미함을 깨닫고 그것을 극복하기 위해 여러 가지 공부에 몰두했다. 전국을 떠돌아다니던 최제우는 37세 때인 철종 11년(1860)에 세상을 구할 큰 깨달음을 얻었다.

황홀한 경지 속에서 한울님의 말씀을 들었는데 "나의 영부를 받아 사람을 질병에서 건지고, 나의 주문을 받아 사람을 가르치라"라고 말한 데 이어서 '오심즉여심 吾心卽汝心', 즉 "내 마음이 곧 네 마음이니라. 사람이 어찌 이를 알리오. 천지는 알고 귀신은 모르니 귀신이 곧 나이니라. 너에게 무궁무궁한 도를 내릴 것이니 이를 닦고 다듬어서 글을 지어 사람을 가르치고 그 법을 따르게 하며 덕을 펼쳐라. 너로 하여금 이 세상을 빛나게 하리라"라고 했다. 최제우는 그때부터 동학을 널리 알리기 시작했으나 3년 뒤인 철종 14년(1863) 12월에 경주에서 붙잡혔다.

최제우를 이송할 때 문경새재를 넘으려고 했으나 문경새재에 수천여 명의 동학도들이 몰려 있다고 하자 상주의 화령을 넘기로 했다. 최제우 일행이 보은을 지나 과천 역참에 도착한 것은 12월 20일이었다. 남태령만 넘으면 금세 서울에 도착하는데 철종이 승하했다. 후사가 없던 철종의 뒤를 이하응의 둘째 아들 재면이 12세의 어린 나이에 이었고, 12월 13일에 흥선군 이하응은 대원군이 되어 새로운 권력을 잡게 되었다. 복잡한 일이 수도 없이 얽혀 있는 때라 최제우에 관한 일까지 다룰 수가 없게 되자 조정에서는 결국 다음과 같은 명을 내렸다.

최복술(최제우) 등 두 죄수에 대해 포도청은 경상감영으로 압송하여 경주에 수감되어 있는 죄인들도 아울러 그 본말과 종적을 일일이 조사하여 죄질의 경중을 가려 묘당廟堂에서 위의 명을 받아 일을 처리케 하라.

다시 대구를 향해 최제우 일행이 과천역을 떠난 것은 12월 26일, 영남지역을 오가던 사람들이 줄기차게 다니던 영남대로를 따라갔다. 양지역과 달천역 그리고 문경새재를 넘어 상초곡에 도착하자 동학교도들이 관솔 불을 켜 들고 뒤를 따랐다. 그때의 광경이 〈수운선생사적水雲先生事跡〉 에 다음과 같이 실려 있다.

과천을 떠나 새재로 길을 잡아 문경 초곡에 이르렀다. 수백 명의 도인들이 여러 주막에서 엿보는가 하면, 관솔불을 켜 들고 따라오기도 하고, 눈물을 흘 리면서 바라보기도 하였다.

이렇게 애절한 정경이 벌어지니 어린이의 마음을 보는 것 같았을 것이 다. 낙동강변에 있는 낙동역을 거쳐 선산의 상림역을 지나 대구에 있는 경상감영에 도착한 것은 음력 정월 초엿새였다. 관변 측 기록에 따르면, 최 제우는 1월 21일부터 2월 하순까지 한 달간 당시 감사였던 서헌순에게 스물두 차례에 걸쳐 문초를 받았다. 심한 매질로 정강이뼈가 부러지기도 했다. 고종 원년(1864) 3월 2일자《고종실록》에는 동학 두목 최복술을 참 형에 처한다는 글이 실려 있다.

이번에 동학이라고 일컫는 것은 서양의 사술邪術을 전부 답습하고 특별히 명목만 바꿔서 어리석은 사람들을 현혹하게 하는 것뿐입니다. 만약 조기에 천 토天討를 행하여 나라의 법으로 처결하지 않는다면 결국에 중국의 황건적이 나 백련교라는 도적들처럼 되지 않을는지 어떻게 알겠습니까? (…)
그러나 조사한 문건에서 단정한 내용을 가지고 미루어 보건대, 최복술이 그 들의 두목이라는 것은 자백과 사실 조사를 통한 단안斷案이 있으니 해당 도신

道臣에게 군사와 백성들을 많이 모아 놓은 가운데 효수하여 뭇사람들을 경각시킬 것입니다. 그리고 강원보 등 12명은 분등分等하여 형배刑配하고, 나머지 여러 죄수들은 도신에게 등급을 분등하고 참작하여 처리하게 할 것입니다.

최제우가 경상감영에 구금되어 있을 당시 제자들이 면회를 가자 다음과 같은 시를 남겼다.

> 등불이 밝아 물 위로는 아무러한 혐의의 틈이 없고
> 기둥이 마른 것같이 보이지만 힘이 남아 있다

그리고 이 시에 덧붙여 "나는 한울님의 명을 순순히 받겠다. 너는 높이 나르고 멀리 뛰어라"라고 세상에 전하라고 했다.

최제우는 고종 원년 3월 10일 대구 장대에서 좌도난정左道亂政의 큰 죄목이 붙은 채 처형되었다. 전하는 얘기로는 아무리 최제우의 목을 칼로 내리쳐도 목이 떨어지지 않았다 한다. 경상 감사를 비롯한 수많은 사람들이 놀라서 어쩔 줄을 모르고 있자 최제우는 "나에게 맑은 물〔淸水〕한 그릇을 가져오라" 했다. 최제우가 청수를 마신 다음에야 순조롭게 형이 집행되었다. 깨달음을 얻고 포덕을 시작한 지 햇수로 불과 4년 만이었다. 최제우가 생전에 남긴 시 한 편을 보자.

겨우 한 가닥 길을 찾아 걷고 걸어서 험한 물을 건넜다. 산 밖에 다시 산이 나타나고 물 밖에 또 물을 건넜다. 다행히 물 밖의 물을 건너고 간신히 산 밖의 산을 넘어서 바야흐로 넓은 들에 이르자 비로소 큰 길이 있음을 깨달았네.

동학을 창시한 경주 사람 최제우가 쓴 이 시는 인간의 삶을 짧고 간결하게 노래한 시이자, 자기 자신의 파란만장했던 생애를 노래한 시다.

오늘날 대구시 중구 덕신동의 덕산시장이 있는 관덕당觀德堂 자리가 그가 참수된 곳이고, 그곳에서 얼마 멀지 않은 대구 남문 밖에 사흘간 효수되어 있었다. 목이 없는 최제우의 시신은 동학교도 김경숙과 김경필, 옥바라지를 전담했던 곽덕원 그리고 최제우의 양사위인 정용서, 해월의 매부인 임익서 등이 거두었다. 3월 13일 대구를 떠나 자인현을 거쳐 구미산 자락 용담에 도착한 때는 3월 17일 밤이었고, 장조카 맹륜이 용담의 서쪽 양지바른 곳에 장례를 지냈다. 최제우의 죽음을 시인 김지하는《이 가문 날에 비구름》이라는 장시에서 이렇게 쓰고 있다.

아아 꽃 한 송이
이슬처럼 지네
매운 눈보라 속
철 이른 꽃 한 송이
이슬처럼 지네
비바람 눈보라 거듭 지나면
영원한 봄 오리라 말씀하신 분
오만 년 후천개벽 때가 찼으니
이 땅이 먼저리라 말씀하신 분

밝은 가르침을 우러러 받들리라

최제우 동상

조선 말기 종교 사상가로 동학을 창시한 수운 최제우는 경주에서 태어나 대구에서 순교했다.

사람이 한울이니 사람 섬기되

한울같이 섬기라 말씀하신 분

(…)

온 세상 꽃 피어날

영원한 봄의 시작

죽음이여

수운의 죽음

아아

이슬처럼

철 이른 꽃 한 송이

눈 속에 지네

(…)

황현은 《동비기략東匪紀略》에서 최제우의 동학사상을 다음과 같이 적고 있다.

이때 경주에 최제우란 자가 있는데 스스로 말하기를 천신이 난을 내린다 하여 문서를 짓고 참언을 만들고 부적과 축문을 쓰는데, 그 학學은 역시 천주를 존경하는 것으로서 스스로 서학과 구별하기 위해 동학이라 개칭하였다. 그는 지례, 금산 및 호남의 진산, 금산 산골짜기를 왕래하면서 양민들을 속여 하늘에 제사를 지내어 계를 받게 하고 선언하기를 "이씨가 장차 망하고 정씨가 장차 일어나서 대란이 일어날 것인데 동학을 하는 자가 아니면 살아남을 수가 없다. 우리는 다만 앉아서 천주만 외고 진주를 보좌하면 장차 태평한 복을 누릴 것이다"라고 한다는 것이다.

최제우는 서학, 즉 천주교를 어떻게 보았는가? "이 사람들은 도를 서도 西道라 하고 학을 천주라 하고 교를 성교聖敎라 하니 이것은 천시天時를 알고 천명을 받은 것이 아니겠는가"라고 하면서 동학과 서학은 운運이나 도道가 같고 이치만이 다를 뿐이라고 보았다. 유학을 공부한 선비들과 최제우가 나눈 대화를 보자.

"그러면 그 도의 이름은 무엇인가?"

"천도天道라고 한다."

"서도와 다른 점은 무엇인가?"

"양학은 이와 같으면서도 다르다. 빌어서 얻는 것이 없도다. 그러니 운인즉 하나요, 도인즉 같지만 이치만은 같지 않다."

최제우는 동학과 서학이 둘 다 천도를 믿는 것에서는 같고, 다만 그 설명하는 것만이 다르며 또 하나 지적한다면 서학은 주술의 효험이 없을 뿐이라고 보았다.

"우리의 도는 무위이화無爲而化다. 그 마음을 지키고 그 기氣를 바르게 하고 그 성품을 거느리고 그 가르침을 받으면 그저 자연히 될 것이다."

최제우의 가르침이다. 그렇다면 그가 말한 동학은 무엇인가? 선비들과 나눈 대화를 들어보자.

"같은 도라고 말했는데, 그러면 그것을 서도라고 이름해도 되는가?"

"그렇지 않다. 내 또한 동에서 나서 동에서 받았으니 도는 비록 천도이

나 학은 동학이다. 하물며 땅이 동서로 나뉘어 있으니 서를 어찌 동이라 하며, 동을 어찌 서라고 하겠는가?"

최제우의 이 말에서 동학이라는 이름이 시작된 것이다.

"사람은 모두 한울(하늘, 곧 하느님)과 같은데 어찌 귀천이 있겠는가?" 라고 가르친 최제우는 두 여종을 딸과 며느리로 삼았는데, 그가 처형된 뒤 그 딸의 남편이 맹륜과 함께 목이 없는 그의 시신을 장사지냈다고 한다. 그 뒤로 동학은 2대 교주 최시형으로 이어져 우리나라 근현대사의 출발점이 된 고종 31년(1894) 동학 농민 혁명으로 이어졌으나 최시형마저 1898년에 붙잡혀 처형되었다. 최제우가 창시한 동학은 우리나라 역사의 전환점에서 중요한 역할을 담당했다.

종소리를 따라가면 감포 바다가

토함산의 물줄기와 함월산의 물줄기가 만나서 동해로 접어드는 대종천은 문무왕의 숨결과 함께 또 하나 숨겨진 역사가 살아 숨 쉬고 있다. 고려 고종 25년(1238) 몽골군이 침략해 왔을 때 황룡사 구층목탑을 비롯한 수많은 문화재들이 불에 타고 말았다. 당시 황룡사에는 국립경주박물관에 소장되어 있는 에밀레종(성덕대왕신종)보다 네 배가 더 큰 종이 있었다. 《삼국유사》에 따르면 "신라 제35대 경덕왕이 천보 13년(754)에 황룡사의 종을 주조하였다. 길이가 1장 3치였으며, 두께가 9치였고 무게가 49만 7581근이었다" 한다. 몽골군이 대종천으로 해서 이 종을 가져가다 폭풍우를 만나 종은 그만 물에 가라앉고 말았다. 그런 연유로 큰 종이 지나간 하천이라고 해서 대종천大鍾川이라고 이름 붙였고 그 뒤로 풍랑이 심하게 일면 대종 우는 소리가 들려 해녀들을 비롯한 여러 사람들이 탐색에 나섰지만 지금껏 찾지 못하고 있다. 그러나 또 다른 이야기는 대종천에서 들려오는 종소리는 황룡사의 종소리가 아니라 감은사의 종을 임진왜란 때 왜군들이 대종천에 빠뜨렸는데 그 종이 우는 소리라고도 한다.

감포 앞바다에는 문무왕의 수중릉이라고 알려진 대왕암이 있다. 문무왕은 죽음에 임박하여 다음과 같은 유언을 남겼는데《삼국사기》를 보자.

문무왕 21년(681) 가을 7월 1일, 왕이 돌아가셨다. 시호를 문무文武라 하고 여러 신하들이 유언에 따라 동해 어귀의 큰 바위에 장사 지냈다. 민간에서 전하기를, "왕이 화化하여 용이 되었다" 하고, 또 그 바위를 가리켜 대왕석大王石이라 불렀다. 왕의 유언은 다음과 같다.

"과인은 어지러운 운을 타고 태어나 전쟁의 시대를 만났다. 서쪽을 정벌하고 북쪽을 토벌하여 영토를 평정하였고, 배반하는 자는 정벌하고 협조하는 무리와는 손을 잡아 마침내 멀고 가까운 곳을 모두 평안히 하였다. (…) 내가 숨을 거두고 열흘이 지나면 곧 창고 문 앞 바깥의 뜰에서 불교의 의식에 따라 화장하라. 상복을 입는 법도는 정해진 규정을 따르되 장례의 절차는 반드시 검소하고 간략하게 하라."

죽어서도 나라를 지키겠다는 그 마음도 마음이지만 삼천리 금수강산이라고 일컬어지는 조국 산천에 자기의 시신을 묻지 않고, 바다 한가운데

위치한 바위섬에 화장한 납골을 뿌리도록 했던 문무왕의 선견지명을 우
리는 높이 평가해야 할 것이다. 하지만 여러 가지 이견들은 있다. 조선 정
조 때 경주 부윤을 지낸 홍양호洪良浩의 문집《이계집 耳溪集》에는 그가
정조 20년(1796) 문무왕릉비의 파편을 습득하게 된 경위와 문무왕의 화
장 사실 그리고 문무왕에 관한 이야기가 기록되어 있다. 그 내용은 "나무
를 쌓아 장사 지내다 뼈를 부숴 바다에 뿌리다"라는 대목이 있는 것으로
보아 문무왕릉이 세계 유일의 수중릉이라는 이야기는 후세의 사람들이
지어낸 이야기라는 것이다.

이견대 利見臺는 문무왕이 용으로 변한 모습을 보였다는 곳이며 또한
그의 아들 신문왕이 천금과도 바꿀 수 없는 값진 만파식적 萬波息笛(세
상의 파란을 없애고 평안하게 하는 피리)을 얻었다는 곳이다. 현재의 건물은
1970년 발굴조사 때 드러난 초석을 근거로 다시 지은 것이다. 그 조금 아
랫자락에는 일제 강점기 우리 미술을 학문적 차원으로 맨 처음 끌어올린
미술학자 고유섭의 항일 의지를 기념하기 위해 세운 '나의 잊히지 못하는
바다'라는 기념비가 세워져 있다.

감포를 뒤로 하고 경주에서 4번 국도를 따라가다 양북면에서 929번 지
방 도로로 가다 보면 좌측 산기슭에 감은사感恩寺 터가 있다. 삼국을 통
일한 문무왕은 대왕암이 바라다보이는 용당산 자락의 용담 위쪽에 절을
세워 불력으로 나라를 지키고자 하였으나 절을 다 짓기 전에 세상을 떠나
고 말았다. 아들 신문왕이 문무왕의 뜻을 이어받아 그 이듬해 신문왕 2년
(682)에 절을 완성한 후 이름을 감은사라고 했다. 그것은 불력을 통한 호
국이라는 문무왕의 뜻을 이어받았다는 뜻도 되지만 또 한편에서는 선왕

의 명복을 비는 효심의 발로였을 것으로 생각된다. 금당 끝에 일정한 높이와 공간을 형성한 것을 보면 용이 된 문무왕이 감은사 금당에 들어오게 했다는《삼국유사》의 기록과 부합한다.

높이가 13.4미터이며 동서 쌍탑으로 조성되어 있는 신라 최대의 석탑인 감은사지 삼층석탑(국보 제112호)은 그 이전의 평지가람에서 산지가람으로 그리고 대부분의 신라 옛 절에서 보이는 일 탑 중심의 가람 배치에서 쌍탑 일 금당金堂으로 바뀌는 과정에서 최초의 것이라고 할 수 있다. 또한 탑의 완성도를 결정하는 두 가지 요소, 즉 안정감과 상승감에서 성공했다는 평가를 받는 이 탑은 1960년 서탑을 해체, 수리하던 중 3층 몸돌의 사리공에서 청동사리함(감은사지 서삼층석탑 사리장엄구 보물 제366호)이 발견되었다. 몇 년 전 동탑을 수리하던 중에도 여러 유물들이 발견된 바 있다.

느닷없이 나타난 경주 양남 주상절리의 아름다움

부산에서 동해 바닷가 길을 따라 통일전망대까지 이르는 해파랑길을 걷고 있을 때의 일이다. 읍천항을 지나가는데, 군부대의 철조망 때문에 바닷가 길을 갈 수가 없었다. 우뚝 서 있는 군부대의 초소가 이색적이라 들어가고 싶지만 갈 수 없었다. 마침 경비병이 없어 살짝 들여다봤는데 놀랄 만한 풍경이 나타났다. 한 떨기 부채나 연꽃처럼 누워 있는 비경 중의 비경 주상절리가 눈앞에 들어온 것이다. 경주 양남 주상절리군은 경주시 양남면 읍천항과 하서항 사이의 해안을 따라 약 1.5킬로미터에 펼쳐져 있다. 군인들은 오랜 세월 그 주상절리를 보았지만 바다에 떠 있는 기이한 것으로 보았을 뿐, 그것을 나라 안에서도 손꼽히는 절경이라고 여기지 못했을 것이다.

괴테의 《파우스트》에 나오는 "온갖 것 보러 태어났건만, 온갖 것 보아서는 안 된다 하더라"라는 말을 어기고 금지된 곳을 들어가 발견한 이곳 주상절리에 지금은 수많은 관광객들이 줄을 잇고 있다. 중국 귀주성의 만봉림이나 장가계가 뒤늦게야 사람들에게 알려진 것과 같이, 우리 땅 걷기 때문에 알려진 경주 양남 주상절리는 신생대 제3기 마이오세(약 2600만~700만 년 전) 때 한반도 동남부 지역에서의 화산 활동으로 인하여 생성되었을 것으로 추정한다.

관동팔경 중 한 곳인 북한 통천군에 있는 총석정 주상절리는 대부분 질서 정연한 수직의 기둥 모양이다. 하지만 이곳 양남 주상절리는 비스듬히 기울어져 있거나 수평 방향으로 발달해 있으며, 부채꼴(방사형)로 퍼져 나간 것도 있다. 이렇게 형태가 다양한 것은 마그마가 지표면 위로 분출하지 못하고 지각 얕은 곳으로 스며들어 간 상태에서 냉각 과정을 거쳤기 때문으로 추정하고 있다. 이곳 양남 주상절리는 한반도 동남부 지역의 신생대 화산 활동과 동해의 형성 과정을 이해하는 데 도움을 주며 학술 가치가 있다고 여긴 문화재청에서 2012년에 천연기념물 제536호로 지정했다. 21세기까지 경주 지방에 있었던 주상절리를 아무도 기이한 것이라고 여기지 않았다가 기적같이 나타났으니, 그 또한 기적이 아닌가?

양남 주상절리

경주시 양남면 하서리, 읍천리 일원에 위치한 주상절리로
천연기념물 제536호로 지정되었다.

처용의 노래를 따라

경주 남쪽에 울산광역시가 있다. 울산蔚山은 신라 때 굴아화촌屈阿火村으로, 경덕왕 때 하곡河曲 또는 화성火城이라 했으며, 태종 13년 (1413)에 울산군이 되었다가 1962년 시로 승격되었다.《세종실록지리지》에 "땅이 기름지고 기후는 따뜻하다"라고 기록된 울산의 당시 호수는 1058호이고 인구는 4161명이며, 군정은 시위군이 16명, 진군이 116명, 선군이 368명이었다. 권근은 기문에서 "동쪽과 남쪽으로는 큰 바다에 임해 있다" 했고, 조선 전기 문신으로《경상도지리지》를 펴낸 하연河演은 기문에서 "성품이 강하고 굳세어 가히 문치를 일으켜 쉽게 교화할 수 있다. (…) 연해는 땅이 기름졌고"라고 했다.

울산시는 1962년부터 울산 공업 단지를 조성하면서 비약적으로 발전했다. 정유공장과 석유화학 공업 단지, 현대중공업, 현대자동차, 현대조선 등이 들어서면서 인구가 기하급수적으로 늘어나 울산광역시가 되었지만 도시가 급속도로 팽창하는 데 따르는 부작용도 만만치 않다. 일례로 온산 공단 부근의 오염은 전 국민을 놀라게 할 정도로 심했다. 울산시에 편입된 장생포는 예전엔 고래잡이의 전진기지였지만 지금은 중단된 상태다.

울주군 온산읍 처용리는《삼국유사》에도 나오는 처용 설화의 본고장이다. 남구 황성동에는 신라시대 바다 가운데서 처용이 올라왔다는 처용암이 있다. 본래 처용은 바다를 건너온 서역 사람이라고 한다. 당시 세계에서 가장 앞선 문명을 자랑하던 서역과 신라 사이의 교역이 활발해지면서 들어온 사람이라는 것이다. 그러한 주장을 뒷받침하는 한 예로 흥덕왕릉이나 괘릉의 무인석을 들기도 하는데, 무인석의 눈이 깊숙하고 코가 우뚝한 데다 곱슬머리까지 생동감 있게 조각하여 마치 서역인의 형상을 보는 것 같기 때문이다.

《삼국유사》에 따르면 신라 제49대 헌강왕 때, 당시 수도인 서라벌(현 경주)에서 동해 어귀에 이르기까지 기와집들이 총총히 들어서 있었고 그 가운데 초가집은 한 채도 볼 수 없었다. 그뿐만 아니라 거리에 음악이 끊이지 않았고 사철 비바람마저 순조로웠다고 한다. 하루는 헌강왕이 동해안(울산 개운포)으로 나가 놀고 되돌아오는 길에 바닷가에서 점심참으로 쉬고 있었다. 그때 갑자기 운무가 자욱해져 길을 잃게 되었다. 기이하게 여긴 왕이 측근에게 까닭을 물으니 천문을 맡은 관리가 답하기를 "이는 동해 용의 장난이니 좋은 일을 하여 풀어 버려야만 하겠습니다"라고 했다.

이에 왕이 관리에게 근처에 용을 위한 절을 세우라고 명령했다. 그 명령이 떨어지자 곧바로 구름이 걷히며 안개가 흩어졌다 한다. 그 일로 이곳을 구름이 걷힌 포구라 하여 '개운포開雲浦'라 이름했다. 그뿐만 아니라 동해 용이 기뻐하며 아들 일곱을 데리고 왕이 탄 수레 앞에 나타나 왕의 덕행을 찬미하며 춤추고 노래하더니, 그 아들 중 하나에게 왕을 따라 서라벌로 들어가 왕의 정치를 보좌하도록 했다. 그 아들이 처용이었다.

왕은 돌아온 후에 즉시 영취산 동쪽 기슭에 좋은 자리를 잡아 용을 위한 절을 짓게 했다. 그 절이 망해사라고도 하는 신방사이다. 그리고 처용의 마음을 안착시키려고 미인에게 장가들이고 급간의 벼슬까지 내렸다. 그런데 처용 부인이 얼마나 예뻤던지 역병 귀신이 그녀의 미모에 반하여 매일 밤 처용의 집 침소로 찾아들었다.

어느 날 외출했던 처용이 집에 들어와 자리에 누운 두 사람을 발견했는
데, 그는 춤추며 다음과 같이 노래하며 밖으로 물러 나왔다.

> 서라벌 밝은 달에
> 밤 이슥히 놀고 다니다가
> 들어가 자리를 보니
> 다리가 넷이고나
> 둘은 내 것인데
> 둘은 누구의 것인고
> 본디 내 것이었다마는
> 빼앗긴 것을 어찌 하리오

처용의 노래에 귀신이 정체를 드러내며 무릎을 꿇고 말하기를 "내가
당신의 아내를 탐내어 지금 그를 상관하였소. 그런데도 당신은 노하지 않
으니 감격스럽고 장하게 생각되었다오. 이제부터 당신의 얼굴만 그려 붙
여 둔 것을 보아도 다시는 그 문 안에 들어가지 않겠소"라고 했다. 그때부
터 처용의 형상을 문에 그려 붙여 나쁜 귀신을 쫓고 복을 맞아들이는 부
적이 만들어졌다고 한다. 고려 후기 문신으로 울주로 유배 온 정포鄭誧
가 읊은 시에도 처용이 보인다.

> 섬 속에 비치느니 구름 빛이 따뜻하고
> 강에 연해 물줄기가 통했어라

처용암

처용과 개운포의 설화가 깃든 처용암은 울산광역시 남구 황성동 세죽마을 해변에서
약 150미터 떨어진 울산만 가운데 있는 186평 규모의 바위섬이다.

사람들이 말하기를 옛날 처용 늙은이가

이 푸른 물결 속에서 자랐다 하네

풀은 치맛자락을 띄워 푸르렀고

꽃은 술 취한 얼굴에 머물러 붉었네

거짓 미친 체하고 세상을 희롱한 뜻 무궁했으니

항상 춤추고 봄바람을 보내네

아내의 부정 앞에서도 춤을 추고 노래를 했던 처용의 혼백이 떠도는 울산의 태화강 상류 울주군 두동면 천전리의 대곡천에는 시공을 뛰어넘어 이 땅을 살다간 공룡들의 발자국이 남아 있고, 강을 건넌 벽에는 선사시대 사람들이 그린 바위그림이 빼곡하게 새겨져 있다.

지키려는 고귀한 마음의 고장

그 물길을 따라간 대곡리 서원마실에 반고서원 盤皐書院이 있다. 고려 후기 충신으로 울주로 귀양을 왔던 정몽주는 이곳의 경치에 반하여 정자를 짓고서 제자들과 학문을 닦았다고 한다. 숙종 38년(1712)에 고을 유생들이 정몽주와 이언적 그리고 정구의 학문과 덕행을 기리고자 서원을 창건했다.

그곳에서 대곡천을 따라 2킬로미터쯤 내려가면 대곡리 반구대 암각화가 절벽에 그려져 있다. 선사시대 우리 선조들이 그린 사슴, 멧돼지, 고래, 사람 등의 그림이 200점가량 남아 있다. 반구대 암각화에서 조금 더 내려가면 각석계곡이 나오는데 이곳에는 신석기시대 말부터 청동기시대에 그려진 천전리 각석과 공룡 발자국 화석이 있다. 선사시대 사람들의 자취를 담은 천전리 각석 刻石은 일명 서석 書石이라고도 불린다. 비스듬히 기울어져 있는 바위 표면에 마름모나 동심원 같은 기하학적인 무늬와 사슴, 용, 물고기 등이 그려져 있는데 어느 때 누가 그렸는지를 추정하기는 쉽지 않다. 현재 국보 제147호로 지정된 천전리 각석에는 신라 법흥왕 12년(525)에 사탁부의 갈문왕이 이곳에 행차하여 새겼다는 명문과 화랑도들이 다녀간 흔적도 남아 있다. 그리고 각석에서 조금 떨어진 곳에 1억 5000만 년 전쯤에 지구를 주름잡았던 공룡 발자국 200여 개가 화석으로 남아 있는데, 대형 초식 공룡인 울트라사우루스와 중형 초식 공룡인 고성 고사우루스, 육식 공룡인 메갈로사우루스 등이 이리저리 배회한 흔적을 볼 수 있다.

울주군 상북면 천전리 용화사 龍華寺에는 영험한 미륵에 얽힌 이야기가 전해 온다. 언양 관아의 남천 앞 고을에 '미륵'이라는 이름의 석불이 있었다. 옛날에 언양 고을 관리가 군역을 담당할 장정의 징발을 독촉하자 주민들이 미륵이라는 이름으로 부족한 인원수를 채워 넣었다. 그런데 군포를 받는 날, 당연하게도 미륵의 군포는 징수할 곳이 없었다. 관리가 마을 사람들에게 대신 내라고 요구하자 사람들이 크게 억울해하며 "부족한 인원수를 메우기 위해 석불을 충당했다가 가난한 백성들이 피해를 입게 생겼구나"라고 말했다. 그러자 느닷없이 미륵불의 어깨 위에 몇 필의 무명이 걸려 있었다. 그 광경을 목격한 마을 사람들은 부처가 은밀하게 도와주어 그 같은 일이 생긴 것이라고 했다. 양반이라고, 돈이 많다고 이 핑계 저 핑계 다 대고 군대를 가지 않다 보니 군인은 부족해지고 어쩔 수 없이 미륵까지도 군역에 이름을 올릴 수밖에 없었던 것이 조선시대였다.

울주군 청량면 동천리와 온양읍 삼광리·고산리 경계에 있는 화장산華壯山(花藏山)에는 왕의 병을 고친 비구니의 이야기가 전해 온다.《여지도서》에는 다음과 같은 글이 실려 있다.

화장산 산마루에 화장굴이 있다. 굴 앞에 대臺가 있으며, 대 위에 화장암 옛 터가 있다. 민간에 다음과 같은 이야기가 전한다. 신라 때 승이 이곳에서 불교 단체를 결성했는데, 그 이름을 도화桃花라고 하였다. 당시 신라의 왕이 병에 걸렸는데, 점쟁이가 하는 말이 "복숭아꽃이 신령한 약입니다" 하였다. 때는 추운 겨울이라 마승馬乘(송나라 무림 사람으로 장화법藏花法에 능한 사람)을 찾을 수가 없었다. 앞일을 살피는 사람이 아뢰기를 "남쪽 지방에 가면 구할 수가 있습니다"라고 하였다. 곧바로 역마를 타고 가서 찾아보게 시켰다. 곧장 이 산 아래에 이르러 멀리서 동굴 집을 바라보니, 그 안에 복숭아나무 한 그루가 있는데 복숭아꽃이 찬란하게 피어 있었다. 그 오두막집에 가서 보니 단지 한 명의 비구니만 보였는데, 몸가짐이 얌전하였다. 이름을 물어보니 비구니가 웃으며 말하기를 "복숭아가 바로 저입니다" 하였다. 드디어 비구니와 함께 빨리 말을 몰아 돌아왔다. 왕이 비구니를 보고 크게 기뻐했는데 병이 곧장 깨끗이 나았다. 당시 사람들이 이 일을 기이하게 여겨 그 산의 이름을 '복숭아꽃을 간직하였다'라는 뜻에서 '화장산'이라고 하였다. 굴속에는 돌 틈에서 솟아나는 '옥천玉泉'이라는 샘물이 있다. 액을 물리치는 기도를 올리는 사람 가운데 더러 몸가

짐을 정결하게 하지 않은 사람이 있으면 샘에서 구더기 냄새가 난다. 놀러 와서 구경하는 사람들 가운데 몸가짐이 더러운 사람이 있으면 샘물이 끊어져 버린다. 그 때문에 옛날 사람들은 그 샘을 '깨끗한 샘'이라는 뜻에서 '염천廉泉'이라 하였다 한다.

한편 울주군 서생면 대송리大松里는 대륙과 송정에서 한 자씩 따서 지은 이름으로, 이곳에 우리나라에서 해가 제일 먼저 뜨는 간절곶 등대가 있다. 간절갑, 간절압, 간질끝이라고도 부르는 간절곶은 대송 동쪽 끝에 있으며, 동해안에서 제일가는 돌출지로 알려져 선박 출입 시 항상 조심해야 하는 곳이다. 이곳에서 해가 제일 먼저 뜬다는 사실이 알려지면서 간절곶 등대는 새해가 되면 찾아오는 사람들로 발 디딜 틈이 없다. 이곳에는 가수 김상희가 부른 〈울산 큰애기〉 노래비도 세워져 있다.

　내 이름은 경상도 울산 큰애기
　상냥하고 복스런 울산 큰애기
　서울 간 삼돌이가 편지를 보냈는데
　서울에는 어여쁜 아가씨도 많지만
　울산이라 큰애기 제일 좋대나
　나도야 삼돌이가 제일 좋더라

울산 지역에는 신라 충신 박제상朴提上에 관한 전설이 서려 있다. 신라 눌지왕에게는 두 명의 동생이 있었다. 하나는 고구려에, 또 하나는 일

211

본에 볼모로 붙잡혀가 오랫동안 돌아오지 못했다. 눌지왕은 지모가 뛰어
난 박제상에게 볼모로 잡혀간 동생들을 구해 오라 했다. 박제상은 먼저
고구려로 가서 고구려 왕과 담판을 벌여 왕의 동생을 쉽게 데리고 돌아왔
다. 그러나 일본은 고구려와 달랐다. 가면 돌아오지 못할 수도 있음을 잘
알았던 박제상은 아내와 딸들에게 알리지 않고 율포에서 일본으로 가는
배를 탔다. 늦게야 이 소식을 접한 박제상의 아내가 울며불며 율포로 달
려갔지만 박제상은 이미 떠난 뒤였다.

그날부터 박제상의 아내와 딸들은 박제상이 떠나간 율포 앞바다가 보
이는 치술령鵄述嶺에 올라가 하염없이 그를 기다렸다. 《삼국유사》에는
다음과 같은 내용이 실려 있다.

처음에 김제상(박제상)이 떠나갈 때에 부인이 이 소식을 듣고 쫓아갔으나 따
라잡지 못하고 망덕사 대문 남쪽 모래밭 위에 이르자 드러누워 길게 목 놓아
울었으니, 이 때문에 이 모래밭을 장사長沙(긴 모래밭)라고 불렀다. 친척 두 사
람이 부인의 양쪽 겨드랑이를 부축하여 돌아오려는데 부인이 다리를 퍼질러
앉아 일어나지 않으므로 그 땅 이름을 '벌지지伐知旨'라고 하였다. 오랜 시간
이 흘러도 부인은 남편을 사모하는 마음을 견딜 수 없어 세 딸을 데리고 치술
령에 올라가 왜국을 바라다보고 통곡을 하다가 죽었다. 그리하여 치술신모鵄
述神母가 되었으니 지금도 이곳에는 사당이 남아 있다.

뒷날 사람들은 박제상의 아내를 치술신모라고 불렀다. 그리고 치술신
모를 위해 치술령 기슭에 신모사라는 사당을 짓고 위패를 모신 다음 제

사를 지냈는데, 이때 〈치술령곡〉을 바쳤을 것으로 본다. 치술신모의 힘이 매우 영검하여 장마 때는 날이 개기를 빌고 가물 때는 무제(기우제)를 지냈다고 한다.

눌지왕 때 박제상의 아내와 딸들이 날마다 올라가 바다를 보았다는 산마루가 경북 경주시 외동읍 내남면과 경상남도의 경계 지점이다. 박제상이 끝내 돌아오지 않자 높은 바위에서 떨어져 그의 아내는 치조, 딸은 술조라는 새가 되어 날아갔다고 하며, 그 새들이 날아가 숨은 바위를 은을암이라고 했다. 다른 이야기로는, 모녀가 치술령에 서서 기다리다가 망부석이 되었다고도 한다. 그러나 지금은 신모사도 〈치술령곡〉도 전하지 않는다.

조선시대 휴게소 청도 납딱바위

조선시대에 부산에서 서울을 가려면 영남대로를 이용했다. 영남대로는 세 가지 길이 있었다. 첫 번째는 '좌도', 즉 '열닷새(보름)길'이었다. 울산, 경주, 영천, 의흥, 의성, 안동, 풍기, 죽령, 단양, 한양까지는 수로를 이용하기도 했다. 두 번째는 '중도'인데 부산, 밀양, 청도, 대구, 안동, 선산, 상주, 조령, 음성, 이천, 광주 등을 지나 한양에 이르는 길로 '열나흘길'이었다. 마지막으로 '우도'는 김해, 현풍, 성주, 금천, 추풍령, 영동, 청주, 죽산, 양재를 지나 한양에 이르는 '열엿새길'이었다. 철길이 놓이기 전, 영남 사람들이 서울을 갈 때는 대체로 청도를 거쳐서 가는 열나흘길을 택했다. 새벽밥을 먹고 대구나 밀양에서 길을 떠나면 점심 무렵에 청도읍 고수리에 있는 납딱바위에 도착했다. 납딱바위는 지금의 청도역에서 남 쪽으로 좀 떨어져 있는 철도 신호대 자리에 있었다고 한다. 바위는 몇십 명이 앉을 수 있을 정도로 마루처럼 넓적했고 바로 옆에는 늙은 소나무가 우거져 그늘을 만들어 주었는데, 이 바위 뒤쪽에 벼랑이 있었고 그 아래 로 청도천의 맑은 물이 휘돌며 흘러갔다고 한다. 한양으로 공물을 나르던 동래부와 밀양부의 역인들과 길손들이 땀을 식히고 점심을 먹은 뒤 이곳 에서 길이 엇갈리는 작별 인사를 나누었다.

과거 보러 서울로 가는 청도 아래쪽 영남 지방 선비들 사이에서는 반 드시 청도 납딱바위에서 쉬어 가야 운수가 좋다는 말까지 생겨날 만큼 이 바위는 몇백 년에 걸쳐서 지친 길손에게 쉴 자리를 마련해 주었다. 그러 나 경부선 철도 공사를 할 때 쪼개져 버려 이제는 흔적조차 찾을 수 없고, 다만 표지판이 세워져 있어 납딱바위의 위치를 알려 주고 있을 따름이다.

옛 이름이 이서소국伊西小國이었던 청도淸道는 신라 유리왕에게 나 라를 빼앗긴 뒤 부근에 있는 구도성仇刀城 내의 솔이산성率伊山城 등과 함께 병합되어 이서군伊西郡이 되었다. 고려 통일 이후 지금의 이름으로 바뀐 청도군은 《신증동국여지승람》에 따르면 풍속이 검약, 솔직한 것을 숭상했다고 한다. 청도를 흐르는 물은 영남 알프스라고 알려진 운문산에 서 비롯되는 운문천이다. 운문산에는 비구니 승가대학이 있는 청정한 도 량인 운문사가 있고 그곳에 고려 때의 정치가이자 문장가인 윤언이尹彦 頤가 비문을 쓴 원응국사비圓應國師碑가 있다.

고모산성

영남대로는 조선시대에 한양과 이어지던 가장 큰길이다.
고모산성이 있는 문경시 마성면 신현리 일대는 험한 병목 구간으로 천연의 요새다.

운문사 처진 소나무

수령이 약 500년으로 추정되는 운문사 처진 소나무(천연기념물 제180호)는
굵은 줄기가 위로 솟구쳐 2미터쯤에서 여러 갈래로 고루 가지가 뻗쳐 있다.

운문사 만세루

청도 운문산 기슭에 자리한 운문사는 신라 진흥왕 21년(560)에 지었다고 알려져 있으며
경내에는 대웅보전, 만세루, 비로전, 작압전 등이 있다.

가산에 쌓은 가산산성

조선 중기 문장가 성현成俔은 칠곡을 두고 "옛 고을은 숲 기슭에 의지해 있고, 집들은 언덕 끼고 나뉘어 있네. 정자 향나무는 푸른 그림자 퍼져 있고, 언덕 보리는 누른 구름 떠 있는 듯. 집이 고요하니 우는 새 많고, 높은 누각은 저녁 햇빛 마주 보네. 밥상에 제와 자라 놓였으니, 비로소 여기가 강가임을 알았네"라고 노래했다.

칠곡漆谷은 신라 때 사동화현斯同火縣이었던 것을 경덕왕 때 인동仁同으로 고쳤다. 인조 18년(1640)에 가산산성架山山城이 축조되면서 칠곡도호부로 승격되었으며, 1914년에 인동군을 합하면서 지금의 칠곡군이 되었다.《택리지》는 칠곡 일대와 가산산성을 다음과 같이 기록하고 있다.

팔공산 남쪽에는 대구가, 서쪽에는 칠곡이, 그 동남쪽에는 하양河陽, 경산, 자인慈仁 등의 고을이 있다. 경상도에는 성을 쌓아 지킬 만한 곳이 없으나, 오직 칠곡 관아에만 성곽(가산산성)이 만 길 높이의 산 위에 있어 남북으로 통하는 큰길을 가로질러서 큰 요해처要害處가 되어 있다.

칠곡의 백성들이 고을의 폐단에 대해 올린 진폐소陳弊疏에 따르면 경상도의 요충지를 차지하고 있으며 102곳의 하늘이 빚은 듯한 험준한 형세를 등지고 있다 했고,《여지도서》에 실린〈가산산성중수기〉에 따르면 적을 제압하여 승리를 거두는 형세가 우리나라에서 으뜸이라 했다.

가산산성은 해발 901미터의 가산에 쌓은 석축 산성으로, 가산면 가산

가산산성

칠곡의 가산산성은 해발 901미터의 가산에 쌓은 석축 산성으로,
골짜기와 능선의 지세를 적절히 이용하여 축성했다.

리와 동명면 남원리 일부에 걸쳐 있다. 골짜기와 능선의 지세를 적절히 이용, 포곡식과 테뫼식을 혼합하여 축성했으며 내성, 중성, 외성을 갖추고 있다. 현재 네 개의 문지門址와 암문, 수문, 건물지 등이 남아 있다.

이 성을 짓기 시작한 것은 임진왜란과 정유재란이 끝난 뒤였다. 인조 17년에 경상 감사에 제수된 이명웅李命雄은 왕에게 부임 인사를 하면서 "경상도 60고을의 산성 가운데 믿을 만한 곳은 진주, 금오, 천생 세 곳뿐이고 이 밖에는 믿을 만한 곳이 없습니다. 올해 농사가 조금 풍작이 되면 성을 쌓을 만한 곳을 가려 수축하고자 합니다"라고 아뢰었다. 그해 4월 경상 감사로 부임한 이명웅은 가산의 지리가 편리함을 다시 조정에 보고했고, 9월부터 인근 고을의 많은 남정男丁을 징발하여 험한 지형을 따라 성을 쌓기 시작하여 이듬해 4월에 내성을 준공했다. 그러나 이 성을 쌓기 위해 10만 명 이상의 엄청난 인력과 막대한 자금이 동원되었고, 감사의 가혹한 독려로 공사 도중 많은 사람이 죽기까지 하여 민심이 동요했다. 이로 인해 여러 차례 탄핵을 받은 이명웅은 결국 임기를 채우지 못한 채 인조 18년 7월에 벼슬이 갈렸다. 《여지도서》에 실린 〈가산산성중수기〉를 좀 더 읽어 보자.

영남은 우리나라 영토의 4분의 1을 차지하고 있으며, 가산은 영남의 한복판에 있다. 성의 크기는 남한산성과 비슷하지만, 견고한 요새로서는 그보다 더 뛰어나다. 산의 높이는 금오산과 비슷하지만, 산의 형세가 뛰어나고 수비화하기에 편리하다는 점에서는 그보다 훨씬 낫다. 동남쪽 지방의 요충지에 바로 맞닥뜨리는 곳으로 경상도를 억누르듯 굽어보고 있다. 열 사람만 틀어막아 지키면, 만 명의 군사로도 공략하기에 부족하다고 하겠다.

그러나 관아가 산성 안에 있다 보니 여러 가지로 불편한 점이 많아 백성들은 다른 곳으로 이전을 요구했다. 이에 따라 순조 19년(1819)에 칠곡 도호부를 팔거현으로 옮겼다. 이로 미루어볼 때 산성에 80년 가까이 도호부의 관아가 있었던 셈이다.

한국전쟁 당시의 싸움터

가산산성은 힘들게 쌓았음에도 성으로서의 역할을 제대로 해내지 못하다가 한국전쟁 때에야 이용된다. 가산산성 전투를 《한국전쟁사》는 이렇게 기록하고 있다.

우군기의 폭격이 시작되어 뒤를 이어 미군 및 사단 야전포병의 일제 사격이 집중되자 가산산성 안은 피비린내 나는 아수라장이 되고 말았다. 아름드리 낙엽송이 순식간에 벌거숭이가 되고 성벽 위에 웅크린 적병들이 밤송이 떨어지듯 아래로 곤두박질하였다. 가장 치열한 교전을 치른 제4중대는 180명이던 병력 중 몸이 성한 자는 장교 한 명과 병사 열 명에 지나지 않을 정도로 감소되어 있었다. 가산산성에 침투한 북괴군은 제14연대로, 1950년 8월 27일 전투에서 와해, 약 400여 명만이 탈출했다고 한다.

유학산 등의 산이 있고 낙동강이 흐르는 칠곡에 한국전쟁 당시 낙동강 방어선이 설치되었다. 1950년 6월 25일 칠흑 같은 어둠 속 쏟아지던 빗줄기를 뚫고 계속 후퇴를 거듭하던 국군과 유엔군은 7월 말 낙동강을 건넌 뒤 반격의 기회를 노리고 있었다.

7월 29일 유엔군 총사령부의 사령관이었던 워커 중장은 상주에 있던 미군 제25사단 사령부에서 각급 참모들을 모아 놓고 낙동강 방어선을 사수해야 하는 당위성을 "우리들의 후방에는 더는 물러설 방어선이 없다. 우리 부대들은 적을 혼란에 빠뜨리고 그 균형을 깨뜨리기 위하여 끊임없이 역습을 감행해야 한다. (…) 부산으로 철수한다는 것은 사상 최대의 살육을 의미하게 될 것이기 때문에 우리는 끝까지 싸워야 한다. (…) 차라리 같이 싸우다가 죽을 것이다"라고 비장하게 천명했다.

낙동강 방어선은 칠곡군 왜관읍을 꼭짓점으로 하여 북쪽으로 동해안의 영덕에 이르고 서쪽으로는 낙동강 본류가 남강과 합류하는 경남 창녕군 남지읍에 이르는 길이 240킬로미터의 전선이다. 이 전선 안에 연합군의 중요한 보급 기지였던 부산, 마산, 대구, 영천, 포항 등이 있어 반드시 지켜야만 하는 절체절명의 방어선이었다.

8월 12일에는 미군과 공군이 입체 작전을 벌여 인민군 2500여 명을 살상하여 낙동강을 건너 대구로 진입하려는 인민군의 기세를 꺾었다. 8월 13일에는 석적읍 포남리와 망정리의 경계에 있는 328고지에서 전투가 전개되었는데, 하루에도 주인이 두 번씩 바뀔 정도로 치열한 전투가 계속되었다. 8월 16일에는 일본에서 출발한 비행기 98대가 왜관에 있던 북한군 진지를 향해 대대적인 폭격을 가했다. 26분 동안 퍼부은 폭탄이 무려

왜관지구전적비

왜관지구전적기념관에는 당시 사용되었던 각종 전투 장비와 북한군에게서 노획한
총기류 및 군수품 등이 진열되어 있다.

960톤에 이르렀다. 이 폭격으로 강을 건너기 위해 모여 있던 북한군 4만 명 중 적어도 3만 명이 죽었다고 한다. 병사들의 시체가 산과 들을 뒤덮었고 낙동강은 붉은 핏빛으로 물들었다. 1초에 20명, 1분에 1150명꼴로 폭사한 셈이다. 이 폭격으로 국군과 미군이 대구를 방어할 수 있었고 승리의 결정적인 전기가 이루어졌다.

왜관에 있는 왜관지구전적기념관에는 당시 사용되었던 각종 전투 장비와 북한군에게서 노획한 총기류 및 군수품 등이 진열되어 있고, 비문에는 다음과 같은 추모 글이 새겨져 있다.

영령들이여! 우리는 보았노라, 들었노라, 기억하노라, 이곳 유학산 봉우리에 그리고 낙동강 기슭에 남긴 그때 그날의 거룩한 희생을 고귀한 피의 발자국을 우리 겨레는 영원히 소중하게 간직하리라.

서북쪽으로 금오산, 영암산, 선석산, 동쪽으로 가산, 북쪽으로 천생산, 한복판에는 유학산, 소학산, 숲데미산, 작오산 같은 해발 300~900미터에 이르는 산들이 많은 계곡을 이루며 솟아 있고, 그 가운데를 낙동강이 남북으로 가로지르며 흐르는 이 칠곡 땅에서 한국전쟁 때 파괴되지 않은 곳이란 거의 없었다.

여덟 장수의 충절이 묻힌 팔공산

칠곡 남쪽에 대구광역시가 있다. 신라 때 달구화현達句火縣 혹은 달불성達弗城으로 불리던 대구大丘가 지금 이름으로 바뀐 것은 경덕왕 16년(757)이다. 조선시대인 선조 34년(1601) 경상좌도와 경상우도가 합쳐지면서 경상감영이 대구에 설치되었고, 그 뒤로 300여 년간 경상도의 중심지로 자리매김하게 된다.

대구 역사에서 팔공산八公山을 빼놓을 수 없는데, 이 산은 대구, 경산, 군위, 영천, 칠곡 경계에 있는 산으로 높이는 1193미터이다. 최고봉인 비로봉을 중심으로 동봉과 서봉이 양 날개를 펼친 듯이 솟아 있는 팔공산은 인봉에서 가산까지 이어진 산길이 20여 킬로미터에 이르기 때문에 등산객들이 즐겨 찾는 산이다.

팔공산의 옛 이름은 공산 또는 부악父岳이었고《신증동국여지승람》에는 "중악中岳(중국 숭산嵩山의 별칭)에 비겨 중사中祀를 지냈다"라고 기록되어 있다. 이 공산 부근에서 고려 왕건과 후백제 견훤의 운명을 건 한판 싸움이 벌어졌었다. 견훤이 신라 서라벌을 공격하자 경애왕은 고려의 왕건에게 구원을 요청했다. 원군이 도착하기도 전에 포석정에서 잔치를 베풀고 있던 경애왕은 죽임을 당했다. 기록에 따르면 왕비까지 능욕한 견훤은 김부에게 왕위를 넘겨준 뒤 귀로에서 왕건이 거느린 5000의 고려군과 맞닥뜨린 것이다.

공산 동수桐藪에서 견훤의 군사에게 포위당한 왕건은 신숭겸申崇謙이 태조로 가장하여 수레를 타고 적진에 뛰어들어 전사함으로써 구사일

생으로 목숨을 구했다. 그때 신숭겸, 김락金樂 등 여덟 장수가 모두 전사했으므로 이름을 팔공산으로 고쳐 부르게 된 것이다. 이 산자락에 동화사와 파계사, 은해사, 부인사를 비롯한 여러 절들과 영험하기로 소문난 갓바위 불상이 있어 수많은 사람들이 즐겨 찾는다.

대구라는 이름에 걸맞게 땅의 넓고 평평함을 이야기하는 기록이 많다. 조선 전기 문신인 김조金銚는 〈금학루기琴鶴樓記〉에서 대구의 형세를 "땅이 평탄하고 넓다. 겹친 산봉우리가 둘러 있고 큰 내가 꾸불꾸불 얽혀 있으니 사방에서 모이는 곳이다" 했다. 조선 전기 문신 강진덕姜進德은 "땅이 넓어 사람 많이 살고, 누각이 높아 시야가 넓구나. 학은 능히 구름과 날아가고, 거문고는 달과 어울려 맑네"라는 시를 남겼다. 이중환은 《택리지》에서 대구를 다음과 같이 기록했다.

대구는 감사의 치소가 있는 곳이다. 산이 사방을 높게 둘러싼 그 복판에 넓은 들을 펼쳐 놓았으며, 들 복판에는 금호강이 동쪽에서 서쪽으로 흐르다가 낙동강으로 들어간다. 고을 관아는 금호강 뒤편에 있다. 경상도의 한복판에 위치하여 남북으로 거리가 매우 고르니 또한 땅의 형세와 풍광이 훌륭한 도회지라고 할 수 있다.

《세종실록지리지》에 "땅이 기름지고 메마른 것이 서로 반반씩이고, 기후는 따뜻하며, 풍속은 묘종苗種을 좋아한다"라고 기록된 당시 대구의 호수는 436호이고 인구는 1329명이었는데,《여지도서》에 실려 있기로는 1만 2752호이고 인구는 5만 9614명이다. 남자는 2만 4913명이고 여자

는 3만 4701명으로 여자가 1만여 명 더 많았다. 대구의 진산은 연구산連
龜山이다. 민간에 전해 오는 말에 따르면, 고을을 처음 세울 때 돌 거북을
만들어 남쪽으로 머리를 향하고 북쪽으로 꼬리를 두도록 산등성 이에 묻
어서 지맥을 통하게 했다고 한다.

통일신라의 신문왕은 신라가 한반도 동쪽에 치우쳐 있어 새로 정복한
백제와 고구려의 옛 땅을 통치하기 힘들어지자 달구벌로 천도할 계획을
세웠으나 귀족들의 반대로 뜻을 이루지 못했다. 대구 시내를 가로지르는
신천은 팔조령에서 비롯하여 금호강으로 접어든다. 낙동강에서 두 번째
로 긴 지류인 금호강은 대구 화원 관광지 부근에서 낙동강에 합류한다.

300년 의료 경제를 이끈 대구 약령시

대구는 대구능금과 300년의 역사를 자랑하던 남성로의 약령시 그리
고 대구 분지로 이름을 날리다가 지금은 대구광역시가 되어 경상도 북부
의 중심으로 자리 잡고 있다. 조선 후기에 평양, 전주와 함께 나라 안의 3
대 약령시로 이름이 높았던 대구 약령시는 조선 후기부터 개시되었던 한
약재의 계절시장이다. 경상감영 안 객사 주변에서 개시되었다가 일제 강
점기를 거쳐 광복 후 얼마간까지는 대구 약전골목 일대에서 봄과 가을 두
차례 개시되었다.

효종 연간에 설치된 것으로 보이는 대구 약령시는 그 기원에 관하여 세
가지 설이 있다. 하나는 17세기 초에 경상감영이 대구에 설치되면서 조정

에 필요한 약재를 쉽게 구하게 할 목적으로 관청에서 세웠다는 설과 다른 하나는 대구가 낙동강의 뱃길을 이용한 일본과의 교역 근거지가 되면서 약재 수출을 위하여 관청에서 세웠다는 설, 마지막으로는 임진왜란 이후 나라 안의 시장 경제 체제가 파산 상태에 이르면서 물물교환의 경제 상태에서 벗어나 저절로 생긴 근대적 성격의 시장이라는 설이다.

계절대시季節大市인 대구 약령시는 음력 2월 1일부터 말일까지 여는 춘령시春令市와 음력 11월 1일부터 말일까지 여는 추령시秋令市에 열렸다. 처음 약령시가 개설되었던 곳은 경상감영 서편 객사 주변(현 대구 중부경찰서 북편 일대)이었다. 약재 생산자와 상인들은 정해진 개시일 동안 대구읍성 사방의 관문을 통하여 출입하면서 상품을 사고팔았는데, 관인의 지휘와 통제를 받는 약재의 객주, 여각 및 거간의 중개 알선을 받으면서 거래되었다.

거래 방법은 먼저 정선된 희귀 약재가 관수용으로 판매되고 난 다음 의원 및 일반 민수용이 거래되었으며, 일본 상인의 출입은 엄격히 규제되었다. 그러므로 1년 내내 2일과 7일에 열리던 성곽 밖 서문시장과 4일과 9일에 열리던 동문시장의 한 모퉁이에는 민수용 한약재가 대량으로 자유롭게 거래되었을 것으로 추정된다. 약령시의 규모가 커지고 대구시가 확장됨에 따라 1907년 5월 약령시는 남문 밖 오늘날의 약전골목(남성로와 동성로 일부)으로 이전했다. 약령시가 한창 성하던 1918년 무렵 이름난 서문시장의 한 해 거래액이 당시 돈으로 3만 원이었던 것에 견주어 약령시의 거래액은 84만 원이 넘었을 것으로 추정된다.

약령시가 활성화되자 대구의 유력한 한약종상 양익순이 주동하여

약령시 정문

대구 약령시가 개설된 이후 약 300년 동안 1년에 두 차례씩 시장이 열렸다.
음력 2월에 여는 춘령시와 음력 11월에 여는 추령시로 계절대시였다.

1923년 약령시진흥동맹회 藥令市振興同盟會를 조직했다. 그들은 시장의 공정 거래, 상업 금융, 운임 특혜, 여관 접대 시설 개선 등 일대 부흥 운동을 전개했는데, 그 결과 1914년에는 6만 8000원에 불과하던 총 거래액이 1925년과 1926년에는 각각 77만 5000원, 83만 8000원으로 11~12년 사이에 10여 배로 증가했으며, 1940년에는 161만 원에 달했다.

한 해에 두 차례씩 열리던 약령시에서 한몫 잡기 위해 수천 리 여정을 마다치 않고 모여든 사람들은 전국의 내로라하는 약재상들만이 아니었다. 전국 곳곳에서 기생들까지 몰려들어 크게 흥청거렸고, 약령시가 절정에 이르면 시장 전체가 팔도 사투리로 난무했다고 한다. 그렇게 번성했던 약령시가 쇠퇴의 길을 걷게 된 것은 신약, 즉 서양에서 양약이 들어오면서 한약의 수요가 줄어들었기 때문이다. 엎친 데 덮친 격으로 1914년에 조선총독부가 발동한 '조선시장규칙'에 따라 규제가 심해지면서 시장 자체가 크게 위축되었다. 총독부는 약재 채취에 대하여 규제령을 내리고는 이를 낱낱이 간섭했는데, 한약업에 종사하는 사람들의 의식 수준을 마땅치 않게 여겼던 데다가 전국에서 구름처럼 모여드는 흰옷 입은 사람들의 모임을 정치 집회인 양 위태롭게 받아들였다.

약령시는 거의 300년 동안 존속하면서 나라 안 구석구석에 힘이 미치는 시장권을 형성하여 객주를 중심으로 한 여관업, 창고업, 중개업 그리고 금융업까지 성하게 하여 하나의 도시 경제를 성립시킬 만한 규모에 이르렀다. 그러나 계절과 관계없는 상설 시장인 지금의 약전골목만 남기고 사라져 버렸다가 새로운 중흥의 기반을 다져 가는 중이다.

〈빼앗긴 들에도 봄은 오는가〉, 〈역천〉, 〈나의 침실로〉 등의 시를 남긴 이상화는 대구가 낳은 민족 시인이다. 식민지 시대 민족적 비애와 일제에 항거하는 저항 의식을 표출하는 시를 썼던 이상화는 호는 무량無量, 상화 尙火, 백아白啞로 1901년 4월 15일에 태어났다. 1919년 3·1운동 당시 친구 백기만과 함께 대구 학생 봉기를 기도하다가 발각되었다. 프랑스 유학 을 목적으로 일본으로 건너가 아테네프랑스에서 불어와 문학을 공부하다 가 1923년 9월 관동 대지진을 겪고 고국으로 돌아왔다. 그 뒤 1927년 의 열단 사건에 연루되어 구금되기도 했고, 1937년에는 형인 이상정 장군을 만나러 갔다가 돌아오자마자 일본 관헌에 붙잡혀 옥고를 치렀다. 홍사용, 박종화, 김기진과 함께 백조 동인으로 활동했으며 《춘향전》의 영역본과 국문학사를 기획하다가 1943년 4월 25일 사망했다.

소학동자의 고향

이중환은 《택리지》에서 지금은 달성군達城郡이 된 현풍玄風을 두고 다음과 같은 글을 남겼다.

한훤당寒暄堂 김굉필金宏弼의 고향인 현풍은 낙동강을 끼었고 또 바다와 가까워서 생선과 소금을 팔아 이익을 남기고 배로 통상하는 이점이 있으니 또 한 번화한 좋은 곳이다. 한양 역관들이 여기에 많이 머물면서 많은 재물로 왜 인과 서로 장사를 통하여 많은 이익을 얻는다.

이중환이 살았던 당시에만 현풍과 대구 지역이 번성했던 것은 아니다. 불과 몇십 년 전만 해도 지금은 대구시에 편입된 화원 부근의 사문진沙門津나루는 동래(부산), 김해 등지의 장삿배가 소금과 여러 가지 물품을 싣고 도착해서 대구의 물품과 바꾸는 큰 나루였다. 그리고 화원에서 유원지로 통하는 길은 사문진에 정박한 동래, 김해 등지의 상선이 싣고 온 물품을 실어 나르는 큰길이었다. 하지만 화원 유원지가 만들어지면서 '유원지길'로 이름이 바뀌고 말았다.

달성군 구지면 낙동강변에 위치한 도동리에 김굉필을 모신 도동서원道東書院이 있다. 단종 2년(1454)에 태어난 김굉필은 주로 영남 지방의 현풍 및 합천의 처가와 성주의 처외가 등지를 왕래하면서 사류들과 사귀며 학문을 닦았다. 김종직의 문하에 들어가《소학》을 배우기 시작한 그는 이때부터《소학》에 심취하여 스스로를 '소학동자'라 일컬었다. 김종직의 문집《점필재집佔畢齋集》에는 김굉필이 스승에게 바치는 다음과 같은 시가 남아 있다.

> 학문에서 아직 천기를 알지 못하였더니
> 소학에서 지난날의 잘못을 깨달았네
> 이제부터는 절로 명교에 대한 낙이 있으리니
> 구구하게 어찌 좋은 옷 살진 말을 부러워하랴

평생토록《소학》을 공부하고 모든 처신을 그것에 따라 행하여《소학》의 화신이라는 평을 들었던 그는 30세가 넘은 뒤에야 다른 책을 접하여

도동서원과 낙동강

달성군 구지면 낙동강변에 있는 도동서원은 김굉필의 학문과 덕행을 기리기 위해
조선 선조 원년(1568)에 처음 세워졌으며 쌍계서원이라 불리기도 했다.

육경六經을 섭렵했다고 한다.

김굉필은 연산군 4년(1498) 무오사화가 일어나자 김종직의 문도로서 붕당을 만들었다는 죄목으로 평안도 희천에 유배되었고, 2년 뒤 순천으로 옮겨졌다. 그는 유배지에서도 학문 연구와 후진 교육에 힘썼는데, 희천에서는 조광조趙光祖를 제자로 삼아 학문을 전수하여 우리나라 유학사의 맥을 잇는 계기를 마련했다. 연산군 10년(1504) 갑자사화가 일어나자 무오당인戊午黨人이라는 죄목으로 극형에 처해졌다. 중종반정 때 신원이 이루어짐에 따라 도승지에 추증되었고, 자손은 관직에 등용되는 혜택을 받게 되었다.

그 뒤 사림파의 개혁 정치가 추진되면서 성리학의 기반 구축과 인재 양성에 끼친 업적이 재평가되어 김굉필의 존재는 크게 부각되었다. 그것은 조광조를 비롯한 제자들의 정치적 성장에 힘입은 바가 컸다. 그 결과 김굉필은 다시 우의정에 추증되었으며, 도학道學을 강론하던 곳에는 사당이 세워져 제사를 지내게 되었다. 그러나 중종 24년(1519) 기묘사화가 일어나 그의 문인들이 관계되면서 남곤南袞을 비롯한 반대 세력에 의하여 그간 내려진 증직 및 각종 은전에 대한 수정론이 대두되었다. 당시 이 같은 정치적 분위기의 변화에도 김굉필을 받드는 성균관 유생들의 문묘 종사의 건의가 계속되어 선조 8년(1575)에는 그에게 문경文敬이라는 시호가 내려졌고, 광해군 2년(1610)에는 대간과 성균관 및 각 도 유생들의 지속적인 상소에 따라 정여창, 이언적, 이황 등과 함께 오현으로 문묘에 종사되었다. 도동서원 앞에는 개진면 구곡리로 건너는 도동나루가 있다. 마을 뒤 절골에 있는 정수암淨水庵은 김굉필이 시묘한 것을 기려서 후학들

이 세운 절이라고 한다. 절골 뒤에는 등꿍샘이라는 우물이 있는데 물의
양이 가물 때나 장마 때나 한결같으며, 이 물을 마시면 속병이 낫는다고
한다.

달성군 유가면 봉리는 새가지, 새지, 새지동으로도 부르는데, 봉리 동
쪽에 있는 산이 필봉筆峯이다. 고려 말의 신돈이 그의 어머니를 이 봉우
리 기슭에 묻었다. 신돈이 죽임을 당하자 무덤을 파내고 연못으로 만들었
는데 지금은 물기 없는 마른 연못이라고 한다.

달성군 논공읍 남리의 쌍산역은 조선시대 성현도의 속역이었으며 현
풍, 대구, 성주로 가는 길목이었다. 현풍읍 고래 아래쪽에 있는 무더미들
은 예전에 낙동강 물이 넘어 들어왔다고 하며, 옥포읍 김흥리의 설티는
눈이 제일 먼저 내리고 일단 내렸다 하면 오래 도록 쌓여 있던 고개다. 삼
리리 썩-눕이라 불리는 승호는 낙동강의 흐름 변화로 인하여 돌끼에서 위
천까지 긴 늪이 생겨 한국전쟁 때 북한군이 어둔 밤을 틈타 낙동강을 건
너 이 늪을 지나다가 1개 대대가 빠져 죽은 곳으로 제2의 낙동강이라고
부른다.

조선에 투항한 사야가 김충선이 정착한 달성

한편 대구시 달성군 가창면 삼거리는 임진왜란 당시 대규모의 일본군
이 지나갔던 길다. 우록리는 임진왜란 때 조선을 침략했던 왜군이 조선
에 투항해 정착한 곳이다. 《조선왕조실록》에도 실려 있는 사야가沙也可

가 바로 그 조선에 투항한 왜군이다. 그는 기요마사 군대의 선봉장으로
서 3000명의 군사를 이끌고 조선에 들어와 전투 한 번 치르지 않은 채,
그 당시 경상도 병마절도사였던 박진朴晉에게 귀순의 뜻을 밝혔으며, 일
본의 조선 침략이 명분 없는 전쟁이라는 이유를 들었다고 한다. 그는 조
선의 장수로 변신하여 여러 전투에서 큰 공을 세웠는데, 박진으로부터 이
사실을 보고받은 선조는 친히 그를 불러서 "바다를 건너온 모래[沙]를 걸
러 금金을 얻었다"라고 칭찬한 뒤에 본관을 김해 김씨로, 이름을 충선忠
善이라 지어 주었으며 자헌대부라는 품계까지 내려 주었다.

선조 33년(1600)에 진주 목사의 딸과 결혼한 김충선은 이곳 우록리에
뿌리를 내리고 살았으며, 북방의 여진족 토벌에 자원하여 나갔고 이괄의
난에 참가하여 큰 공을 세우기도 했다. 그가 남긴 글을 김석희金錫禧와
김창순金昌淳이 편집하여 《모하당문집慕夏堂文集》이라는 책으로 헌종
연간에 처음 간행했으나 지금은 없고 다시 1908년에 중간된 책이 현전하
고 있다. 《모하당문집》에 전하는 시 〈남풍유감南風有感〉에는 두고 온 고
향에 대한 애틋한 그리움과 나라를 저버린 것에 대한 일말의 회한이 깃들
어 있다.

남풍이 때때로 불 제 고향을 생각하네
조상의 무덤은 평안한지 일곱 형제는 무사한지
구름을 보며 고향을 생각하고
봄풀을 봐도 고향을 생각하는 마음이 어느 때인들 없을쏘냐
일가친척은 살아 있을까 아니면 하직했을까

고향 산천에 대한 그리움이 끊일 날이 없구나

나라에는 불충하였고 집에는 불행을 불러왔으니

세상의 제일 큰 죄인은 나 이외에 또 누가 있으랴

아마도 세상에 흉한 팔자는 나뿐인가 하노라

5

날좀보소날좀보소

기름진 옛 가락 백 리 벌에

들은 아득해지고 숲은 무성해지는 밀양

대구 동남쪽에서 동래까지 사이에 밀양, 청도, 김해, 양산 등이 낙동강을 따라 자리하고 있다. 대구 바로 아래에 자리 잡은 고을이 밀양密陽이다. 신라 때의 이름이 추화군推火郡이고 고려 공양왕 때 증조모 박씨의 고향이라서 지금의 이름으로 고친 뒤 높여서 부府로 했다.

고려 후기 문신이자 밀양 군주였던 김주金湊는 밀양을 두고 "밀성군은 경상도에서 이름난 고장이고 그 해우(관공서의 청사) 동쪽에 누각이 있어 영남이라 하는데, 긴 강을 굽어보며 끼고 있고 넓은 들을 평평히 얼싸안고 있어서 더욱 온 군에서 경치 좋은 곳이다" 했다. 조선 전기 문신 성원도成元度는 "넓은 들이 아득하고 평평하기가 바둑판같은데, 큰 숲이 그 가운데에 무성하여 흐리거나 맑거나 아침이나 저물녘이나 사시의 경치가 무궁해서 시로는 다 기록할 수 없고 그림으로도 다 그려 낼 수 없느니, 남방 산수의 신령한 기운이 밀양에 다 모여서 이 다락이 껴안고 있구나"라고 했다. 《신증동국여지승람》에 따르면 밀양의 풍속은 화려하고 사치스러운 것을 숭상한다고 되어 있다.

밀양강변에 자리한 영남루嶺南樓(보물 제147호)는 조선시대 밀양도호
부의 객사 부속 건물로 손님을 접대하거나 주변 경치를 보면서 휴식을 취
하던 건물이다. 현재 영남루 자리는 본래 신라시대의 사찰인 영남사嶺南
寺의 종각, 즉 금벽루金壁樓가 있었던 곳이다. 고려시대에 절은 없어지
고 누각만 남아 있던 것을 공민왕 14년(1365)에 누각을 새로 짓고 절의
이름을 따서 영남루라고 했다. 영남루 또한 처음 지어진 후 여러 차례 소
실과 재건을 거듭했는데, 세조 6년(1460)에 중수하면서 규모를 크게 키
웠고 헌종 8년(1842) 소실되었다가 2년 후에 새로 지은 건물이 오늘날에
이르고 있다.

넓은 절벽 위에 남향으로 지어진 영남루는 정면 5칸, 측면 4칸의 겹처
마 팔작지붕의 익공식翼工式 건물이다. 세부적으로는 조선 후기의 건축
양식을 보이는데, 출목出目을 갖춘 3익공식의 공포 구성과 공포 주변에
새겨진 부재의 장식 수법에서 그 특징을 찾을 수 있다. 그리고 기둥 간격
도 넓고 중층重層으로 되어 있다. 평양의 부벽루, 진주의 촉석루와 함께
조선 3대 명루로 일컬어지는 영남루는 우리나라의 전통 건물 가운데 두
드러지게 크고 웅장한 외관을 갖추고 있으며, 서편의 침류당枕流堂과 동
편의 능파당凌波堂 등 층계로 연결한 부속 건물이 딸려 있어 더욱 장중
하게 느껴진다.

영남루 마당에는 단군의 신위를 비롯하여 조선 태조, 부여, 신라, 고구
려, 백제, 가야 등의 시조 그리고 고려 태조 및 발해 태조 고왕의 영정과
위패를 모신 천진궁天眞宮이 있다. 이 건물은 일제 강점기에 헌병 감옥

영남루

밀양강 절벽에 세워진 영남루는 조선 후기 화려하고 뛰어난 건축미가
아름다운 자연 경관과 조화를 이루고 있는 누각이다.

으로 쓰였다. 한자리에 있는 천진궁과 영남사, 영남루의 부침은 민족 신
앙과 통치 체제의 변천을 알 수 있게 한다.

한편 밀양시 가곡동에서 촬영한 영화가 이창동 감독의 〈밀양〉이다. 이
청준의 소설 《벌레 이야기》를 원작으로 한 이 영화는 밀양 시청 건너 서
편에 있는 '서광 카월드'와 '준 피아노' 앞 영남루 주변에서 90퍼센트 이
상을 촬영했다고 한다. 다음은 이창동 감독의 말이다.

〈밀양〉의 영문 제목 'Secret Sunshine'은 '비밀스러운 햇볕' 또는 '은밀한 햇
볕'으로 풀이되는데, 이 영화의 끝부분에 신애의 집 마당에 비친 그 햇빛은 어
쩌면 하느님의 뜻으로 해석될 수도 있고 하느님의 뜻은 우리가 쉽게 해석할 수
있는 것이 아니라고도 볼 수 있다. 그 숨은 뜻을 찾는 것이 우리가 살면서 해야
할 일이고 우리 인생 자체 속에 삶의 비밀이 숨어 있다.

작가인 이청준은 영화를 보고서 "주인공 신애를 내면에 고통을 지니고
삶 속에서 그것을 견디려고 몸부림치는 사람으로 풀어냈다. (…) 소설에
서 여자는 자살을 하지만 영화 속의 여자는 계속 살아간다. 어찌 보면 죽
음보다 삶을 받아들이는 게 더 고통스러울지도 모른다. 그 뒷모습을 보
는 게 더 아팠다"라고 말했다. 이창동 감독은 "비극적 상황에 빠진 여자
의 고통을 통해 삶의 본질적 의미를 묻고 싶었다"라고 하면서, 이 영화는
"종교에 관한 영화가 아니라 인간에 관한 영화"라고 했다.

또한 밀양은 〈정선 아리랑〉, 〈진도 아리랑〉과 더불어 3대 아리랑으로
알려진 〈밀양 아리랑〉의 본고장이다.

날 좀 보소 날 좀 보소 날 좀 보소/동지섣달 꽃 본 듯이 날 좀 보소

정든 님이 오시는데 인사를 못 해/행주치마 입에 물고 입만 방긋

아리아리랑 쓰리쓰리랑 아라리가 났네/아리랑 고개로 날 넘겨 주소

(…)

영남학파의 종조 점필재 김종직

〈밀양 아리랑〉의 흥취를 따라가는 밀양강은 울산시 고현산에서 발원하여 남쪽으로 흐르다가 금천리를 지나 청도군 매전면 동산리 동창에 이르러 동창천이 되며, 구촌리에서 밀양시 상동면 금산리와 청도군 청도읍 내촌리 경계에서 청도천을 합해 밀양시 용평동 앞에서 활용강이 되고, 상문동을 휘돌아 삼랑진읍을 거쳐 삼랑리에서 낙동강으로 몸을 푼다.

밀양강변에서 조선 전기 유학자이자 명문장가인 변계량卞季良과 김종직 그리고 사명대사 유정이 태어났다. 변계량은 이색, 권근의 문인으로 정도전, 권근으로 이어지는 관인 문학가의 대표적 인물이다.《태조실록》 편찬과《고려사》개수에 참여했으며, 그의 시는《청구영언靑丘永言》에 남아 있다.

점필재佔畢齋 김종직金宗直은 밀양시 부북면 제대리에서 세종 13년 (1431)에 태어났다. 이른바 영남학파로 손꼽히는 그는 고려 말 큰 유학자인 정몽주와 길재에게 유학을 배운 아버지를 이어 영남 땅에 굵은 유학의 맥 하나를 이루어 놓았다. 그의 문하에서 김굉필, 정여창, 조광조 같은 꿋

꿋한 선비들이 많이 나왔다.《동국여지승람》 55권을 중수하는 데에 총재관 노릇을 했고《점필재집》,《당후일기堂後日記》,《유두유록流頭遊錄》 등의 빼어난 저서를 여럿 남겼다. 그러나 높은 벼슬과 깊은 학문에도 평생을 순탄하게 산 것은 아니어서 정쟁에 휘말려 여러 차례 귀양살이를 했다. 그뿐 아니라 일찍이 세조가 단종에게서 왕위를 빼앗은 것을 풍자하여 〈조의제문弔義帝文〉을 지었다.

정축년丁丑年 10월 내가 밀성에서 경산으로 가다가 답계역踏溪驛에서 잠을 잤다. 꿈속에 신선이 칠장복七章服을 입고 의기 당당한 모습으로 와서 스스로 말하기를 "나는 초나라 회왕懷王(의제)의 손자 심인데 서초패왕西楚霸王(항우)에게 살해되어 침강郴江에 버려졌다" 하고 사라졌다. 잠에서 깨어나 깜짝 놀라 말하기를 "회왕은 중국 남초 사람이고, 나는 동이東夷 사람으로 거리가 만 리나 떨어져 있는데 꿈에 나타난 징조는 무엇일까? 역사를 살펴보면 시신을 강물에 버렸다는 기록이 없으니 아마 항우가 사람을 시켜서 회왕을 죽이고 시체를 강물에 버린 것인지 알 수 없는 일이다" 하고 이제야 글을 지어 의제를 조문한다. (…)

《연산군일기》에 실린 이 글은 세조에게 죽임을 당한 단종을 의제에 비유해 세조의 찬탈을 비난한 내용으로 당시 사관으로 있던 김종직의 제자인 김일손金馹孫이 사초史草에 적어 넣은 것이다. 연산군이 즉위한 뒤《성종실록》의 편찬 책임자가 훈구파에 속한 이극돈李克墩이었다. 이극돈은 자신의 비행이 사초에 실려 있는 것을 발견하고 김일손에 대한 앙심을 품게 되었다. 그러던 중 김종직의 〈조의제문〉을 사초 중에서 발견한 이극돈은 김일손이 김종직의 제자임을 기화로 하여 김종직과 그 제자들이 주류를 이루고 있는 사림파를 숙청하고자 했다. 이극돈은 유자광柳子光, 정문형鄭文炯, 한치례韓致禮 등과 더불어 선비를 싫어하는 연산군의 마음을 움직여 〈조의제문〉을 쓴 김종직 일파를 세조에 대한 불충의 무리로 몰아 큰 옥사를 일으켰다. 연산군은 그때 유자광에게 김일손 등을 추국하게 하여 많은 유신들이 죽임을 당하고 김종직은 부관참시가 되었는데 이 사건이 무오사화다. 그 결과 김종직의 제자였던 김일손, 권오복權五福, 권경유權景裕, 이목李穆, 허반許盤 등이 참수되었다. 밀양시 부북면 후사포리에는 김종직의 위패를 모신 예림서원禮林書院이 있다. 그 밖에도 밀양시에는 그의 학문과 공을 기려 세운 크고 작은 서원이 여럿 있다.

염주 대신 칼을 든 사명대사

또한 밀양시 무안면 고라리에서는 서산대사 휴정休靜과 함께 임진왜란 때 승병장으로 이름을 높인 사명대사 유정惟政이 태어났다. 사명대사는 13세가 되던 해인 명종 11년(1556)에 《맹자》를 읽다가 떨치고 나가 김천시 황악산 직지사에서 출가했다. 명종 16년에는 18세의 나이에 승려들의 과거인 선과에 합격했으며, 묘향산 보현사로 들어가 휴정 밑에서 3년간 수도했다. 이후 팔공산, 청량산, 태백산을 두루 다니며 선을 닦다가 선조 22년(1589) 10월 정여립의 역모 사건, 즉 기축옥사에 연루되었다는 모함을 받아 강릉에서 옥에 갇혔다. 강릉 유생들이 앞장서서 그의 무고함을 항소했으며 이에 힘입어 석방되었는데, 유생들이 승려를 위해 구출 운동을 벌인 것은 전례가 없는 일이다.

그 뒤 사명은 임진왜란으로 세상이 소란하자 염주 대신 칼을 들었다. 임란 초기에는 승병장으로 활약이 컸지만, 점차 전쟁보다는 평화 회담에 주력했다. 선조 27년(1594) 7월 12일에서 16일 사이 부산에 주둔하고 있는 가토와 담판을 지을 때의 일화다. 담판의 주요한 부분이 결렬되자 가토가 사명대사를 놀리기 위해 "귀국에도 보물이 있소?"라고 물었다. 그러자 "우리나라에서는 귀하의 머리를 금 1000근과 읍 1만 호를 주고 산다고 하오. 이러한 막중한 것이 어찌 보배가 되지 않겠소"라고 호방하게 맞받아쳤다고 한다.

그 밖에도 사명대사의 일화가 적지 않은데, 선조 37년(1604) 8월 일본으로 가서 8개월 동안 머무르며 설법과 외교 활동을 하다가 억류돼 있던 조선인 3000명을 구출하여 귀국했던 때의 일이다. 일본인들이 사명대사를 방에 가두고 불을 때 죽이려고 했는데, 정작 방 안에 있던 사명대사는 덜덜덜 떨며 어찌 손님 대접을 이렇게 하느냐며 호통을 쳤다고 한다.

말년에는 합천 해인사로 들어가 홍제암弘濟庵이라는 작은 암자를 짓고 지내다가 66세에 입적했다. 사명당은 생시에 허봉許篈, 허균 형제와 가까웠다. 사명당은 허균보다 일곱 살이 위였다. 사명당은 허균을 좋아하면서도 그의 결점을 잘 알았기 때문에 〈증허생贈許生〉이라는 시를 써 주었다.

남의 잘잘못을 말하지 말게나
이로움은 없고 재앙만 온다네
만약 병마개로 막듯 입을 지킨다면
이것이 몸을 편안케 하는 으뜸의 방법이지

허균은 사명당 유정이 입적했다는 소식을 듣고 〈송운노사松雲老師 정공正公의 제문〉을 지었다.

부처가 말씀하기를
낳음도 없고 죽음도 없다 하였는데
지금 죽었다는 말
진실인가 거짓인가
죽음이 없다면 왜 죽으며
낳음도 없다면 왜 태어나나
사대四大도 망녕이라면
어디가 저승이며 어디가 이승인가
진리와 마주치면
만고에 상함 없으리
한 점의 영명靈明이
물에 어린 가을 달인 양
대공안大公案 다 마치고
큰 인연 다 끊고서

한 찰나 사이에

서방 세계로 뛰어넘네

말 없는 글로써

죽음이 없는 이를 조상하오니

죽었는가 살았는가

허공을 타파하네

바라건대 흠향하소서

유학을 배운 당대의 문장가인 허균이 불가의 고승 서산대사 휴정의
《청허당집 淸虛堂集》 서문과 사명당 유정의 석장비명 石藏碑銘 을 지었
다. 특히 사명당 유정의 비문에 "그와 형제 같이 사귀었다 弟兄之敎"라
고 쓴 것을 보면 허균과 사명당의 인연이 세간에서 얼마나 깊었는지를 미
루어 짐작할 수 있다. 나라에서는 사명당에게 '자통홍제존자 慈通弘濟尊
者'라는 시호를 내렸다. 지금 해인사 일주문 근처에는 광해군 4년(1612)
에 세운 '사명대사 석장비'가 서 있다. 허균이 쓴 이 비문이 사명대사의
전기로는 가장 오래되고 정확한 것이다. 그러나 일제 강점기에 파괴되어
광복 후인 1958년에 다시 세워졌다.

밀양시 삼랑진읍 검세리에 있는 작원마을에 조선시대 영남대로 중 요
새 중의 요새이며 제일의 관문이었던 작원 鵲院 이 있었다. 《신증동국여지
승람》에 실린 작원관의 기록을 보자.

부府의 동쪽 41리에 있다. 원으로부터 남으로 5~6리 가면 낭떠러지를 따

라 길(잔도棧道)이 있어 매우 위험한데 그 한 구비는 돌을 깨고 길을 만들었으므로 내려다보면 천 길의 연못으로 물빛이 짙은 푸른빛이고 사람들이 모두 마음을 졸이고 두려운 걸음으로 지나간다. 예전에 한 수령이 떨어져서 물에 빠진 까닭에 지금까지 원추암員墜岩이라고 부른다.

고려시대부터 교통과 국방의 요새였던 이곳은 평상시엔 사람들과 화물을 검문하는 역할을 했고 외적의 침입이 있을 때는 군사적 전략지로 이용되었다. 임진왜란 당시 밀양 부사 박진이 왜장 소서행장 부대와 맞붙어 싸우다 병사 300명과 함께 장렬히 전사했다. 그러나 작원은 경부선 철도가 지나면서 사라져 버렸고 지금의 작원관은 이곳 주민들이 1990년에 새로 세운 것이다.

작원관에서 조금 떨어진 낙동강변에 우리나라에서 유일한 작천잔도가 남아 있다. 이 작천잔도는 험난하기로 소문나 《대동지지》에도 "잔도 위험"이라는 주석이 달려 있을 정도였으나 지금은 열차만 다니고 있다.

뒷기미 사공아 뱃머리 돌려라

조선 전기 문신 권기權技가 〈소루기召樓記〉에서 "무성한 숲과 긴 대나무요, 잇단 봉우리와 겹친 봉우리다"라고 말했던 밀양시 수산리에는 벽골제, 의림지와 더불어 삼한시대의 3대 저수지인 수산제守山堤가 있고 조금 내려가면 삼랑진三浪津(삼랑리)에 이른다. 본래 밀양군 하동면

(현 삼랑진읍)의 지역으로서 '밀양강과 낙동강이 합하여 마을을 싸고 흘러
간다' 해서 삼랑이라 부르기도 하고 '세 갈래의 강물이 부딪쳐서 물결이
거센 곳'이라 하여 삼랑이라 부른다고도 한다. 1914년 행정 구역 통폐합
에 따라 삼랑리가 된 삼랑진은 유치환의 시 〈겨레의 어머니여, 낙동강이
여!〉에 남아 있다.

> 태백산 두메에 낙화한 진달래 꽃잎이
>
> 흘러 흘러 삼랑의 여울목을 떠 내릴 적은
>
> 기름진 옛 가락 백 리 벌에
>
> 노고지리 노래도 저물은 때이라네
>
> (…)
>
> 저 천지 개안의 아득한 비로 삼날부터
>
> 하늘과 땅을 갈라 흘러 멎음 없는 너희는
>
> 진실로 인류의 예지의 젖줄
>
> (…)

하부 아랫말 서북쪽에 있는 뒷기미마을에서 상남면 외산리 오우진나
루로 건너가는 나루가 낙동강에서 이름이 널리 알려진 뒷기미(오우진)나
루이고 강 건너 오우진나루에 있는 정자는 뜻이 맞는 민씨 다섯 사람이
세웠다는 오우정五友亭이다. 뒷기미나루에서 노젓는 뱃사공이 부르던
노래가 〈뒷기미 뱃노래〉다.

뒷기미 사공아 뱃머리 돌려라

우리님 오시는데 마중 갈까나

아이고 데고 성화가 났네

뒷기미 나리는 눈물의 나리

임올랑 보내고 난 어찌 살라노

아이고 데고 성화가 났네

이 〈뒷기미 뱃노래〉가 울려 퍼지던 삼랑진에는 조선 후기 밀양군 삼랑포에 설치되었던 조창이 있었다. 마산창馬山倉, 가산창駕山倉이 설치되어 세곡 운송 과정에서 여러 폐단이 제기되자 인근에서 세곡을 목면으로 바꾸어 내고 있던 고을 주민들이 자신들의 고을도 조창에 소속시켜 줄 것을 요구했고, 영조 41년(1765)에 우참찬 이익보李益輔가 강력히 주장하여 후주창後漕倉이라고 불린 삼랑창을 설치했다. 삼랑창은 한 척의 적재량이 1000석인 조선漕船 15척을 보유하고 밀양, 현풍, 창녕, 영산, 김해, 양산 등 6읍의 세곡을 수납, 운송했는데, 김해는 원래 마산창 소속이었으나 삼랑창이 설치되면서 이속되었다. 마산창, 가산창과 마찬가지로 세곡의 대부분이 대동미이므로 선혜청에서 주관했으며, 밀양 부사가 수납을 감독했고 제포 만호가 운송을 책임졌다. 경창까지의 운송 항로는 낙동강을 따라 김해 연안을 끼고 서쪽으로 나아가 마산만에서 마산창의 항로를 따라갔다.

조선 후기에 접어들면서 백성들은 서울로 조세를 나르는 선주들의 작폐로 곡식이 축날 때마다 재차 징수당하는 곤욕을 치렀다. 특히 객줏집이나

여인숙에 머무르는 상인들과 작간배作奸輩들이 세미를 두고 중앙의 고
위 관료들과도 이권 경쟁을 해 풍기 문란과 민폐가 심했다고 한다.

가야의 땅, 신돈의 땅

　현풍 아랫자락에 창녕군이 있다. 삼한시대에 불사국不斯國의 땅이었
던 창녕昌寧은 신라 진흥왕 16년(555)에 신라에 합병되었으며, 비자화
군比自火郡 또는 비사벌比斯伐이라 불렸다. 경덕왕 때 화왕군火旺郡으
로 개칭했다가 고려 태종 때에 지금의 이름을 얻었다. 1914년 영산군과
합쳐진 창녕군 영산현靈山縣을 조선 전기 문신 이지강李之剛은 시에서
"생각 밖의 조그만 고을에서 음악 소리와 글 외우는 소리가 들리니, 모름
지기 조정에서 문화를 숭상함을 알겠도다" 했다. 또한 조선 태종 때 대과
에 올라 주서와 교수를 지낸 이백첨李伯瞻은 "취령 높고 높아 네 마을을
누르니, 영특한 재주와 무사의 지략 몇 가문이던가"라고 노래했다. 그런
연유인지 고려 공민왕과 함께 개혁을 펼치다가 희생된 신돈이 이곳 영산
에서 태어났다.

　옥천마을을 지나면 신돈의 자취가 서린 옥천사玉泉寺 터가 나온다.
《신증동국여지승람》에 따르면 옥천사는 화왕산 남쪽에 있었다. 신돈의
어머니는 바로 이 절의 종이었는데 신돈이 죽임을 당하자 절도 폐사되어
다시 지으려다가 완성되기도 전에 신돈의 일로 반대가 생겨 헐어 버렸다
고 한다. 바로 이 옥천사에서 역사 속에 요승妖僧, 간승奸僧으로 기록된

신돈이 태어났다.

신돈의 승명은 편조遍照, 자는 요공耀空이며, 왕이 내린 법호는 청한 거사淸閑居士다. 신돈은 집권 후에 정한 속명이다. 편조는 '광명편조'를 줄인 말로 '무한한 빛이 널리 비친다'는 뜻으로 비로자나불을 일컫는 산스크리트어의 바이로차나vairocana를 음역한 것인데 부처의 몸을 칭한다. 신돈의 부친과 관련해서는 구체적으로 알려진 바는 없지만 영산 지방의 유력한 인물이었을 것이라고 추정되며, 영산에 무덤이 있었다는 것 정도만이 확인될 뿐이다. 모친이 옥천사 노비였으므로 부모 중 한쪽이 종이면 그 자식도 종으로 삼는 당시 법에 따라 신돈도 이를 벗어 날 수 없었다. 어려서 승려가 되었지만 신분 때문에 천한 위치에 있어 다른 승려들과도 가까이하지 못하고 늘 산방山房에 거처했다.

명문 귀족의 아들이 아니면 제대로 대우받지 못하던 시대에 이름 없는 노비의 아들로 태어난 그가 성장하면서 겪었던 고난의 세월을 짐작하기란 어렵지 않다. 하지만 신돈은 총명했고 지혜가 남달랐기 때문에 자신의 처지를 비관하지 않고 언젠가 활화산처럼 꽃 피울 그 날을 위하여 스스로를 갈고 닦았을 것이다. 《고려사》〈신돈전〉은 "글을 한 자도 모르는 사람"이라고 혹평했지만, 훗날 그가 사관에게 "국사를 망령스럽게 쓰지 마라. 내가 장차 살펴보리라" 했던 것으로 보아 학문적 소양뿐 아니라 식견 또한 남달랐음을 알 수 있다.

비천한 신분의 신돈과 공민왕의 만남은 공민왕 7년(1358) 왕의 측근이었던 김원명 金元命의 소개로 이루어져 그때부터 궁중에 드나들기 시작했다고 한다. 그러나 신돈이 공민왕과 가까워진 결정적인 계기는 공민왕

14년 2월 만삭의 몸이던 왕비 노국대장공주가 산고를 못 이기고 죽은 뒤부터일 것이다. 〈신돈전〉에는 "왕이 재위한 지 오래되었으나 많은 재상들과 뜻이 맞지 않았다"라고 기록되어 있는데 이어지는 기록을 보자.

"세신대족世臣大族은 가까운 무리들끼리 얽혀져 있어 서로를 감싸 준다. 초야에 묻혀 있던 신진은 마치 초연한 듯 성행을 가장해 명예를 구하다가 일단 귀한 신분이 되면 자기 가문이 한미한 것을 수치로 여겨 명문거족과 혼인하고는 애초의 생각과 행동을 죄다 던져 버린다. 유생은 나약하여 굳셈이 적고, 게다가 문생門生이니 좌주座主니 동년同年이니 하면서 서로 부르며 끼리끼리 무리를 지어 사사로운 정리에 이른다."

그리하여 이 세 가지 부류를 모두 쓸 만하지 못하다고 여기고 세상을 떠나 우뚝 홀로 서 있는 사람을 얻어 인습으로 굳어진 폐단을 개혁하려고 하였다. 그러던 즈음 신돈을 보았는데, 그는 도를 얻어 욕심이 적으며 또 미천한 출신인 데다가 일가친척이 없으므로 일을 맡기면 마음 내키는 대로 하여 눈치를 살피거나 거리낄 것이 없으리라 믿고서 마침내 승려인 그를 발탁해 주저 없이 국정을 맡기려고 했던 것이다.

공민왕은 신돈을 만난 후 다시 한번 개혁을 추진하고자 했다. 신돈은 공민왕의 간곡한 청으로 조정에 들어와 왕의 사부(고문직)가 되어 오랜 폐단의 개혁을 시도했다. 신돈은 처음에 승려의 행실을 버리고 국정에 참여하라는 공민왕의 청원을 사양했다. 그러나 공민왕의 요청이 계속되자 "일찍이 듣건대, 왕께서는 참소하고 이간하는 말을 많이 믿는다 하니 삼

관룡사 용선대

창녕군 창녕읍 관룡사 뒷산(관룡산) 오른편 능선인 용선대에는 통일신라시대 불상인
석조여래좌상(보물 제295호)이 세상을 굽어보고 있다.

가서 이처럼 하지 말아야 세간을 복되고 이롭게 할 수 있을 것입니다"라고 말했다. 그 말을 들은 공민왕이 아홉 번을 절했는데 신돈은 서서 그 절을 받았으며, 공민왕은 "대사는 나를 구하고 나는 대사를 구할 것이며, 다른 사람의 말에 미혹되는 일이 절대 없을 것을 부처와 하늘이 증명할 것이오"라는 맹세의 말을 손수 썼다고 한다.

공민왕의 전폭적인 신임을 받은 신돈은 기회를 놓치지 않고 종교와 정치를 아우르는 최고 권력을 손안에 잡았다. 그리고 공민왕 14년(1365) 5월에 공민왕과 신돈은 개각부터 단행했다. 이공수, 경천흥, 이수산, 송경, 한공의, 원송수, 왕중귀 등 핵심 요직을 차지하고 있던 권문세족들과 강력한 세력 기반을 가지고 있던 친원파 무장인 이구수, 양백익, 박춘 등을 몰아냈고, 최영을 계림윤鷄林尹(경주의 행정 책임자)으로 좌천했다. 실권을 얻은 지 6개월 뒤인 공민왕 15년 5월에 신돈은 당시 일반 서민층으로부터 가장 원망을 받고 있던 농지 문제를 해결하기 위해 실로 전대미문의 농지 개혁을 단행하게 된다.

중놈이 나라를 망치고 있다

신돈은 왕에게 청하여 토지 분배를 전담하는 전민변정도감田民辨整都監이라는 새로운 부서를 마련하여 스스로 판사判事(우두머리) 자리에 앉았다. 그는 도감의 판사로서 다음과 같은 서슬이 시퍼런 포고령을 전국에 공포했다.

요새 국가의 기강이 크게 무너진 결과 백성의 재물을 탈취하는 일이 유행을 이루어 종묘, 학교, 창고, 사사寺社, 녹전, 군수전 및 나라 사람들이 가업으로 이어 온 전민田民을 호족이나 권세 있는 가문에서 거의 점유해 버렸다. 반환하라는 결정이 내렸는데도 듣지 않고, 때로는 양민을 노예로 만드는 경우도 있다. 주현의 역리나 관노, 백성 가운데 병역과 부역과 조세 등의 의무를 다하지 않고 도망한 자들을 모조리 숨겨 놓고 농장을 크게 일으키는 바람에 백성들과 나라는 쇠잔해졌으며 하늘도 분노해 홍수와 가뭄을 내리고 돌림병 또한 끊이지 않고 있는 실정이다.

이제 도감을 설치해 이제까지의 잘못을 바로잡고자 하는바, 개경은 15일, 각 도道는 14일을 한도로 자신의 잘못을 알고 스스로 고치는 자는 죄를 묻지 않을 것이니, 만일 기한이 지난 뒤에 불법으로 점유한 토지를 발견하는 날에는 법으로 엄중히 다스릴 것이다. 그리고 망령되이 호소하는 자는 반동으로 처벌할 것이다.

신돈은 이틀에 한 번씩 도감에 나가 일을 처리했는데, 실무 책임자는 이인임과 이춘부였다. 포고령이 발포되자마자 마음 약한 농장주들은 점유했던 토지와 노비를 원래의 임자에게 되돌려주었고, 강제로 농노가 되었던 양인들은 본래의 신분을 되찾았다. 빼앗기만 하던 귀족들이 토지를 되돌려준다니 꿈같은 이야기였다. 포악한 세력에 눌려서 설움과 한숨으로만 세월을 보내던 하층 계급에게 볕 들 날이 온 것이다. 또 농노나 노비로서 양민이 되고자 하는 자는 누구나 노예 신분을 벗어날 수 있다고 했으니, 주인에게 반항하여 봉기했던 노예와 농민들은 신돈을 '성인聖人이 출현하였다'고 칭송했다. 하지만 지배 계급들은 '중놈이 나라를 망치고 있다'는 비난을 퍼부었다.

당시 농지 개혁은 국가적, 경제적 차원에서 시행하지 않으면 안 될 정책이었다. 농민들이 얼마나 살기가 힘들었으면 농가 열 집 가운데 아홉 집이 비어 있다는 십실구공十室九空이라는 말이 유행했을까. 그러나 신돈이 대중에게 지나칠 만큼 유리한 정책을 전개한 것은 자신이 미천한 출신으로 직접 그들의 설움을 겪어 보았기 때문에 우러나오는 동정심도 끼어 있었을 것이다. 수백 년의 세월을 두고 대대손손 세도가들의 압정 밑에서 눈물과 한숨으로 그늘진 삶의 역사만 겪어 온 대중에게 신돈은 그야말로 성인과 다름없는 인물로 보였을 것이다. 반면에 권력을 하루아침에 천민 출신의 이름 없는 중에 빼앗기고 소유하고 있던 토지마저 농민과 천민에게 강압적으로 내주게 된 지배 계급은 신돈에게 무서운 반감을 품기 시작했다. 그들은 한데 뭉쳐 신돈에 대한 비난과 공격의 화살을 그치지 않고 퍼붓기 시작했다. 신돈과 그들 사이에는 치열한 암투가 벌어졌다. 결국 기득권 세력과 공민왕의 배반으로 신돈은 공민왕 20년(1371) 7월 수원의 유배지에서 생을 마감한다.

6년여에 걸쳐 이어진 신돈의 집권은 공민왕 때의 복잡한 정치 상황에서 특이한 현상이었다. 신돈의 개혁은 실패로 돌아갔지만 그만큼 민중을 사랑하고 그들의 고통에 관심을 둔 사람이 얼마나 있었으며, 신돈에 비길 만큼 중생 구제를 위해 현실적이면서도 구체적인 제도를 만들어 실제로 시행에 옮긴 권력자가 있었던가. 그의 등장과 실패 이후 정몽주, 정도전, 윤소종 등 조선 건국과 밀접한 연관이 있는 신진 세력이 새로운 정치 세력으로 성장할 수 있는 분위기가 형성되었다. 오랜 세월이 흐른 오늘에야 신돈을 재평가하려는 움직임이 생기고 있다.

문호장굿판에서 배우는 대동 정신

지금은 창녕군에 속한 하나의 면인 영산은 1914년 행정 구역이 개편되기 전만 해도 현이었다. 고려 때 영산 사람인 신예辛裔는 시에서 "영취산 靈鷲山 높아 조그만 티끌도 없는데, 안구역 백성들은 곧 모두 주씨 朱氏, 진씨陣氏로다" 했다. 영산은 옛것을 아끼는 마음과 대동의식이 다른 지역 사람들과 견줄 수 없을 만큼 빼어난 고을이었다.

단오에 열리는 문호장굿놀이, 영산쇠머리대기, 영산줄다리기 등 고장 고유의 민속놀이가 오늘날 모두 이름난 놀이로 자리매김하게 된 것도 이 지역의 특성과 무관하지 않다. 무엇보다 1919년에 일어난 3·1운동이 경남 지역을 통틀어 영산에서 가장 먼저 시작되었다는 자긍심도 한몫하고 있다. 그래서 일제 강점기에는 기질과 지역성이 강한 이곳에 일본인들이 발붙이기가 어려워 여러 가지 방법을 모색했다고 한다. 그중 하나가 영산 사람들을 달래기 위해 창녕 군수를 군청이 있는 창녕이 아니라 이곳에 상주시키며 가끔 창녕으로 출장 가게 했다. 그래서 '영산의 창녕'이라는 뜻으로 '영창녕'이 라는 말이 생겨났다고 한다.

문호장 사당은 교동 동북쪽에 있다. 원래 문호장文戶長은 조선시대 영산에 살던 사람으로 관원들에게 억눌리고 핍박받던 평민의 원한을 풀어

준 영웅이요, 신인神人이었다. 그리하여 이 지역 사람들에게 신앙의 대상이 되었다.

한번은 경상도 관찰사가 순무 중에 영산현에 이르러 지나가다가 길가에 놓인 농부들의 밥 광주리를 밟아 버렸다. 이것을 보고 분노한 문호장이 도술로 관찰사가 탄 말의 발굽이 땅에 달라붙어 떨어지지 않게 했다. 말이 움직이지 않자 이상하게 생각한 관찰사가 문호장의 도술 때문이라는 것을 알게 되었다. 화가 난 관찰사가 문호장을 체포하여 그를 문초하는데 곤장을 치면 몽둥이가 부러지고 화살을 쏘면 하늘로 날아가고 총을 쏘면 총알 대신 개구리가 튀어나왔다. 깜짝 놀란 관찰사는 문호장을 경산군 자인으로 압송하여 그곳의 옥에 가두라고 명했다. 그런데 문호장을 자인에 가두고 영산으로 돌아온 나졸보다 문호장이 먼저 돌아와 있으니 괴이하게 여긴 관찰사가 자인에 사람을 보내 그곳에 문호장이 있는지 알아보게 했다. 그랬더니 분명 자인 옥에 문호장이 갇혀 있다고 했다.

문호장이 두 사람이 된 것이다. 깜짝 놀란 관찰사는 문호장이 보통 인물이 아님을 알고 소원을 물었다. 그러자 천명을 다한 것을 안 문호장은 자신에게는 아들이 없으므로 자신이 죽은 뒤 해마다 단옷날에 제사를 지내 달라고 말했다. 그러고는 겨드랑이에 난 작은 날개를 보여 주며 이곳을 살짝 건드리기만 해도 죽는다고 했다. 신기하게 여긴 관찰사가 시험 삼아 포졸을 시켜 그렇게 해 보라고 했다. 그러자 정말 문호장은 잠을 자듯 죽고 말았다. 문호장이 그렇게 죽고 나자 관찰사는 문호장 사당을 짓고 해마다 단옷날이면 굿과 함께 그를 기리는 제사를 지내기 시작했다. 제사를 지내지 않으면 마을에 호랑이가 나타나 해를 입히거나 유행병이 돌면서 마을에 재앙이 들었다고 한다.

제당은 네 개인데, 문호장과 그의 처첩 그리고 딸의 신당이다. 문호장 굿놀이의 특징은 처와 첩의 관계를 해학적으로 드러낸다. 마을 사람들이 첩을 욕하고 처를 위로하는 무언극을 한다. 문호장을 모신 상봉당에는 '호장문선생신위戶長文先生神位'라고 쓰인 위패가 있으며, 호랑이를 탄 노인이 그려진 것으로 보아 일반적인 산신이 문호장이라는 이름으로 인격화한 것으로 여겨진다. 일제 강점기에 문호장의 말을 매던 괴목을 베었더니 그 속에서 목불이 나와 일본인들이 일본으로 가져갔는데 꿈에 나타나 되돌려주라고 하자 다시 옮겨와 지금의 문호장 사당에 모셔져 있다. 한편 영산쇠머리대기와 영산줄다리기는 각각 중요무형문화재로 지정되어 지금은 삼일절에 행해지지만, 본래는 풍농을 기원하는 상원놀이로 온 군민의 대동 정신과 애향심을 길러 주던 것이었다.

지금 영산은 한적한 고을로 전락했지만 그냥 지나치면 서운할 아름다운 돌다리가 하나 있다. 영산 동리를 흘러가는 동천을 가로질러 세워진 아름다운 돌다리 만년교(보물 제564호)는 조선 말엽 빼어난 석수 백진기白進己가 만들었다. 물속에 드리운 보름달 같은 이 다리를 만년교 또는 원다리, 남천교라고도 부르는데 꾸밈없이 서민적인 수수한 멋을 볼 수 있다. 홍예를 이룬 부채꼴의 화강석은 32개의 층으로 구성되며, 이 석재 위에 장대석을 올리지 않고 둥글둥글한 자연석을 겹겹이 쌓아 올렸다. 다리 양쪽 역시 자연석을 쌓아 앞뒤로 길게 연장하여 통로와 연결된다. 이렇게 잡석으로 허술하게 쌓은 듯싶지만 매우 견고하여 큰 홍수에도 한 번도 무너진 적이 없다. 다리 입구에는 비석이 있는데, 비문에는 다음과 같은 이야기가 담겨 있다.

이 다리가 완성될 무렵 영산 고을에는 신통한 필력을 지닌 13세의 소년 신동이 살고 있었다. 다리가 완성되던 날 소년의 꿈속에 산신이 나타나서 "듣건대, 네가 신필神筆이라고 하니 내가 거닐 다리에 네 글씨를 새겨 놓고 싶다. 다리의 이름을 만년교로 정하리라" 말하고는 금세 사라졌다. 소년은 그 자리에서 먹을 갈아 '만년교萬年橋'라는 세 글자를 밤을 새워 써 놓았다고 한다. 지금도 다리 입구에 남아 있는 이 비석은 글씨가 기운차고 마치 살아 있는 것처럼 보여 한눈에 명필이 쓴 글씨임을 알 수 있다. 비석 끝에는 '십삼세서十三歲書'라는 글씨도 새겨져 있다.

바로 근처에 있는 연지는 시민들의 휴식처로 한몫을 단단히 하고 있는데, 그리 크지는 않지만 못 가운데에 몇 개의 섬을 만들어 마치 삼신산을 연상시키며 형형색색 단풍으로 물드는 가을에는 그 아름다움이 한결 돋보이는 곳이다. 한편 창녕군 부곡면 거문리 일대는 나라 안에 온천 열풍을 몰고 온 부곡온천이 발견되어 성황을 누렸던 곳이다. 1972년 '온천에 미친 사람' 신현택이 낮에 잠깐 조는 사이 꿈에 나타난 장군이 알려 준 곳을 파자 양질의 뜨거운 물이 나오기 시작한 것이다. 사람들이 밀려들자 나라에서 국민 관광지로 지정하여 한때 관광 특수를 누리기도 했다. 그러나 이곳 부곡온천도 온천수가 줄어들면서 사양길에 접어들었다. 영원한 것은 없다는 세상의 진리를 깨우쳐 주는 곳이 나라 안의 여러 온천지다.

창녕군 고암면 감리에 있는 천왕재는 상가복에서 경남 청도면 두곡리로 이어지는 고개로, 옛날에는 고개가 하도 험해서 1000명이 모여야 넘을 수 있었다고 하여 붙은 이름이며 천왕현이라고 부른다. 창녕에서 낙동

영산 석빙고

창녕군 영산면에 있는 석빙고(보물 제1739호)는 얼음 창고로
18세기 중반 현감 윤이일尹彝逸이 축조한 것으로 알려져 있다.

강을 따라 밀양시 삼랑진을 지나면 양산시에 이른다.

대웅전에 불상이 없는 통도사

신라 문무왕은 상주와 창녕의 땅을 일부 떼어 삽량주歃良州라 했는데, 경덕왕 때 양주良州로 고쳤고 고려 태조 때 양주梁州로 고쳤다. 조선 태종 때 지금의 이름으로 바뀐 양산梁山에 대하여 조선 후기 문인 최해崔瀣는 다음과 같이 묘사했다.

양산 고을은 우리 계림鷄林 고리故里에서 100여 리나 떨어져 있다. (…) 관사를 바라다보니 백성들의 집이 대나무숲 사이에 가물가물 보이는데, 사람들이 이곳을 가리켜 양산 고을이라고 한다. 이로 인하여 그 풍속의 한두 가지를 알겠다. 이 지방은 땅이 좁고 백성들은 경박하며, 전답은 모두 낮고 습해서 가물면 곡식이 익고 비가 오면 물이 해로워 그 풍흉이 다른 고을과는 판이하다. 대개 가뭄은 해마다 있는 것이 아니니 하늘이 어찌 양산 백성들만을 위해서 항상 비가 오지 않게 할 수 있겠느냐. 이 때문에 풍년 드는 해는 적고 흉년만 계속되는 것은 그 지형 때문이다. 집마다 남녀 구분 없이 대나무로 그릇을 만들어 다른 물건과 바꾸고, 의식과 세금 내는 것을 오직 대나무만 바라보고 있을 뿐이다.

이렇듯 가난하기 이를 데 없는 양산의 영취산 자락에 통도사通度寺가 있다. 우리나라 삼보 사찰 중 불보佛寶 사찰인 통도사가 이 자리에 자리한 때는 신라 선덕여왕 15년(646)이다. 《삼국유사》에 따르면, 자장율사가 당나라에 있는 청량산에 들어가서 날마다 기도를 하는데 어느 날 문수보살이 나타나 그에게 석가여래가 입었던 가사와 석가여래의 진신사리를 주며 신라로 돌아가 사리탑을 짓고 절을 세우라 했다. 자장율사는 석가모니의 진신사리 일부를 모시고 와서 통도사 자리에 사리를 넣은 탑을 세운 다음 절을 짓고 통도사라고 이름 지었다. 통도사에서는 석가의 사리를 모시게 된 만큼 따로 부처의 형상을 모시지 않게 되었다. 따라서 통도사에서 신앙의 정수가 되는 것은 사리탑과 사리탑이 있는 금강계단金剛戒壇이다. 계단이란 불가에서 지켜야 할 계율을 일러 주는 곳이다. 자장율사는 통도사에 머물면서 보름마다 한 번씩 금강계단에서 계율을 강의했는데, 그에게 계율을 받기 위해 전국의 스님들이 구름처럼 몰려들었다고 한다. 금강계단은 겹으로 된 연화대 위에 받쳐진 종 모양의 사리탑을 한가운데에 두고 그 아래에 이루어진 돌층계를 이르는데, 층계의 왼쪽 끝에는 석등이, 오른쪽 끝에는 돌 향로가 놓여 있다. 이와 같은 계단은 김제시 금산면에 있는 금산사와 휴전선 북쪽인 경기도 장단군에 있는 불일사 터에도 남아 있다.

부처의 형상을 모시지 않는다고 해서 대웅전이 없는 것은 아니다. 금강계단을 등지고 선 대웅전에서 불단 자리를 보고 예배를 한다. 우리나라 불교 역사에 중요한 위치를 차지하고 있는 통도사 역시 다른 절들과 크게 다르지 않아, 처음에 지었던 건물들은 대다수가 사라지고 조선시대에 새로 지어졌다. 그 연대는 1961년 대웅전 공사를 벌일 때 발견된 서까래의 글에 따르면 인조 23년(1645)이다. 용마루를 한자의 '고무래 정丁' 자 모

통도사 금강계단

통도사 신앙의 정수가 되는 곳이자 불가의 계율을 일러 주는 금강계단은
겹으로 된 연화대 위에 받쳐진 종 모양의 사리탑을 한가운데에 두고
그 아래에 이루어진 돌층계를 이른다.

통도사 구룡지

대웅전 뒤 구룡지는 자장율사가 통도사를 세울 때 용을 위해 남겨 둔
연못의 한 귀퉁이로 절의 창건 설화를 간직하고 있다.

양으로 지은 대웅전은 조선 중기를 대표하는 건물로 문화재로서의 가치가 두드러져 금강계단과 함께 국보 제290호로 지정되었다. 그 밖에도 통도사를 이루는 크고 작은 건물 35채 중 조선 후기에 지어진 전각들은 당시 건축 양식을 연구하는 데 귀중한 자료가 되고 있다.

해마다 용신제가 열리는 가야진

양산시 원동면에 가야진사伽倻津祠가 있다. 신라가 가야국을 병합하기 전, 양주도독부의 한 전령이 대구로 가던 길에 이곳 주막에서 잠을 자는데, 꿈속에 용이 나타나서 말하기를 "나는 황산강(낙동강) 용소에 살고 있는 용인데, 남편 되는 용이 첩만 사랑하고 나를 멀리하니, 내일 용소에 가서 숨어 있다가 남편과 첩이 어울려 놀 때 첩을 죽여 주면 은혜를 갚겠습니다"라고 애원했다. 아내 용의 딱한 사정을 들은 전령은 쾌히 승낙했다. 그 이튿날 용소에 가서 칼을 뽑아 들고 바위틈에 숨어 기다리는데, 용소의 물이 끓어오르며 두 마리의 용이 불쑥 솟아올라 어울린 모습을 보고 겁에 질린 나머지, 전령은 정신없이 칼을 들어 그중 한 마리를 내리쳤는데 공교롭게도 수컷 용을 죽이고 말았다. 남편의 죽음을 애통해하던 아내 용은 전령에게 용궁을 구경시켜 주겠다고 했고 전령은 입었던 전복과 칼, 투구를 벗어 놓고 용의 등에 올라 물속으로 들어가 그 뒤로는 영영 자취를 감췄다 한다.

그 뒤부터 마을에 알 수 없는 재앙이 그치지 않자 주민들이 힘을 모아

용소가 보이는 곳에 사당을 짓고 세 마리의 용과 전령의 넋을 위로하기 위해 매년 봄가을에 돼지를 잡아 용소에 던지며 제사를 지냈다고 한다. 그러한 전설을 지니고 있는 이곳 가야진에 공주 웅진과 함께 신라시대 국가 제사를 지내던 네 개의 큰 강 중 하나인 남독이 있었다. 해마다 공주 웅진과 같이 향촉과 사자를 보내 장병들의 무운장구를 비는 제사를 지냈다 하고 한발이 심할 때 기우제를 지냈다.

비석들이 줄지어 서 있는 비석골을 지나 삼랑진으로 넘어가는 고갯길 신불암동에 오의정 烏義亭이라는 정자가 있는데 그곳에 숨겨진 이야기가 있다. 옛날 이곳이 밀양 땅이었을 때, 임지로 가던 밀양 부사가 길에서 아이들이 까마귀 새끼 두 마리를 가지고 노는 것을 보고 불쌍히 여겨 아이들을 타일러 까마귀를 놓아 주었다. 그 뒤 밀양 부사로 온 지 1년이 지났을 때 밀양성 내에서 살인 사건이 일어났다. 시체가 없어지고 아무 단서가 없어서 사건을 해결하지 못하자, 초조해진 부사는 부하 몇 명을 데리고 관내를 암행하다가 낙동강가에서 밤을 맞았다. 그때 난데없이 까마귀 두 마리가 날아와 울며 신불암 동쪽으로 여러 번 날아갔다. 이상히 여긴 부사 일행이 까마귀의 뒤를 쫓아서 이 정자에 닿아 하룻밤을 편히 쉬었다. 다음 날 아침 까마귀가 '까옥' 거리며 날아가 앉은 숲속에서 가매장한 시체를 발견하여 시체와 함께 묻혔던 말채를 주웠다. 몰래 읍내로 돌아온 부사는 마부들을 모아 잔치를 열어 말채 임자인 마부를 잡아 살인 사건을 해결했다고 한다. 그 뒤 보은한 까마귀의 의리를 길이 전하기 위해 부사 일행이 쉬었던 정자를 오의정이라 이름 짓고 친히 현판을 달았다 한다.

"서쪽으로 가면 길이 멀어 구름이 변경에 닿았고, 북쪽으로 오면 산이

271

끊어져 바다가 하늘에 면했네"라는 김조의 시가 남아 전하는 양산시 물금읍 아래쪽이 부산광역시인데 그곳에 동래가 있다.

부산에 동래가 있다

밀양의 동남쪽이 동래다. 동래는 동남쪽 바닷가에 있어 왜인이 우리나라에 상륙하는 첫 지점이다. 임진왜란 이전에 고을 남쪽 바닷가에 왜관倭館(왜인들을 머물게 하던 곳)을 설치하고 둘레 수십 리에 나무 울타리를 쳐서 경계를 정하였다. 군졸을 두어서 지키게 하고 우리나라 사람들이 드나들면서 그들과 교제하는 것을 금지하였다.

해마다 대마도 사람들이 도주島主의 문서를 받고, 왜인 수백 명을 인솔하여 왜관에서 머물렀다. 우리 조정에서는 경상도에서 바치는 조세 가운데 약간을 떼어 관에 머무르는 왜인에게 주어서 절반은 도주에게 바치게 하고 나머지 반은 그들이 공동으로 사용하게 하였다. 그들은 하는 일은 없고 다만 오가는 서신과 물자를 교역하는 일을 담당할 뿐이었다. 그들은 교역한 물자의 값을 바로 주지 않고 분할하여 해마다 조금씩 갚기로 약속하기도 하니 이를 '피집被執'이라고 말한다. 왜국의 전 지역에서는 장독瘴毒이 있는 샘이 많아 풍토병이 무서웠는데, 만약 인삼을 물 주발에 넣으면 탁한 장독이 녹아 없어진다. 그래서 그들은 인삼을 가장 귀중하게 여기며, 먼 곳에 있는 왜인들이 모두 대마도에 와서 구해 간다. 우리 조정에서 일정량 인삼을 하사하는데 사사로 매매하는 것은 금지하고 있다. 그러나 이익이 많으므로 밀매하는 자가 늘어나고 있지만

동래읍성

지금은 부산에 속한 하나의 구인 동래는 조선 후기까지만 해도 동래도호부였다.
삼한시대에 건립된 동래읍성은 임진왜란 당시 최대의 격전지이기도 했다.

목을 베는 형벌을 내려도 막지 못한다. 근래에는 금령이 점점 느슨해져서 범법하는 자가 많고 유명무실해지면서 우리나라 인삼값도 나날이 치솟고 있다.

이는 《택리지》의 기록이다. 지금은 부산에 속한 하나의 구인 동래東萊는 조선 후기까지만 해도 동래도호부였다. 이첨이 지은 〈읍성기邑城記〉에 "동래 고을은 동남 지방에서 으뜸이다. (…) 바다 자원이 넉넉하고 토산물이 풍부하여 나라의 수요에 기여함이 적지 않다. 또한 동쪽에는 해운포海雲浦가 있으니 옛날에 신선이 놀고 즐기던 곳이며, 북쪽에는 온천이 있으니 역대 군왕들이 목욕하던 곳이다"라고 되어 있다. 동래의 풍속은 《여지도서》에 따르면 "결혼과 상례를 집안의 재산 정도에 알맞게 치른다. 좋은 일과 나쁜 일, 경사스러운 일과 불행한 일 그리고 걱정거리나 어려운 일이 생겼을 때 서로 도와주는 의리가 있다." 이러한 동래를 두고 신숙주申叔舟는 〈정원루기靖遠樓記〉에서 "땅이 바다에 닿아 있고 대마도와 가장 가까워서 연기와 불빛까지 서로 보이는 거리이니, 실로 왜인이 오가는 요충지다" 했다.

대마도 정벌

대마도는 본래 신라에 속한 땅이었으나 점차 일본인들이 거주하게 되면서 왜구의 땅으로 변하게 되었다. 대마도는 인구가 적고 농토가 척박하여 농사에 적합하지 않아 기근을 면하기 어려운 곳이었다. 더구나 고려 말에서 조선 초에는 일본의 내란으로 정상적인 교역을 통한 식량 구입이 어려운 상태였으므로 몰락한 무사와 농민 등 빈민이 증가하여 중국과 한반도에서 약탈을 감행했다. 이처럼 중국 연안에서 활동한 일본인 해적 집단을 왜구라 했는데, 고려 말에서 조선 초에 왜구를 근절하기 위해 그들이 주 활동 영역으로 삼고 있던 대마도를 세 차례에 걸쳐 정벌했다.

첫 번째 대마도 정벌은 공민왕 원년(1389)에 있었다. 우왕이 재위하던 14년 동안 378회나 침입한 왜구의 소굴이 대마도라고 생각한 조정에서는 박위朴葳에게 전함 100여 척과 1만여 명의 군사를 주어 대마도를 정벌하게 했다. 그는 왜선 300여 척을 불태우고 붙잡혀 있던 고려인 100여 명을 찾아 돌아왔다.

그런데도 왜구의 침입은 여전했다. 특히 조선 태조 5년(1396) 8월 9일 동래, 기장, 동평성을 함락한 왜구는 병선 16척을 탈취하고 수군만호를 살해하는 등 날이 갈수록 잔악해졌기 때문에 강력한 응징이 필요했다. 조선을 건국한 태조 이성계는 12월 3일 우정승 김사형金士衡을 보내 두 번째 대마도 정벌에 나서게 했고, 그가 귀환할 때 친히 흥인문 밖까지 나가 노고를 치하했다고 한다.

세 번째 정벌은 세종 원년(1419)에 있었다. 이종무李從茂를 삼군도체찰사로 임명하여 정벌에 나섰다. 병선 227척과 1만 7000여 명의 군사를 거느리고 대마도에 도착하여 왜구 114명을 참수하고 2000여 채의 가옥을 불태웠으며, 129척의 선박을 노획하거나 불태웠다. 세 차례에 걸친 대마도 정벌 이후 왜구들은 대마도를 비롯한 일본 서부 각지에서 약탈보다는 평화적 임무를 갖고 왕래하기 시작했다. 《택리지》의 기록을 보자.

예전에 장헌대왕이 장수를 보내어 대마도를 토벌하였지만, 관원을 두어서 지키지 않고 다시 도주에게 되돌려주었다. 당시에는 우리나라에 왜관이 없었을 것인데 이 제도가 언제부터 시작되었는지 알 수가 없고 아무 의미 없는 일이기도 하다. 대마도는 본래 왜국에 딸린 것이 아니라 두 나라 사이에 위치해서 왜국을 빙자하여 우리에게 요긴한 체하고, 우리를 빙자하면서 또 왜국에게 요긴하게 보이는 박쥐처럼 행세하여 스스로 이로움을 취하고 있으니 토벌하여 우리에게 복종하게 하는 것이 옳을 것이다. 그렇지 않으면 도주를 해마다 한 번씩 우리 조정에 조회朝會하도록 하여 순종하면 신하에게 상을 주는 예로써 전 일에 주던 액수와 같이 상을 내리면 좋을 것이다. 그러나 왜관을 지어 머물게 하고, 조세를 실어다 마치 공貢을 바치는 것과 같아 명분이 정당하지 못하니 빠삐 폐지하는 것이 옳다.

대마도는 대부분 땅이 매우 메마른데 인구는 많아서 고려 말에 해적들은 모두 이 섬사람이었다. 어떤 사람들은 그들을 달래어 도둑질하지 않게 하려고 하나, 이는 모두 임시방편일 뿐이고 구차한 노릇이다. 또 예전에도 이와 같은 예가 없었다. 더구나 우리 경내에 들어와 복색을 바꾸고 말까지 배워서 나랏일을 염탐할 수도 있다.

이와 같은 기록처럼 대마도는 항상 조선에 불편한 대상이었다. 《택리지》에서 이중환은 대마도 문제를 이렇게 매듭짓는다.

임진왜란 때 아무 이유도 없이 모두 철수해 갔다. 그러므로 두 나라가 전쟁하는 기간에는 털끝만 한 힘도 빌리지 못했고 오히려 해만 되었음을 알 수 있

대마도 신사

대마도는 한국 남단과 일본 열도 사이의 대한해협 중간에 있다.
고려 말부터 한국에 조공하는 관계였으나 왜구가 득세하여 세종 때 정벌한 바 있다.

다. 그러나 이러한 관습을 시행해 온 지가 오래되었으니 갑자기 중단하는 것은 바람직하지 못하다. 먼저 군사를 통해 위엄을 보인 다음에 다시 약속을 정하는 것이 마땅할 것이다.

6

나라 안에서 두 번째로 큰 도시 부산

바다에 쓴 격동의 세월

산 모양이 가마와 같다

우리나라 제2의 도시 부산釜山. 일본과 가장 가까운 곳 부산은 태백에서 시작된 낙동강 1300리 물길이 남해로 들어가는 끝자락에 자리 잡았고, 문경새재를 지나 서울과 평양을 거쳐 대륙으로 이어지는 영남대로가 시작되는 곳이다. 또한 오륙도에서 시작되어 동해 푸른 바다를 바라보며 하염없이 걸어가서 통일전망대를 지나고 원산의 명사십리를 지나, 함흥과 흥남을 거쳐서 두만강까지 이어지는 나라 안에서 제일 긴 도보답사길 해파랑길이 시작되는 곳이자 7번 국도의 시작점이다. 그뿐인가. 서해 끝자락에 있는 목포에 이어지는 2번 국도와 남해안 길이 시작되는 곳이다. 대한민국에서 가장 큰 항구인 부산은 경상도 동래부에 딸린 하나의 조그만 포구였다.《여지도서》에 실린 동래를 보자.

동래진東萊鎭이다. 동쪽으로 기장과의 경계에 이르기까지 20리이며, 서쪽으로 양산과의 경계에 이르기까지 8리이다. 북쪽으로 양산과의 경계에 이르기

© 부산시청

부산항 전경

흔히 부산을 두고 서민들이 살기 좋은 고장이고, 사람들이 억세고 거칠다고 말한다.
부산은 오늘날 나라 안에서 제2의 도시로 발전했다.

까지 29리이며, 남쪽으로는 바닷가에 이르기까지 15리이다. 서울까지 962리로 열하루 거리다. 북쪽으로는 경상감영까지 280리로 사흘 가는 거리다. 동쪽으로 병영까지 110리로 하루 반 가는 거리이다. 남쪽으로 수영까지 10리이며, 통영까지 340리로 사흘 반 가는 거리이다.

동래는 옛날의 장산국萇山國이었고, 그 동래부 부산면이 개편된 것은 1914년이다. 부산이라는 이름이 기록상 처음 나타난 것은 조선 초다. "동평현 남쪽 부산포富山浦에 있다"라고 《세종실록지리지》(단종 2, 1454)에 실려 있고, 성종 2년(1471)에 출간된 신숙주의 《해동제국기海東諸國記》에도 부산포라는 이름이 나오는데, 당시의 '부' 자는 지금의 '가마 부釜'가 아니고 '넉넉할 부富'를 써서 부산富山이었다. '가마 부釜'를 사용한 명칭은 성종 원년(1470) 12월 15일자의 《성종실록》에 처음 나타난다. 한동안 두 명칭이 혼용하여 쓰이다가 대략 《동국여지승람》(성종 12, 1484)이 완성된 15세기 말엽부터는 '가마 부釜'가 들어간 지명이 일반적으로 사용되었다. 특히 《동국여지승람》의 기록을 보면 당시 '부산'은 산 이름이었음을 알 수 있다.

부산釜山은 동평현(현 당감동)에 있으며 산이 가마솥 모양과 같아 이름한 것이다. 그 밑이 곧 부산포釜山浦다. 상주하는 왜호倭戶가 있는데 북쪽 현에서 거리가 21리다.

흔히 부산을 두고 서민이 살기 좋은 고장이며, 사람들이 억세고 거칠다고 말한다. 부산이 제2의 도시로 발전해 온 데에는 우리 근현대의 고단했던 경로가 고스란히 들었다. 고종 13년(1876) 강화도 조약에 따라 개항했고, 1925년 경상남도청이 진주에서 부산으로 옮겨졌다. 그리고 1950년 한국전쟁이 일어나면서 피난민이 몰려와 부산 인구가 급속도로 늘어나면서 1963년 부산직할시로 승격되었고, 지금은 부산광역시로 불리고 있다.

임진왜란이 일어나다

선조 23년(1590) 일본에서는 도요토미 히데요시가 전국을 통일했다. 선조는 김성일과 황윤길 黃允吉 등 조선 통신사 일행을 일본에 보내 상황을 살피게 했다. 그들이 돌아오자 선조는 일본의 국내 상황과 그들이 전쟁을 일으킬 것 같은지를 물었다. 서인인 황윤길은 "틀림없이 전쟁이 있을 것입니다"라고 했고, 동인인 김성일은 "신은 그와 같은 정황을 찾아볼 수 없었습니다"라고 대답했다. 동시에 일본에 다녀온 두 사람의 이야기가 이처럼 서로 달랐다. 다시 선조가 "도요토미의 관상은 어떠하던가" 하고 묻자, 황윤길은 "그 눈빛이 밝게 빛나 담략과 지혜가 있는 듯 보였습니다"라고 했고, 김성일은 "그 눈이 쥐와 같으니 두려울 것이 없습니다"라고 대답했다.

어전을 나오자 당시 이조판서였던 류성룡이 김성일에게 "그대의 말이 황윤길과 많이 다른데 만일 전쟁이 일어나면 장차 어찌할 것인가?"라고 묻자, 김성일은 "내 어찌 왜적이 오지 않을 것이라고 장담할 수 있겠소.

다만 온 나라가 놀라고 현혹되므로 이를 풀어 보려는 것이오"라고 대답했다. 실록의 사관은《선조수정실록》에 다음과 같이 기록했다.

김성일은 일본에 갔을 때 황윤길 등이 겁에 질려 체통을 잃은 것에 분개하여 말마다 이렇게 서로 다르게 한 것이었다. 당시 조헌趙憲이 화의和議를 극력 공격하면서 왜적이 기필코 나올 것이라고 주장하였기 때문에 대체로 황윤길의 말을 주장하는 이들에 대해서 모두가 "서인들이 세력을 잃었기 때문에 인심을 어지럽히는 것이다"라고 하면서 구별하여 배척하였으므로 조정에서 감히 말을 하지 못하였다.

결국 선조 25년(1592) 4월 13일 오전 8시에 왜군 선발대 1만 8700명이 대마도를 출발하여 5시 무렵 부산포에 들어왔다. 부산진 첨사 정발鄭撥은 전함 세 척을 거느리고 바다로 나아갔다. 그러나 중과부적이어서 대적할 길이 없자 성안으로 들어와 주민들을 안심시키고 군사와 백성을 모아 싸울 준비를 했다. 그러나 새벽부터 밀려든 왜군의 거센 공격을 막아 내지 못하고 정발을 비롯한 무수한 백성들이 전사 하고 말았다.

부산성이 함락되자 왜군은 두 갈래로 나뉘어 진격했다. 한 무리는 다대포진으로, 한 무리는 동래성으로 나아갔다. 동래 부사 송상현宋象賢은 백성과 군사들을 모아 놓고 왜구를 기다리고 있었다. 동래성에 도착한 왜구는 먼저 성에 접근하여 길을 빌려 달라고 요구했다. 그러나 송상현은 "죽기는 쉬워도 길을 빌려주기는 어렵다"라고 하여 결전의 뜻을 전했다. 일본은 그다음 날인 15일 아침에 성을 공격했고, 동래 부사 송상현은 남문에 올라가 싸움을 독려했다. 그러나 당해 내지 못하고 성이 함락되면서 많은 백성들과 함께 전사하고 말았다. 다대포 역시 마찬가지로 왜군을 당해 내지 못하고 함락되면서 첨사 윤흥신尹興信도 죽고 말았다. 임진왜란이 끝나고 10년 후 동래 부사로 부임한 이안눌은 치열했던 동래성 전투를 〈4월 15일四月十五日〉이라는 시에 담았다.

이른 아침 집집마다 곡소리

천지가 스산하게 변하여

처량한 바람 숲을 흔드네

깜짝 놀라 늙은 아전에게 물었네

곡소리 어찌 그리 애달프냐고

임진년 바다 건너 도적 떼 와서

이날 성이 함락되었지요

그 당시 송상현 부사께서는

성문 닫고 충절을 지켰지요

온 고을 사람들 성에 몰아넣어

동시에 피로 변했지요

시신 더미 아래 몸을 던져

백 명 천 명에 한 둘이 살았습니다

그래서 이 날이 되면

제물 차려 죽은 이를 곡한답니다

아버지가 그 아들을 곡하고

아들이 그 아버지를 곡하며

혹은 할아버지가 손자를 곡하고

혹은 손자가 할아버지를 곡하며

또 어미가 딸을 곡하고

또 딸이 어미를 곡하며

아내가 남편을 곡하기도 하고

남편이 아내를 곡하기도 하며

형, 동생, 언니, 동생 등

살아 있다면 모두 곡을 한답니다

이마를 찡그리고 듣다가 다 듣지 못하고

눈물이 갑자기 주르륵 흐르네

아전이 나서서 하는 말씀

곡하는 이 그래도 슬프지 않소

시퍼런 칼날 아래 모두 죽어서

곡할 사람 없는 이가 대부분이라오

　동래성이 함락된 4월 15일. 곡할 사람조차 남기지 않고 항전한 사람들의 죽음을 누가 있어 슬퍼하랴. 동래성의 함락은 임진왜란의 서막에 불과했다. 미증유의 국난인 임진왜란이 끝난 뒤 일본과의 국교가 한동안 단절되었다. 그 뒤 도요토미 정권의 뒤를 이은 도쿠가와 이에야스 정권과 대마도주의 간청을 받아들여 광해군 원년(1609)에 부산에서 기유약조가 맺어졌다. 이때부터 부산은 조선 후기까지 이 나라의 유일한 대외 항구가 되었다.

기유약조를 맺은 뒤부터 사신을 태운 사송선이 아닌 교역선이 부산항에 들어왔다. 배는 대마도주의 세견선(무역선) 20척을 포함하여 50여 척이 드나들었고, 숙종 4년(1678)에 부산포와 초량(현 용두산 일대)에 왜관이 들어섰다. 왜관에는 관아 건물이 많았는데 연대청과 그 좌우에는 동관과 서관이 자리하며 객사도 있었다. 일본인들은 객사에 모셔진 역대 조선 왕들의 전패殿牌(왕의 초상을 모신 목패)에 엄숙히 절을 해야 했다.

이곳 부산에서 출발한 조선 통신사들은 어떤 경로를 통해서 일본으로 건너갔을까? 조선 후기 문신 신유한申維翰이 제술관에 뽑혀서 조선 통신사로 숙종 45년(1719) 4월 11일 도성을 출발하여 이듬해 1월 24일 돌아올 때까지 보고 들은 것을 일기 형식으로 기록한 것이 《해유록海遊錄》이다. 여기에는 조선 통신사의 사행 여정이 자세히 나와 있다. 신유한은 세 명의 사신들과 대궐에 나아가 절하고서 죽산을 거쳐 영남대로상에 있는 숭천참에서 묵고, 15일에 충주에 닿았다. 16일 수안보 아래 안보역에서 자고, 17일 비를 맞으며 조령을 넘었으며, 18일에 유곡역에 도착했다. 다른 사람들은 열흘 동안 영남좌도를 거쳐 부산에 도착하는데, 신유한은 집이 고령이라 그곳에서 헤어져 고령으로 갔고, 5월 8일에 창녕, 9일에 밀양을 경유하여 13일에 부산에 도착했다.

일찍이 출발하여 부산에 도착하였다. 좌수사 신명인이 객사에서 잔치를 베풀었는데, 세 사신이 흑단령을 갖추어 입고, 수사와 마주 앉고 일행의 원역과 군관, 서기가 차례로 좌석을 정하여 화상대찬花床大饌을 받았다. 사신이 내가 도착한 것을 듣고 곧 공복을 갖추고 들어와 참석하게 하므로 또한 자리에 들어가 대접을 받았다. 보아 하니 경주, 동래, 밀양 고을 기생들이 풍악을 하고 번갈아 춤추었다. 집을 울리는 웅장한 소리에 온 성안을 구경꾼이 가득 메웠다. 밤중이 되어서야 파하고 성 밖 민가에서 유숙하였다.

일본에 통신사로 가는 일이 배를 타고 바다를 건너야 하는 것이므로 목숨을 걸고 간다 여겨 기생들이나 군악대까지 동원하여 사신들을 위무했던 모양이다. 신유한의 일행은 날씨가 궂어 계속 기다리다가 한 달이 지난 6월 20일에야 부산항을 떠났고 그때 여섯 척의 배에 총인원은 500여 명이었다.

금정산 금샘과 범어사가 전하는 화엄의 세계

금정산金井山은 항구 도시 부산의 진산이다. 해발 802미터로 그리 높은 산은 아니지만 부산의 명찰 범어사를 품고 있어서 부산 시민들의 사랑을 듬뿍 받고 있다. 《신증동국여지승람》에도 금정산과 범어사에 관한 기록이 나오는데 다음과 같다.

동래현 북쪽 20리에 금정산이 있고, 산꼭대기에 세 길 정도 높이의 돌이 있는데 그 위에 우물이 있다. 둘레가 10여 척이며 깊이는 7치쯤 된다. 물은 마르지 않고 빛은 황금색이다. 전설로는 한 마리의 금빛 물고기가 오색구름을 타고 하늘에서 내려와 그 속에서 놀았다 하여 금정이라 산 이름을 지었고, 여기에 절을 짓고 범어사라 불렀다.

금정산 금샘(부산광역시 기념물 제62호)은 금어 金魚가 사는 바위 우물에서 유래된 것으로 이 물이 마르면 큰 재앙이 온다는 속설이 전해져 온다. 금정산은 낙동강과 수영강의 분수계가 되는 산이다. 금정산의 최고봉은 북쪽의 고당봉(802미터)이며, 북쪽으로 장군봉과 계명봉(602미터)이 뻗어 있고, 남쪽으로는 원효봉(687미터)과 의상봉 그리고 파리봉과 상계봉 등 600미터 내외의 봉우리들이 백양산白陽山(642미터)까지 이어진다.

이 금정산에 사적 제215호로 지정된 금정산성이 있다. 이 산성은 원래 동래읍의 외성으로 축성되어 동래산성으로 불렸으나 금정산성으로 개칭되었다. 금정산성은 임진왜란이 끝난 뒤 당시 경상 감사의 진언으로 숙종 29년(1703)에 축성되었고 그 뒤 다시 증축되었다. 《숙종실록》에 의하면 주로 왜적을 막기 위해 쌓은 이 산성 안에 배치된 주된 병력은 400여 명 남짓이었다. 평시에는 상비군과 국청사와 해월사, 범어사 등의 인근 사찰 승들이, 유사시에는 동래, 양산, 기장 등 3개 읍 소속 군과 3개 읍 사찰의 승려들이 군사로 차출되어 지키도록 했다. 일제 강점기에 훼손되었다가 1972년부터 2년간 동·서·남 3문과 성곽 및 4개의 망루를 복원하면서 둘레 1만 7336미터, 높이 1.5~6미터인 우리나라 최대의 산성이 되었다.

금정산 기슭에 경남 통도사, 해인사와 더불어 3대 사찰의 하나로 손꼽히는 범어사梵魚寺가 있다. 이 절은 부석사를 창건한 의상대사가 나라의 열 곳에 창건한 화엄십찰華嚴十刹 중 한 곳이라고는 하지만 확실하

범어사

부산 금정구 금정산에 있는 범어사는 신라시대에 당나라에서 유학하고 돌아온
의상대사가 창건한 것으로 알려진 화엄종 사찰이다. 예부터 많은 고승들이 이곳을 거쳤다.

지는 않다. 숙종 26년(1700)에 동계東溪가 편찬한 《범어사창건사적梵魚寺創建事蹟》에 의하면 당나라 문종 태화太和 19년 신라 흥덕왕 연간(826~836)에 창건되었다고 한다. 하지만 여러 기록으로 보아 범어사의 창건은 의상이 당나라로부터 귀국한 문무왕 10년(670) 이후일 것으로 추정되며, 《삼국유사》의 기록과 같이 문무왕 18년에 창건되었다고 보는 것이 타당하다.

《삼국유사》에 따르면 신라 문무왕이 말년에 왜구의 침입이 잦아 퇴치 방안을 찾고자 고심하고 있을 때였다. 어느 날 꿈에 신인이 나타나 "태백산에 이인異人이 있으니, 그 사람을 불러다가 금정산 남쪽에서 7일 동안 밤낮으로 《화엄신중경》을 독송하며 정근하시면 왜구가 물러가고 다시는 침범하지 못할 것입니다"라고 했다. 이 말을 들은 왕이 그가 이인이라 말한 의상대사를 불러서 지금의 범어사 자리에서 왜구 격퇴를 기원하는 기도를 올렸더니 왜선들끼리 서로 공격하여 모든 병사가 빠져 죽고 살아남은 자가 없었다. 왕이 매우 기뻐하여 의상을 예공대사銳公大師로 삼고 범어사를 창건했다고 했다.

의상이 창건하고 의상의 제자 표훈表訓이 주석했던 범어사의 고려시대 역사는 전해 오지 않는다. 조선시대에 이르러 임진왜란 때 불타 버렸는데, 임진왜란 때는 서산대사의 제자들이 이 절을 근거지로 삼아 활동을 전개하여 중추적 기능을 전담했다. 이후 서산대사의 법통이 계승되어 선풍을 떨치며 많은 고승들을 배출했다. 이 절과 인연이 깊은 고승으로는 일생을 남에게 보시하는 것으로 일관한 낙안樂安, 구렁이가 된 스승을 제도한 영원靈源이 있다. 근대의 고승으로는 경허鏡虛와 한용운, 그리고 통합불교종단 초대종정을 지낸 성철의 은사 하동산이 이 절 금어선원에서 오래 수도했다.

범어사는 금정산의 넓은 산지를 이용한 산지 가람으로 특이한 가람 배치를 보인다. 아래에서부터 일주문一柱門, 천왕문天王門, 불이문不二門 등을 차례로 배치했다. 그리고 높은 축대를 쌓은 뒤 보제루普濟樓를 배치했으며 보제루 좌우에는 심검당尋劍堂, 비로전, 미륵전이 나란히 놓여 있다. 보물 제434호인 부산 범어사 대웅전은 임진왜란 때 불타 버린 뒤 선조 35년(1602)에 중건, 광해군 5년(1613)에 중수한 맞배집으로서 다포식 건물이고 이 외에도 보물 제250호인 삼층석탑이 있다.

이 절 입구의 일주문이 인상적인데, 기둥이 한 줄로 이룩된 3칸 건물로서 건물의 기둥은 아랫부분 3분의 2 정도까지 석주로써 조성했다. 그 위에 다포의 맞배지붕을 형성하고 있으며, 건물의 우측에는 '선찰대본산禪刹大本山', 좌측에는 '금정산범어사金井山梵魚寺'라고 쓰여 있다. 그 중앙에는 작은 글씨로 '조계문曹溪門'이라 쓰인 현판이 있는데, 부산 범어사 조계문은 보물 제1461호이다.

금정산성 아래에서 이름난 술이 금정산성막걸리다. 이 술이 처음 만들어진 시기는 조선 숙종 때 금정산성을 축성하면서부터라고 한다. 이 산성을 쌓을 때 동래 인근 지역에서 차출되어 온 부역꾼이 5만 명이나 되었다. 이 부역꾼들이 산성을 축조할 때 낮참으로 마셨던 술이 금정산성막걸리의 유래다. 산성 자락에 오吳씨와 장張씨 그리고 김金씨 성을 가진 3성姓이 정착하면서 금정산성막걸리를 빚기 시작했다. 이곳은 토질이 척박하여 농사를 지어도 3개월 정도만 소출이 날 정도라 이곳 사람들은 생계

범어사 일주문

한 마리의 금빛 물고기가 오색구름을 타고 하늘에서 내려와 그 속에서 놀았다 하여
산의 이름을 금정산이라 하고 절을 지어 범어사라 불렀다고 한다.

© 유철상

금정산 오솔길

부산광역시 금정구와 경상남도 양산시 동면에 걸쳐 있는 금정산은
태백산맥이 남으로 뻗어 한반도 동남단 바닷가에 이르러 솟은 부산의 진산이다.

유지 자체가 어려웠다. 그래서 지역 주민들은 밀 누룩을 만들어 성밖으로 내다 팔았는데, 노르스름한 곰팡이가 피고 고소한 냄새가 나는 황곡黃麯으로 술을 빚으면 그 품질이 뛰어났다. 금정산성의 누룩이 술 빚기에 좋다고 입에서 입으로 소문이 퍼져 나가자 나중에는 만주와 일본까지 팔려 나갔고, 그 소문을 들은 동래 부사가 군졸을 시켜 사다 마셨을 정도로 정결하고 맛이 좋았다. 금정산성막걸리는 1980년 국세청에 의해 향토주로 지정되었다.

반나절 만에 들쑤시던 아픔을 씻노라

'동래'라는 지명을 떠올리면 가장 먼저 떠오르는 것이 동래온천이다. 우리나라 온천 중 가장 역사가 깊기 때문일 것이다. 언제부터 동래에 사람들이 붐비기 시작했는지 정확히 알 수 없으나 초창기에 이 온천이 한몫한 것은 분명하다.

동래온천에는 예로부터 '백학 전설'이 내려오고 있다. 신라 때 동래 고을에 한쪽 다리를 못 쓰는 절름발이 할머니가 살고 있었다. 어느 날 할머니가 집 근처의 논배미에 절름거리는 백학 한 마리가 날아와 절름거리면서 주변을 돌아다니는 것을 보았다. "저 학도 나와 같이 절름거리는구나!" 하고 할머니가 같은 처지인 학을 가여운 눈으로 바라보았다. 다음 날도 학은 그곳에 와서 가만히 서 있었다. 그렇게 지내기를 3일째 되던 날 학이 이상하게도 다리를 절지 않고 돌아다니다가 날아가는 게 아닌가? 그것을 지켜본 할머니가 "이상한 일이다. 그렇게 절름거리던 학의 다리가 나았다니"라고 중얼거리며 학이 서 있던 논으로 가 보자 그곳에서 따뜻한 샘물이 솟고 있었는데 그 샘 주변이 불그스레하게 물들어 있었다. "나도 이 물에 다리를 담가 봐야겠다. 바로 이 샘이 다리를 고쳐 주는 샘인가 보구나!" 하고서 절름거리는 다리에 몇 번이고 그 약수를 찍어 발랐다. 그런데 효험이 있어 그 약수를 바른 지 며칠 만에 그렇게 아파서 절름거리던 다리가 원래대로 회복되었으며 그것을 지켜본 마을 사람들은 모두 놀랐다고 한다.

《삼국유사》를 보면 신문왕 시절에 재상 충원공忠元公이 장산국萇山國, 즉 동래의 온정에서 목욕을 하고 경주로 돌아갔다는 내용이 나오며, 그 외에도 신라의 왕들이 경주에서 울산, 양산을 거쳐 동래에서 목욕을 했다는 기록이 남아 있다. 따라서 동래온천은 이미 삼국시대부터 그 성가가 높았음을 알 수 있다. 이규보도 동래온천에 들었다가 시 한 수를 읊었다.

유황이 수원에 스며들었다는 걸 아직 믿지 못하겠거니와

해 돋는 곳에서 목욕한다는 일도 의심스럽네

땅이 후미져서 다행히 양귀비 더럽힘을 면하였으니

나그네가 잠시 온천을 즐기는 데 무엇이 방해되리오

세종 때에는 한양에 왔던 일본인들이 고국으로 돌아가는 길에 이곳에서 목욕을 했다고 한다. 비슷한 기록이 성현의 《용재총화慵齋叢話》에도 보인다.

동래온천이 가장 좋다. 마치 비단결 같은 샘물이 땅에서 솟아 나오는데, 그 물을 끌어들여 곡해斛에다 받아 둔다. 따뜻한 것이 탕과 같아서 마실 수도 있고 데울 수도 있다. 우리나라에 오는 일본인들도 반드시 목욕을 하고 가므로, 얼룩 옷을 입은 사람들의 왕래가 빈번하여 주현州縣은 그 괴로움이 많았다.

《신증동국여지승람》에 따르면 온천의 온도는 닭도 익힐 수 있는 정도였고, 병자가 목욕하면 병이 곧 나았으며 왕의 행차가 잦아 돌을 쌓고 네 모퉁이에 구리 기둥을 세웠다 한다. 그렇다 보니 동래온천에는 온정을 관리하는 관속인 온정직이 생겨났고 오가는 욕객을 위해서 온정원과 역마까지 두었다. 영조 42년(1766)에 동래 부사 강필리姜必履가 낡은 건물을 개축하고 세운 온정개건비溫井改建碑(부산시 지방문화재 기념물 제14호)가 동래구 온천동에 남아 있다.

일제 강점기 때인 1910년 11월에는 부산진에서 이어지는 전차 경편궤도輕便軌道가 개통되어 온천장 종점(현 온천장 입구 사거리 현대병원 자리)까지 연결되어 이때부터 동래는 온천장 특유의 지역으로 변모하기 시작했다. 일본인들은 이곳에 여관을 짓고 관광 사업을 벌이기 시작했는데 그런 분위기 탓인지 점차 기생들이 모여들었다고 한다. 가야금 잘 뜯고 춤 잘 추고, 노래 잘하는 기생들이 전화 호출을 받으면 2킬로미터쯤 되는 온천장으로 인력거를 타고 달려갔으며, 1920년대부터는 인력거 대신 택시를 타고 들락거렸다고 한다. 그 후 1940년에는 아예 기생 조합이 온천장으로 옮겨왔을 뿐 아니라 일본식 '권번'도 생겨났다. 1950년대 이후부터는 시영탕원市營湯源 6개 등과 40여 개의 목욕 숙박업소가 하루 900톤

쯤의 온천수를 뽑아 쓰기도 했다.

고려 후기 문신인 정포鄭誧도 동래온천을 노래했다.

예전부터 전하는 온천이며 욕실이 지금까지 남아 있네

수맥 온 곳이 그리 멀지 않아서

통의 언저리 아직 따뜻하네

이 년 동안 풍토병으로 고생하였지만

반나절 만에 들쑤시던 아픔을 씻노라

이 즐거움 증점 曾點 (공자의 제자)을 빼고는

더불어 논할 만한 사람이 없다네

동래온천은 나라 곳곳에 온천이 많이 개발되면서 그 명성이 갈수록 퇴색해 가고 있을 뿐이다.

새 많고 물 맑던 을숙도는 이제

부산은 몰라도 자갈치 시장은 안다고 할 정도로 널리 알려진 자갈치시장은 1930년대 말 두 차례에 걸친 바다와 자갈밭 매립으로 마련된 터전이다. 매립하기 전에 워낙 자갈밭이 많았던 곳이어서 자갈치라는 이름이 붙었다고 한다. 태종대와 해운대해수욕장으로 널리 알려진 부산항이 강화도 조약으로 개방된 것은 고종 13년(1876)이다.

© 부산시청

감만항

부산의 대표 물류 지역인 감만항 인근은 한때 대규모 철강 공장과 기업이 밀집해
활기가 넘쳤던 곳이다.

© 부산시청

신선대 부두

부산항의 만성적 적체를 보완하기 위해 1985년 12월 북외항에 신선대 부두 건설을 시작으로
주요 항만 시설을 비롯한 모든 부대시설이 증축, 정비되었다.

일본이 만들어 낸 전형적인 식민지 항구 도시 부산이 개항되었을 때 인구는 3300여 명 남짓이었다고 한다. 현재 부산의 중심 지구인 남포동, 광복동, 중앙동, 대교동 일대가 당시에는 푸른 물이 넘실거리는 바다였다. 고종 12년의 부산을 지켜본 일본 거류민단의 마지막 단장이었던 오이케 쥬스케大池忠助는 1926년 11월에 쓴《부산 개항 50주년 회고록》에서 당시를 다음과 같이 회상한다.

1875년의 부산의 모습은 쓸쓸하기 짝이 없었다. 대창동, 남포동 일대는 그 뒤에 매축한 곳으로 그때는 모두 바다였다. 번화가로 알려진 광복동 같은 곳도 그때는 한복판에 도랑이 있고 풀만 무성하여 여우라도 나올 듯하였다.

또한 그 무렵 일본 거류민단을 위해 은행을 설치한 오쿠라 기하치로大倉喜八郎도 그와 비슷한 기록을 남겼다.

1876년에 내가 첫발을 들여놓은 부산항은 흰 모래와 푸른 솔의 해안에 종일 파도가 밀려 왔다 갔다 하는 것밖에는 아무것도 없는 작은 어촌이었다. 육지에는 한국인들이 쇠뼈와 쇠가죽을 햇볕에 말리고 있었을 뿐이다. 배를 매어 둘 만한 부두조차 없었다.

한편 영국왕립지리학회 회원으로 고종 31년(1894)부터 3년간 한국과 중국, 일본을 답사한 이사벨라 버드 비숍Isabella Bird Bishop은《한국과 그 이웃 나라들》에서 부산과 낙동강에 대해 다음과 같이 기록했다.

나가사키항에서 한국의 부산항까지는 증기선으로 15시간밖에 걸리지 않았다. (…) 부산에서 11.2킬로미터 떨어진 곳에 입구가 있는 낙동강은 수심 1.5미터의 물을 거슬러 밀양에서 80.5킬로미터를 증기선으로 항해할 수 있고, 수심 1.2미터의 물을 거슬러 정크junk선으로 사문까지 160킬로미터를 더 갈 수 있으며, 거기서는 짐을 가벼운 견인 보트에 옮겨 싣고 연안에서 274킬로미터 떨어진 상진까지 올라갈 수 있다. 이 이용 가능한 수로와 많은 논란을 불러일으켰던 서울-부산 간 철도가 곧 이루어지리라는 어렴풋한 전망과 더불어 부산은 상업의 중요한 중심이 될 가능성이 충분히 있다. 부산을 포함하고 있는 경상도 지방은 8개의 지방(현 13개) 가운데 인구가 가장 많다. 또 경상도 지방은 전라도의 일부 지역을 제외하면 현재 한국에서 가장 번창하고 있는, 비옥한 지방임이 확실하다. (…)

나는 증기선 갑판의 먼 거리에서 한국인들을 처음 보았다. (…) 한국인들은 참신한 인상을 주었다. 그들은 중국인과도 일본인과도 닮지 않은 반면에, 그 두 민족보다 훨씬 잘생겼다. 한국인의 체격은 일본인보다 훨씬 좋다. 평균 신장은 163.4센티미터지만, 부피가 큰 흰옷 때문에 키는 더욱 커 보인다. 또 벗고 있는 것을 볼 수가 없는 높다란 관 모양의 모자 때문에도 키는 더 커 보인다.

중국과 일본, 한국 등 세 나라를 답사한 이사벨라 비숍이 세 나라 사람들 중 조선 사람이 가장 키도 크고 잘생겼다고 한 데서 오늘날 동남아와 전 세계를 뒤흔들고 있는 한류가 문득 떠오른다.

조선시대까지만 해도 영남의 유일한 소금 산지였던 강서구 명지동의 명지소금은 광복 이후 서해안의 염전에 밀려 사라지고 염전 터는 광활한

파밭으로 변했으며, 부산에서 낙동강은 강으로서의 생을 마감한다. 그렇다. 수많은 사람들이 태어나고 죽고 열 나라가 일어서고 쓰러져도 낙동강은 1000년이고 2000년이고 그냥 그대로 낙동강일 뿐이다. 그런 낙동강이, 서걱거리는 갈대와 새들의 천국이었던 낙동강이 개발이라는 미명하에 인간에 의해 훼손되기 시작한 것은 그리 오래전 일이 아니다.

낙동강 하구의 대표적인 삼각주로 알려진 을숙도乙淑島는 70만 평 규모로 서울의 여의도와 비슷한 면적이다. 이곳에 낙동강 하굿둑이 준공된 것은 1987년이다. 부산시 사하구 하단동에서 강서구 명지동까지 을숙도를 가로질러 세워진 거대한 물막이 댐을 만들게 된 것은 식수와 농업용수로 쓸 강물을 충분히 확보하기 위해서였다. 도시의 규모가 팽창하면서 물이 부족해진 부산시는 낙동강 물을 확보하고자 했다. 하지만 만조 때만 되면 바닷물이 하구에서 40킬로미터가량 떨어진 삼랑진까지 올라왔는데, 이 물이 부산 시민들이 먹는 물금취수장을 거쳐 가기 때문에 수돗물에 바닷물이 들어가기 일쑤였다. 또한 김해평야 역시 만조 때마다 밀려드는 짠물 때문에 어려움을 겪었다. 결국 낙동강에 하굿둑을 만들었고, 그 뒤부터 짠물이 섞이지 않는 강물을 1년에 7억 5000만 톤가량 확보하게 되었다. 이렇게 물 사정은 좋아졌지만 흐르던 물이 고이면서 강은 심각하게 오염되었고, 생태계에 이상이 생기면서 낙동강 하구 을숙도에 찾아오던 철새들과 각종 물고기 및 수서생물들이 눈에 띄게 줄어들었다.

부산시는 그 뒤 을숙도 하굿둑 15만 평에 쓰레기 매립장을 설치하여 1993년부터 4년간 부산시에서 나오는 각종 생활 쓰레기 579만 톤을 묻었다. 1980년대 이전까지만 해도 동양 최대의 철새 도래지로 명성이 자

울숙도가 사라지고 난 낙동강 하구

낙동강 하구의 대표적인 삼각주로 알려진 울숙도는 70만 평 규모로
서울의 여의도와 비슷한 면적이다. 이곳에 낙동강 하굿둑이 준공된 것은 1987년이다.

자했던 을숙도에는 206종의 10만 마리가 넘는 철새들이 찾아왔다는데, 지금은 고니와 청둥오리 등 몇 종류의 소수 개체만이 찾아올 뿐이다. 게다가 부산에서 나오는 분뇨가 낙동강에 마구 버려져 '낙똥강'이라고까지 불렸다. 오죽했으면 '안동 똥물 대구 사람들이 먹고 대구 똥물 부산 사람들이 먹는다'라는 말이 회자되었을까? 시인 이동순은 시 〈낙동강〉을 통해 경고한다.

> 잠시도 쉬지 않고 퍼부어 대는 저 독하디독한
>
> 강가의 쓰레기 매립
>
> 가축 분뇨 댐 공사에 광산 폐수
>
> 농약 생활하수 가두리양식 찌꺼기
>
> (…)
>
> 탁한 강물을 마셔서
>
> 마음조차 흐려진 이곳 강 유역의 주민들은
>
> (…)
>
> 밤마다 그들의 목을 휘감아오는
>
> 저 차고 무거운 쇠사슬이
>
> 사실은 죽은 강줄기의 망령임을
>
> 소스라쳐 깨어서도 눈치채지 못한다

이제는 을숙도 남쪽 끝에 위생 처리 관리소를 세워 이곳을 거쳐 동해 쪽의 바다에 버리게 되었다니 그나마 다행이다.

돌아와요 부산항에

"꽃 피는 동백섬에 봄이 왔건만 / 형제 떠난 부산항에 갈매기만 슬피 우네 / 오륙도 돌아가는 연락선마다 / 목메어 불러보는 대답 없는 내 형제여 / 돌아와요 부산항에 그리운 내 형제여", 가수 조용필이 부른 〈돌아와요 부산항에〉는 부산을 대표하는 노래다. 가사에 나오는 그 오륙도가 《여지도서》에도 보인다.

오륙도五六島는 관아의 남쪽 30리 절영도 동쪽에 있다. 깎아지른 듯한 뾰족뾰족한 봉우리가 바다 가운데 줄지어 서 있는데, 동쪽에서 바라보면 여섯 개의 봉우리로 보이고, 서쪽에서 바라보면 다섯 개의 봉우리로 보이기 때문에 '오륙도'라고 하였다. 그 첫째 봉우리에 중국의 장수 만세덕의 비석이 있다고 한다.

오륙도보다 더 이름난 곳이 바로 여름철이면 하루에 수백만 명의 피서 인파가 몰리는 해운대다. 《신증동국여지승람》에 실린 해운대의 모습을 보자.

해운대는 관아의 동쪽 18리에 있다. 산의 절벽이 바닷속에 빠져 있어 그 형상이 누에의 머리와 같으며, 그 위는 온통 동백나무와 두충나무, 소나무, 전나무 등으로 덮여 있어 싱싱하고 푸름이 사철 한결같다. 이른 봄철이면 동백꽃잎이 땅에 쌓여 노는 사람들의 말굽에 채고 밟히는 것이 3~4치나 되며, 남쪽으로는 대마도가 아주 가깝게 바라보인다. 신라 때 최치원이 일찍이 대臺를 쌓고 놀았다고 하는데, 유적이 아직도 남아 있다. 어떤 말에는 최치원이 자字를 해운海雲이라고 하였다 한다.

이 설명에 따르면 해운대는 현재 동백섬 동쪽 벼랑을 가리킨다. 해운대를 중심으로 여덟 가지 아름다운 경치가 있었다. 해운대와 장산폭포, 장산에서 흘러내리는 장지개울물, 해운대 바다에 뜬 돛단배, 해운대의 온천물, 장산 남쪽에 있는 간비오산干飛烏山에서 오르는 봉화, 중 2동에서 보는 해지는 모습 그리고 춘천春川에 고기 뛰는 모습이 해운대 팔경이었다. 하지만 어느 사이에 춘천의 물은 폐수로 썩어서 고기들이 뛰놀지 못하고, 간비오산의 봉홧불도 꺼져 버려 옛이야기가 되고 말았다. 섬이었던 동백섬은 섬이 아닌데 그 동백섬에 최치원의 자취가 남은 '해운대海雲臺'라는 글씨가 새겨져 있고, 최치원의 동상이 서 있어 1000년 전 역사를 회고해 볼 수가 있다.

1920년대까지만 해도 해운대는 소나무숲이 우거지고 모래가 춘천의 입구까지 수북하게 쌓인 갯가였다. 한국전쟁이 끝난 뒤부터 해수욕장과 휴양지로 개발되기 시작했다. 해운대해수욕장은 그 길이가 1.8킬로미터에 이르고, 폭은 50미터, 면적은 약 5만 8400제곱미터쯤 되며 제일 먼저 개장해 여름을 알리는 곳이다.

여름 성수기에는 하루 100만 명의 인파가 몰려서 모래사장을 볼 수 없을 정도로 인산인해를 이루는 곳이 해운대해수욕장이나 이제는 사시사철 대한민국의 대표 휴양지로 자리매김하고 있다. 하지만 개발과 발전 속에서 사라진 것들도 많다. 1960년대까지만 해도 해운대 앞바다에서 소라며

ⓒ 부산시청

동백섬 누리마루

2005년에 열린 APEC 정상회담 회의장으로 사용하기 위해 부산광역시가
해운대구 동백섬에 세운 누리마루는 한국 전통 정자와 동백섬의 능선을 표현한 건축물이다.

해운대

일제 침략 이후 휴양지로 근대적 개발이 시작된 해운대는 이제 대한민국을 대표하는
관광지일 뿐 아니라 국내 최대의 전시, 컨벤션 행사가 열리는 국제도시로 탈바꿈하고 있다.

전복을 따던 해녀들이 많았는데, 해녀들은 사진 속에만 남아 있고 그 무렵 이름 높았던 해운대암소갈비도 그저 이름으로만 남아 있을 뿐이다.

조선 숙종 연간의 문신이었던 김석주金錫胄의 시를 보면 대마도가 지척에 있는 듯하다.

해운대 위에서 신선 사는 삼신산 바라다보고서
취한 나그네 미친 듯 읊으니 기분 절로 으쓱하네
하늘의 별을 우러러보니 손에 닿을 듯 말 듯 하고
너른 바다를 굽어보니 작은 술 단지처럼 보이네
조룡祖龍에 돌이 있으니 물고 장차 달려가서
둥그스름한 대마도를 베어 버리고 돌아오려나
피리와 북소리 한 번 울리니 파도가 들끓는데
장군의 위엄 서린 호령에 천둥소리 잦아드네

조선 전기 문신 권반權攀의 시에서도 대마도가 가까이 보이는 곳이 해운대해수욕장이다.

거울처럼 깨끗한 물결이 바람 불지 않아 잔잔하니
앉아서 부상扶桑에서 목욕하는 붉은 해 보겠구나
대마도는 눈썹처럼 푸르게 보이는데
크나큰 하늘과 땅이 가슴 속에 휩싸여 들어오네

해운대 근처에 있는 망부석에는 옛날 왜인에게 끌려간 남편을 이곳에 나와 기다리던 여인의 한이 서려 있다.

해운대와 함께 부산에서 이름난 명승지가 영도구 동삼동에 있는 태종대太宗臺(명승 제17호)이다. 면적 1795제곱미터의 태종대를 둘러싼 태종산의 최고봉은 높이 250미터이고, 산 전역을 수십 년 된 소나무숲이 에워싸고 있다. 바다에 면한 돌출부가 기암절벽으로 이루어졌고, 절벽에 부딪히는 우레와 같은 파도 소리가 이곳의 경치를 더욱 돋보이게 하므로 해금강海金剛과 같다고 한다. 태종 무열왕이 활을 쏘았다고 하여 혹은 조선 태종과 동래 부사가 기우제를 올려 태종우가 내렸다고 하여 명명되었다는 지명에 관한 유래가 전해진다.

낙동강 하구인 사하구 다대동에 있는 경승지인 몰운대沒雲臺(부산광역시 기념물 제27호)는 부산광역시 중심가에서 남서쪽으로 16킬로미터 떨어진 다대곶 동편에 있다. 몰운대는 예전에 섬이었지만 점차 낙동강에서 밀려온 토사가 쌓이면서 육지와 연결된 것으로 추정되는데, 대마도와 가까워 일본과 교역하는 주요 해상로로 이용되었다. 시도 때도 없이 왜구들이 자주 출몰하여 해상 노략질을 일삼았던 이곳은 임진왜란 당시 이순신 장군의 선봉장이었던 녹도만호 충장공忠壯公 정운鄭運에 얽힌 이야기가 서려 있다.

이곳 앞바다에서 전사한 정운은 몰운대라는 지명을 듣고 운雲과 운運이 같은 음인 것을 따라 "내가 이 대에서 죽을 것이다我沒此臺"라고 했고, 그의 말 대로 이곳에서 순절했다. 그런 연유로 몰운대에는 정운의 순절을 기리는 정운순의비鄭運殉義碑가 서 있다. 몰운대 최남단은 군사 보

315

태종대

태종대는 영도의 남동쪽 끝에 위치하는데 울창한 숲과 해식 절벽이
푸른 바다와 조화를 이룬다.

송정항

송정항은 일찍부터 포구가 발달한 지역으로 현재 300세대 정도가 어업에 종사하며
주로 광어, 도다리, 갈치 등을 어획하며 겨울철에는 미역 양식을 한다.

호 지역으로 일반인의 출입이 금지되고 있으며 언덕 전체가 소나무숲을 이루고 있지만 예전에는 동백나무가 울창했던 곳이다.

이렇게 다사다난했던 부산이 개화의 바람을 타고 세계열강들에게 개방되었는데 비숍의 글에서 당시 부산의 모습을 엿볼 수 있다.

한국인들이 사는 부산 구시가지는 비참한 장소였다. 하지만 그 후의 경험은 내게 그곳이 일반적인 한국의 소도시들보다 더 비참한 것도 덜 비참한 것도 아님을 보여 주었다.

부산 구시가지의 좁은 거리는 초라한 오두막집들로 채워져 있었다. 그 오두막집들은 창문이 없는, 진흙으로 된 담벽과 짚으로 된 지붕의 처마를 가졌다. 모든 벽에는 지상으로부터 60센티미터 되는 높이에 굴뚝의 역할을 하는 검은 연기 구멍이 나 있었다. 오두막집들 바깥에는 고체와 액체의 쓰레기들이 버려진 불규칙한 도랑이 있었다. 도랑 옆에는 옴이 오르고 털이 빠진 개들과 눈이 짓무르고 때가 비늘처럼 벗겨지는 아이들이 있었다. 아이들은 완전히 발가벗거나 반쯤 벌거벗은 채로, 들끓는 악취에도 아랑곳하지 않고 두터운 먼지와 진흙 속에 뒹굴거나, 햇빛 속에서 헐떡거리며 눈을 껌벅거리고 있었다. 좁고 먼지 많은 구불구불한 거리를 따라 상품들이 땅바닥에 무더기로 놓여 있었으며 더러운 흰 면옷에 둘둘 말린 남자나 나이 많은 여자들은 서로를 경계하고 있었다. 물건을 흥정하는 소리가 드높고, 물건값을 깎느라 많은 시간이 낭비되는데 팔릴 때는 원래 불린 값의 10분의 1도 못 미치기 일쑤였다.

7

새재 아래 고을들

새들도 쉬어 넘는 선비들의 과거길

천연의 험지 조령을 적에게 넘기다니

《택리지》는 문경을 다음과 같이 기록하고 있다.

경상 우도에서 조령鳥嶺 밑에 문경이 있다. 북쪽에는 우뚝하게 솟은 주흘산 主屹山이 있고, 남쪽에는 견탄犬灘(문경시 호계리 인근에 있는 용연 하류)이 있다. 서쪽에는 희양산과 청화산이, 동쪽에는 천주산과 대원산이 있다. 사방 산속이 나 들판이 제법 넓게 펼쳐져 있다. 영남 경계에 있은 첫 고을이고 남북으로 통 하는 큰길이 닿아 있다. 임진왜란 때 왜적이 북쪽으로 쳐 올라오다가 견탄에 이르러 크게 두려워하였는데, 지키는 사람이 없음을 염탐한 다음에 비로소 지 나갔다. 조령에 이르러서도 또한 그러하였다. 그러나 문경은 지대가 높은 고을 이면서 아주 험한 산속이라서 풍수가가 말하는 살기殺氣가 남아 있는 곳이다.

선조 22년(1589)에는 정여립의 기축옥사가 일어나 1000여 명의 사상 자를 냈고, 3년 뒤인 선조 25년에는 조선 역사상 가장 큰 국난인 임진왜란이 일어났다. 여러 가지 원인이 있겠지만 가장 중요한 것은 당쟁의 소용돌이 속에서 국리민복國利民福에 관심을 쏟지 못했기 때문이다. 또한 《선조수정실록》에 기록된 대로 "깊숙이 팔짱만 끼고 아무 일도 하지 않는 자세"만을 계속하여 국가적 위기 상황을 올바르게 인식조차 하지 못했기 때문이다.

4월 13일 오후 5시, 일본은 20만 병력을 9개 부대로 나누어 조선 침략에 나섰다. 부산포에 상륙한 왜군은 채 보름도 지나지 않아 선산과 상주를 함락하고 문경으로 진격해 왔다. 파죽지세로 치닫는 왜군의 무서운 기세 앞에 조선 정부는 속수무책이었다. 《명사明史》〈조선전朝鮮傳〉에는 "당시 조선은 태평 시대가 오래 계속되어 군대는 전쟁을 익히지 않은 데다 연(선조)마저 유흥에 빠져 방비를 게을리하였다. 이 때문에 섬나라 오랑캐들이 갑자기 쳐들어와 난을 일으키자 적을 보기만 해도 놀라 흩어져버렸다"라고 기록되어 있다.

신립申砬은 충주의 단월역에 군사를 주둔한 뒤 충주 목사 이종장李宗張, 종사관 김여물金汝岉과 함께 새재를 정찰한 다음 작전 회의를 열었다. 신립이 두 사람에게 새재와 탄금대 중 어느 쪽이 유리할지를 묻자 김여물은 "왜적은 큰 병력이지만 우리는 작은 병력을 가지고 있어서 정면으로 전투를 벌이기보다 지형이 험한 새재의 양쪽 기슭에 복병을 배치한 후 틈을 보아서 일제히 활을 쏘아 적을 물리치는 것이 좋겠습니다. 그렇지 않으면 서울로 돌아가 지키는 것도 하나의 방법일 것입니다"라고 했고, 이종장 또한 "적이 승승장구하고 있어서 넓은 들판에서 전투를 벌이는 것은 불리할 듯싶고, 이곳의 험준한 산세를 이용하여 많은 깃발을 꽂고 연기를 피워 적을 교란한 뒤 기습하는 것이 좋겠습니다"라고 했다. 하지만 신립은 "적은 보병이고 우리는 기병이니 들판에서 기마로 짓밟아 버리는 것이 더 효과적인 전술이오, 또 우리 군사는 훈련이 안 되었으니 배수의 진을 쳐야 합니다"라고 한 뒤에 탄금대 앞에 배수진을 쳤다. 결국 왜군은 아무런 저항도 없이 새재를 넘었다. 그들은 조령의 중요성을 알았기 때문에 세 차례나 수색대를 보내 한 명의 조선군도 배치되어 있지 않음을 알고 난 후에야 춤을 추고 노래하면서 고개를 넘었다고 한다. 그리고 곧 왜군은 충주 탄금대에 배수진을 친 조선 방어군을 전멸시켰다. 이것이 탄금대 전투다. 신립 장군이 새재에서 적병을 막았다면 전란의 양상은 바뀌었을 것이다. 결국 조선의 최정예 부대를 거느렸던 신립은 문경새재를 넘어 밀고 올라오던 왜장 가토 기요마사와 고니시 유키나가를 맞아 분전했으나 참패했다. 신립은 천추의 한을 품은 채 남한강에서 투신 자결하고 말았는데, 그의 흔적은 그가 열두 번을 오르내리며 부하들을 독려하다가 숨겼다는 열두대에 남아 있을 뿐이다. 지금도 논쟁거리를 제공하고 있는 것이 '어째서 신립은 문경새재를 방어하지 않고 충주 탄금대에 진을 쳤는가'이지만 이는 이미 지나가 버린 옛일일 따름이다.

방어의 요지임이 되풀이 강조되었고, 현지 실측이 시행되자 구체적인 방안을 선조 27년(1594)에 류성룡이 제시했다. 충주 사람으로 수문장 출신인 신충원辛忠元이 조정의 결정에 앞서 조령에 머물면서 단독으로 설관에 착수했다. 그가 이루어 놓은 첫 번째 시설이 지금의 중성中城이다. 류성룡은 이 성의 축성 경위에 대해 〈조령축성鳥嶺築城〉이라는 글을 남겼는데 《서애집》에 전한다.

임진란에 조정에서 변기邊璣를 보내 조령을 지키게 했는데, 신립이 충주에 이르러서 변기를 휘하로 불러들여 조령의 지키는 일을 포기하였다. 적이 조령 길에 복병이 있을까 두려워 수일간을 접근하지 못하고 배회하면서 여러 번 척후로 자세히 살펴 복병이 없음을 알고 난 후에 비로소 조령을 통과하였다. 명나라 장수 이여송이이 조령을 살펴보고 탄식하기를 "이 같은 천연의 험지를 적에게 넘기다니 총병總兵 신립은 참으로 병법을 모르는 자다"라고 하였다. 내가 이듬해인 계사년(선조 26, 1593)에 남쪽의 진중을 왕래하면서 다시 조령의 형세를 보니, 관문을 설치하고 양변을 따라 복병하면 적을 방어할 수 있을 것 같았으나 군읍에 씻은 듯이 사람이 없으니 어찌할 도리가 없었다.

충주 사람 신충원이라는 자가 의병으로 조령에서 적병의 중간을 꺾어 목을 베고 노획한 군공으로 수문장이 되었는데, 조령의 도로를 하나같이 알고 있어 그곳에 가기를 청하였다. 내가 조정에 아뢰어 공명첩空名帖(명목상의 관직을 내릴 때 쓰는 백지 임명장) 수십 장을 주어 그로 하여금 사람을 모집해서 성을 쌓게 하였다. 드디어 응암鷹巖에다 성을 쌓고 문루를 세우게 하며 유랑민을 모아 달천, 장항, 수회촌, 안보에 둔전을 하여 도로를 통하게 하라고 하였다. (…) 그러나 정유년(선조30, 1597)에 왜적이 재차 움직였을 때 조령을 피했고 전라·충청도의 피난민들로 신충원을 찾아가 의지한 사람들이 산중에 꽉 찼었다. 사람들이 말하기를 성을 설치한 공 때문이라고 하였다.

이 중성은 숙종 34년(1708)에 크게 중창되었는데 이것이 곧 제2관문이다. 문경읍 쪽에서 고갯길을 따라 10킬로미터 남짓 떨어진 산속에 제1관문인 주홀관主屹關이 있고, 거기서 3.1킬로미터 떨어진 곳에 제2관문인

주흘산

문경새재 도립공원 드라마 촬영장을 앞에 둔 주흘산은 '산 우뚝 솟을 흘屹' 자를 가진
이름처럼 영남의 관문으로 우뚝 서 새재를 굽어보고 있다.

조곡관鳥谷關이 있으며, 거기서 다시 3.5킬로미터 떨어진 곳에 제3관문인 조령관鳥嶺關이 있다. 그리고 남쪽에서 북쪽으로 4.5킬로미터에 이르는 거리에 돌로 성을 쌓았는데, 지금은 허물어져 이름조차 전하지 않는다.

고개 너머 유장한 세월들

권근은 문경의 형승을 말하길 "관갑串岬이 가장 험하여 벼랑에 의지하여 사다리 길을 만들었다"라고 했으며, 조선 전기 문신 어변갑魚變甲은 시에서 "방비 시설이 함곡관같이 장하고, 가기 힘들기는 촉나라 길처럼 험하다" 했다. 경상북도 문경시에서 충북으로 넘어가는 고갯길인 조령, 이화령 그리고 하늘재 밑에 문경이 있으며, 북쪽에는 주흘산이 있다.

부족 국가 때 고사갈이성高思葛伊城이라고 불린 문경聞慶은 신라의 땅이 되어 관문현冠文縣으로 이름이 바뀌었다. 그러다가 고려 현종 때 문희군聞喜郡이라 불렸고, 공양왕 때에 이르러 문경이 되었다. 삼국시대에 이곳은 고구려, 신라, 백제의 세력이 북진과 남진을 되풀이한 전략적 요충지였다. 신라가 북쪽으로 나가려고 새재 사이에서 가장 낮은 고개인 계립령鷄立嶺, 즉 하늘재를 개척한 것이 일성왕 21년(154)이었다. 죽령보다 2년 먼저 개척한 하늘재는 문경현에서 7킬로미터, 조령관에서 동북쪽으로 4킬로미터 떨어진 곳에 있다.

고구려 장군 온달이 "하늘재와 죽령 서쪽이 우리에게로 돌아오지 않으면 나도 돌아오지 않겠다"라며 싸움터에 나갔다가 아차산성에서 죽었다

© 유철상

문경새재 조령관

문경새재에 있는 세 개의 관문 중 제3관문인 조령관은 충청도와 경계를 이루며
고려 초부터 조령이라 불리면서 중요한 교통로의 역할을 했다.

는 이야기가 남아 전한다. 지금도 문경읍 관음리의 하늘재 북쪽에 남은 차단성과 더불어 신선봉, 조령관, 깃대봉을 거치는 능선에는 자연 지세를 이용하여 쌓았던 성의 흔적이 남아 있다.

한편 삼국시대부터 불교문화가 전해지는 길목이던 문경에는 수많은 절터와 불교 문화재가 남아 있어 이곳이 신라시대부터 불교의 성지를 이루었음을 보여 준다. 하늘재에서 마의태자가 머물렀다는 미륵리 절터까지는 30분이면 넘어갈 수 있는데, 이 고개는 포졸들이 삼엄하게 지키고 있는 새재를 떳떳이 통과할 수 없는 신분의 사람이나 보부상 그리고 길을 더럽히는 말이나 소를 동반한 천민들이 넘는 눈물 고개였다. 소설가 김주영은 《객주》에서 "문경읍에서 여주목 고개를 올라서서 대의산 자락을 오른쪽으로 끼고 여우목을 지나 중평리 계곡을 거쳐 포암산 중턱인 하늘재를 넘어 수안보에 이르는 험로가 바로 이곳이다"라고 이 고개를 그리기도 했다.

하늘재에서 문경읍에 이르는 길목에는 문경 관음리 석조반가사유상, 봉정리 약사여래좌상, 갈평리 오층석탑 등의 문화재들이 있다. 신라와 고려시대의 큰길이었던 하늘재를 대신하여 문경새재를 개척한 것은 조선 태종 때였다. 그러나 1977년에 실시된 새재 발굴 조사 사업의 결과에 따르면, 조령관 터에서 신라의 토기 종류가 많이 출토되고 객관 형태의 건물이 있었던 것이 확인되면서 이 고갯길이 고려시대 이전부터 뚫려 있었으며 물물교환을 하고 사람들이 묵던 원院, 즉 객관이 있었던 것으로 밝혀졌다. 홍귀달의 쓴 〈유곡역중수기幽谷驛重修記〉에 "영의 남쪽 60여 주는 지역이 넓고 인구와 물산이 많은데, 그 수레와 말들이 모두 유곡의 길로 모여들어야 서울로 갈 수 있고, 서울에서 남쪽으로 내려가는 사람들은 이곳을 지나야 한다. 이 역을 사람에 비긴다면 곧 영남의 목구멍이라고 하겠다" 한 유곡역은 현재 문경시 유곡동으로, 영남대로에서 가장 중요한 역 중의 하나였다.

영조 4년(1728)에 이인좌의 난이 일어나자 반란군을 막기 위해 군사들이 새재로 몰려들었고, 고종 8년(1871)에는 진주민란과 영해민란의 주동자였던 이필제가 이곳에서 잡히기도 했다. 그런데 1925년에 문경읍 각서리에서 해발 548미터의 이화령을 넘어 충청북도 괴산군으로 가는 산길에 신작로와 터널이 뚫리자 해발 642미터의 새재는 역사와 전설이 서린 채 버려진 길이 되고 말았다. 그러다가 1970년대 중반에 들어와 퇴락했던 관문들을 복원하면서 명소로 알려지게 되었다. 이렇듯 한갓지고 소외되었던 문경새재가 새롭게 조명받기 시작한 것은 대하 사극 〈태조 왕건〉이 방영되면서부터다.

"문경새재 물박달나무/홍두깨 방망이로 다 나간다/홍두깨 방망이 팔자 좋아/큰아기 손질에 놀아난다/문경새재 넘어갈 제/굽이야, 굽이야 눈물이 난다"라는 〈문경새재 아리랑〉처럼 새재 50리 길에 우거졌던 박달나무도, 한국전쟁 전까지 이 일대 주민들이 만들어 팔았다는 방망이도 이제는 모두 옛말이 되고 말았다. 또 문경은 예로부터 신씨와 돌과 호랑이가 많다 하여 '신석호申石虎'라는 상징적인 이름을 갖고 있었다. 이제 사라진 호랑이와 줄어든 신씨를 빼면 문경을 상징하는 것은 돌뿐인 셈이다.

경북팔경의 으뜸으로 꼽히는 진남교반鎭南橋畔, 삼각산과 비슷하게 생겨 서울에서 삼각산과 자리다툼을 하다 문경으로 내려와 버렸다는 전설이 있는 주흘산, 단풍이 곱기로 소문이 자자한 가은읍의 희양산과 선유동의 선유구곡, 문경시를 가로질러 흐르는 수석 산지로 이름난 영강 등 경치와 물과 돌이 어울려 빚어낸 절경이 곳곳에 널려 있어 옛 선비들은 문경을 마음의 고향, 즉 심향心鄕이라 부르기도 했다.

문경 지역에 이름난 절들이 많다. 신라 헌강왕 때 지증대사가 세운 가은읍 원북리 봉암사鳳巖寺는 승려들의 수도처라서 1년에 음력 4월 초파일에만 산문을 여는 절로 유명하다. 이곳에는 최치원이 비문을 지은 지증대사탑비智證大師塔碑(국보 제315호) 외에도 여러 보물들이 있다. 산북면 김용리에 운달조사가 세운 김룡사金龍寺, 농암면에 원효대사가 세운 원적사圓寂寺와 심원사深源寺, 문경읍에 보조국사가 세운 혜국사惠國寺, 신라 진평왕 때 사면에 불상이 새겨진 바위가 산북면 공덕산 꼭대기에 내려앉자 그 바위 옆에 세웠다는 대승사大乘寺 등이 있다. 9세기 말 신라의 지증대사는 희양산 기슭에 있는 봉암사 절터를 둘러본 다음 "중의 거처가 되지 않으면 도둑의 소굴이 될 것이다" 했는데 그래서인지 문경 깊숙한 골짜기엔 절도 많았지만 도적도 많았다.

한편 문경시 가은읍 갈전리 아차마을의 금하굴金霞窟에서 후백제를 창건한 견훤이 태어났다고 하며, 농암면 경계에 있는 천마산에는 견훤이 쌓은 뒤 군사 훈련을 시켰다는 천마산성 터가 남아 있다. 이 지역 사람들은 이곳을 견훤산성이라고도 부르는데, 이곳에 견훤과 관련된 전설이 전해 내려온다. 옥황상제의 딸과 몰래 사랑을 속삭이던 구호는 옥황상제에게 발각되어 천마산으로 유배를 오게 되는데, 호랑이에게 아버지를 잡아먹힌 아비라는 처녀를 만나 함께 살게 되었다. 그런데 아비의 해산날을

©유철상

교귀정

문경새재 도립공원 안에 있는 교귀정 交龜亭은 조선시대 경상 감사의 인수인계인
교인식이 거행되던 곳에 세워진 정자이다.

ⓒ유철상

새재라는 이름은 새도 날아서 넘기 힘들 만큼 험한 고개라고 하여 불렸다는 이야기도 있고,
억새가 우거져 그런 이름이 생겼다는 이야기도 있다.

332

문경 김룡사

문경시 산북면 운달산에 있는 김룡사는 신라 진평왕 10년(588)에 운달雲達이 창건하여
운봉사雲峯寺라고 했는데, 효종 원년(1649)에 지금의 이름으로 개칭했다.

얼마 앞두고 구호가 하늘로 돌아가야 할 때가 돌아왔다. 아비를 데리고 가자니 공주에게 면목이 없었지만 두고 갈 수가 없어 구호는 아비와 함께 천상에 오르는데, 이를 본 옥황상제와 공주가 크게 화를 내며 그들을 내쫓았다. 이때 구호가 탔던 백마는 떨어져 천마산이 되고 구호와 아비는 천마산 동쪽에 떨어져 두 개의 바위가 되었다. 그 바위가 바로 농바위(농암)다. 훗날 이 바위가 갈라지면서 후백제를 창건한 견훤이 태어났다고 한다.

문경이 등장하는 속담에는 무슨 일을 이랬다저랬다 변덕스럽게 한다는 뜻의 '문경이 충청도 되었다가 경상도가 되었다'는 말과 어떤 물건이 필요에 따라 다 쓰인다는 뜻의 '문경새재 박달나무는 홍두깨 방망이로 다 나간다'는 말이 있다.

삼백의 고장 상주

문경 남쪽은 함창 들이다. 현재 행정 구역상 함창 남쪽은 상주다. 권근은 〈상주 풍영루기尙州風詠樓記〉에서 상주의 지세를 다음과 같이 썼다.

상주는 본래 사벌국이었는데 신라에 귀속되면서 큰 고을이 되어 지금까지 1000여 년의 세월 동안 빼어난 산천과 번성한 인물이 온 도 여러 고을 가운데 으뜸이다.

김종직이 〈풍영루중수기〉에서 "배와 수레가 모두 모여드니 사방으로 통하는 요충지로다. 사신의 수레가 서로 교차하니 다른 고을들이 뒤질세라 따르네"라고 했고, 고려 후기 문신 최자崔滋가 "동남쪽 지방 일백 고을 가운데 으뜸이다" 한 상주尙州는 본래 사벌국沙伐國이었다. 신라 점해왕이 빼앗은 뒤 주로 만들었고, 경덕왕 때 지금의 이름으로 고쳤다. 상주는 예부터 삼백三白, 즉 '세 가지 흰 것'의 고장으로 불렸는데, 쌀과 목화 그리고 누에고치를 일컫는다. 광복 이후 목화 수요가 줄어들면서 그 자리를 곶감이 차지했다. 낙동강의 어원은 상주에서 비롯했는데,《택리지》에는 다음과 같이 기록되어 있다.

상주의 다른 명칭은 낙양洛陽으로 조령 밑에 큰 도회지다. 산세가 웅장하고 들이 넓으며 북쪽은 조령과 가까워서 충청도 및 경기도와 통하고, 동쪽은 낙동강에 임해서 김해 및 동래와 통한다. 육로로 운반하는 말과 짐을 실은 배가 남쪽과 북쪽에서 수로와 육로로 모여드니 이것은 교역하기에 편리한 까닭이다.

상주에 있었던 삼한 소국의 하나인 사벌국은 일명 사량벌국沙梁伐國이라고도 했는데,《삼국사기》에 따르면 본래 신라에 속했으나 첨해이사금 때 갑자기 배반하여 백제에 귀속하자 우로가 군대를 거느리고 이를 토벌하여 주를 설치했다고 한다. 이 기록은 진한 소국 연맹체에 속했던 사벌국이 이탈하여 외부 세력인 백제와 결속함에 따라 맹주국인 경주 사로국의 무력 제재를 받는 과정으로 이해할 수 있다.

상주 지방에서는 기원전 3~2세기 이래의 청동기 유물이 다수 출토되어 경상도의 다른 지역에 비하여 상대적으로 일찍 발달한 정치 집단이 형성되어 있었던 것으로 추정된다. 특히 이곳에서 발견된 세형동검과 동모銅鉾의 형태에서 나타나듯이 사량벌국은 기원전 1세기 이래 경주 사로국과 대등한 교역 관계를 전개하고 있었으며, 토착 지배 집단이 경주 귀족으로 흡수되기까지 4~5세기 이상을 독자의 정치 집단으로서 성장을 지속하고 있었던 것으로 보인다.

한편 상주시 공검면 양정리에 있는 공갈못에는 다음과 같은 노래가 전해 온다.

> 상주 함창 공갈못에 / 연밥 따는 저 처자야
> 연밥 줄밥 내 따 주께 / 이내 품에 잠자 주소
> 잠자기는 어렵잖소 / 연밥 따기 늦어 가오
>
> 상주 함창 공갈못에 / 연밥 따는 저 큰아가
> 연밥 줄밥 내 따 줌세 / 백 년 언약 맺어 다오
> 백 년 언약 어렵잖소 / 연밥 따기 늦어진다

〈상주 함창 공갈못 노래〉라는 농요다. 이 못에는 다음과 같은 이야기가 얽혀 있다. 옛날 상주에 사는 김씨 성을 가진 사람이 경주에 다녀오던 길에 한 여인을 만나 같이 걷게 되었다. 여인의 용모가 몹시도 우아하고 황홀할 만큼 아름다워서 그는 오히려 불길함과 두려움을 느꼈다. 대구에 도착하니 날이 저물어 독명원犢鳴院에서 하룻밤을 묵게 되었다. 그날 밤

전 (傳) 사벌왕릉

상주시 사벌면 둔진산 남쪽 기슭에 있는 전사벌왕릉(보물 제117호)은 신라 경명왕의
다섯 번째 왕자 박언창의 묘라는 전설이 있나 정확히 누구의 묘인지 알 수 없다.

여인이 밖에 나갔다가 갑자기 물동이를 이고 들어오더니 방바닥에 물을 쏟고 황룡黃龍으로 변했다가 다시 사람으로 변했다. 깜짝 놀란 김씨에게 여인은 "저는 경주 용담의 용녀로, 지금 상주 공갈못에 있는 수컷 용에게 출가를 가는 중입니다. 그런데 그 못에는 또 한 마리의 용이 있어서 저의 출가를 방해하고 있사오니 저를 도와주시지 않겠습니까?"라고 물었다. 김씨가 어떻게 하면 도울 수 있는지를 묻자, 용녀는 "제가 그 못에 도착하면 용 세 마리가 서로 싸우고 있을 터인데 청룡은 제 남편이고, 제가 황룡이고, 백룡은 저를 방해하는 용이오니 백룡의 목을 쳐 주시면 됩니다"라고 했다.

김씨가 여인과 약속한 시각에 상주 공갈못에 도착했더니 과연 용 세 마리가 어울려 싸우고 있었다. 그는 준비해 간 칼을 뽑아 백룡을 내려치려고 했으나 너무 당황한 나머지 청룡의 허리를 자르고 말았다. 그때 물속에 들어갔던 황룡이 나와 이 광경을 보고 매우 슬퍼하며 "당신은 나를 과부로 만들었으니 영원히 나와 함께 살아야 합니다" 했다. 김씨는 어쩔 수 없이 가족들에게 작별 인사나 하고 오겠다고 약속하고 집으로 돌아가던 중 이름 모를 병에 걸려 이튿날 죽고 말았다.

김씨의 죽음을 지켜본 한 무당이 이것은 필시 용신의 장난이라고 하니 그의 가족들은 시체를 가지고 공갈못가에 제단을 쌓은 후 무당에게 빌게 했다. 그러자 못에서 황룡이 나와 기다렸다는 듯이 김씨의 시체를 안고 못으로 들어가 버렸다.

그 뒤부터 이 지방 사람들은 얼음이 얼면 용이 얼음 위에 밭갈이를 한다고 여겼는데 공갈못의 물이 어는 모양을 보고 이듬해의 풍흉을 점쳤다.

정월 열나흗날 밤에는 인근의 모든 소들이 겨울인데도 땀을 흘렸다는데, 그것은 밤을 틈타 소들이 못에 언 얼음을 갈기 때문이라고 한다.

공갈못은 공검지의 다른 이름이다. 연꽃이 만발할 때면 중국의 전당錢塘(연꽃으로 유명한 지역)을 방불케 할 만큼 아름다웠다. 하지만 점차 못은 흙으로 메워져 전답이 되었다가 다시 조그맣게 복원된 공검못은 홍귀달의 기문에도 그 이름이 보인다.

방죽이 많기로는 남방이 제일이요, 그 크기로는 공검지에 비길 만한 것이 없다. 처음 둑을 쌓은 것이 언제인지는 모르나, 전설에 따르면 '처음 둑을 쌓을 때 물이 너무 많아서 (흙이 자꾸 흘러내려) 공사가 진행되지 않으므로 사람을 흙 속에 넣어서 함께 쌓았는데, 둑이 다 이루어진 뒤에 그 둑 속에 넣은 사람의 이름을 붙여 못의 이름으로 삼았다' 하나 이 이야기는 허황하여 믿을 수가 없다.

그 못을 보면 넓은 것이 그득하게 출렁이고, 구불구불 둘러싸인 것은 마치 거울을 닦아 놓은 것같이 편평하다. 가뭄에도 물이 마르지 않고 큰비에도 넘치지 않으니 여러 가는 냇물들이 모여드는 것만으로 그와 같을 수 있겠는가. 대개 은하수가 땅에 흘러 통하는 것을 땅이 새지 아니하게 하여 백성들에게 관개의 이익을 주고, 나머지를 가지고 술을 빚어 영주의 항아리 속 물건이 되게 하여 구경하고 노는 인간에게 주게 한 것인가. 그러나 관개의 이익은 다만 상주 백성들만이 누리고, 함창 백성들은 그 땅을 내어 주고 그 물을 모아서 남에게 줄 뿐이니, 이해의 치우침이 어찌 이러하랴. 하지만 일찍이 내가 보건대, 함창의 모든 산들이 서북쪽으로부터 물을 바라보고 달려가다가 물에 다다라서 머무른 것이 마치 뱀이 긴 강으로 기어가는 것 같기도 하고, 말이 하수에서 물을 마시는 것 같기도 하며, 비녀다리나 자라 등 같은 것들이 잇달아 늘어서서 사람들의 유람과 관상을 맞이하니 또한 이 어찌 하늘이 베풀고 땅이 내어놓아 함창 백성들에게 보답하는 것이 아니겠는가.

낙동강 옆의 비옥한 평야 지대를 끼고 있는 상주는 신라시대에는 전국 9주州, 고려시대에는 전국 8목牧의 하나였으며, 조선시대에는 관찰사가 상주 목사를 겸하는 등 웅주거목雄州巨牧(땅이 넓고 생산되는 물건이 많은 고을)의 고도였다. 또한 낙동강 하류 지방의 각 조세 창고에서 한양으로 세곡을 실어 나르던 뱃길의 최상류 종착 지점이기도 했다. '낙동강 700리'라는 말이 생긴 것도 바로 이 때문이었다. 《여지도서》의 기록을 보자.

문물의 유통은 수로를 주로 이용했는데 세미稅米의 경우, 영남 지방에서는 낙동강을 이용하여 상주 낙동진에 모아서 육로를 이용하여 점촌, 문경을 지나고 조령을 넘어 충주 가흥창可興倉에서 다시 한강 수로를 이용하여 한양으로 운반했다.

낙동나루 곳곳엔 돛대가 너울너울

옛 시절의 낙동나루는 영남 사람들이 서울로 용무를 보러 가거나 과거를 보러 갈 때에 꼭 거쳐야 하는 중요한 길목이었다. 경산, 영주, 영천, 대구 등지에 사는 사람들은 상주를 거쳐 영동으로 빠지거나 상주를 거쳐 문경세재를 넘어 괴산으로 가는 길밖에 없었고, 죽령을 넘는 사람들은 안동, 영양 일대의 사람들이었다. 하지만 과거를 보러 가던 사람들은 '주르륵 미끄러진다'는 속설 때문에 죽령으로 가지 않았고 추풍령도 '추풍낙엽처럼 떨어진다'는 말 때문에 넘지 않았으므로 문경새재의 계립령을 넘어서 서울로 갔다. 그런 연유로 상주를 거치는 사람들은 낙동나루를 지나지 않을 수가 없었다.

조선시대만 해도 낙동나루가 안동 아래쪽의 나루로는 가장 큰 나루였기 때문에 주막이 번성했다. 옛날 강가나 길가 혹은 큰 고개 입구에 있었던 주막은 대개 술을 팔고 마실 수 있는 곳을 말한다. 주가酒家, 주점酒店, 주사酒肆, 주포酒鋪라고 부른 주막에는 주기酒旗나 주패酒斾라는 깃발을 달았다. 조선시대의 실학자 유형원柳馨遠은《반계수록磻溪隨錄》에서 주막 1호당 1경頃(1만 제곱미터)씩 농토를 지급하고 영남대로의 전 구간을 대로로 분류한 뒤에 모든 주막촌의 호수를 20호로 지정하고 참점경站店頃 2경과 농토 20경을 지급해 줄 것을 주장하면서 마을 중앙의 길가에 시장을 개설해 줄 것을 제안하기도 했다.

참점경에는 도로를 포함하고, 도로의 넓이는 18보步로 한다. 도로의 양쪽에는 넓이 2보의 도랑을 파고, 도랑의 바깥쪽에 점사店肆를 짓는다. 점사 뒤에는 주막 주인의 가옥을 세우는데, 대개 집터는 점사와 주택을 합하여 남북이 10보이고, 동서는 37보로 정한다. 점사의 넓이는 2칸으로 하고, 길이는 4칸으로 하며, 점사와 점사 사이에 담을 쌓는다. 점사와 주택 사이의 빈터에 5보의 간격을 두며, 주택의 터는 남북이 10보, 동서가 24보로 정하며, 도로를 따라 가옥이 질

서정연하게 배열되게 한다. 도로 가에는 시장을 개설하는데, 지형이 불편하면 도로를 한쪽에 내고 한쪽에는 점사와 주택을 지을 수 있다.

조선시대 주막은 나그네가 하룻밤을 쉬어 가는 곳으로 대부분 술과 음식을 같이 취급했으며, 주모는 대체로 소실이거나 나이 든 작부들이 맡았다고 한다. 혼마 규스케本間九介라는 일본인이 고종 31년(1894)에 여수거사如囚居士라는 필명으로 지은《조선잡기朝鮮雜記》에 따르면 술집의 입구에 "술상 머리에 술값을 내놓는 것을 아까워하지 마시오!"라는 글이 쓰여 있었다고 하며 술과 함께 명태, 돼지고기, 김치를 팔았다고 한다.

비숍의《한국과 그 이웃나라들》에는 당시 주막의 방 모양을 짐작할 수 있는 글이 있다.

군데군데 찢어지고 더러운 종이가 발라져 있는 낮은 장지문은 흙바닥에 돗자리가 깔린 방의 출입구였다. 열린 방문 안을 들여다보니 각재角材를 13~15센티미터 정도로 자른 나무 베개 대여섯 개가 여기저기 아무렇게나 흩어져 있었다. 농기구와 모자들이 낮고 무거운 대들보에 걸려 있었다. 관리들과 양반들은 가까운 지방 행정관의 접대를 받고 농부들은 세상 돌아가는 이야기를 들을 수 있는 어떤 길손도 환영하기 때문에 이런 방에는 주로 마부들, 하인들, 그 밖의 하층민들이 빽빽이 들어찬다.

선조 37년(1604)에 편찬된《갑진만록甲辰漫錄》을 보면 우리나라에는 주막이 많지 않았다. 영남이나 삼남대로변에 있는 주막에도 술과 말을 먹이기 위한 풀 그리고 땔나무밖에 없어서 여행객들은 여행에 필요한 생필품들을 두세 마리의 말에 나누어 싣고 다녔다는 내용이 나온다. 오늘날 입맛이 까다로운 여행객들이 즐겨 먹는 반찬 몇 가지를 가지고 다니는 것처럼 당시 나그네들도 생선이나 된장을 섞어 만든 된장떡 같은 것들을 가지고 다녔다.

숙종 22년(1696) 황해도에 암행어사 박만정朴萬鼎이 쓴《해서암행일기海西暗行日記》에는 "황해도로 가는 길에 호조에 부탁하여 무명과 쌀, 콩을 비롯해 민어 세 마리와 조기 세 두릅을 가지고 출발하였다"는 내용이 나온다. 그렇다면 나그네들이 묵는 주막집에서 하룻밤 받는 요금은 얼마쯤 되었을까? 비숍의《한국과 그 이웃나라들》을 보자.

한국 여관의 숙박 요금은 터무니없이 싸다. 등잔과 따뜻한 구들이 제공되는 방에는 요금이 없다. 그러나 나의 경우 여관에서 파는 상품을 아무것도 사지 않기 때문에 하룻밤에 1냥씩의 숙박 요금을 치렀고, 낮 동안 방에 들어 휴식할 수 있는 요금도 같은 값으로 치렀는데, 이 낮의 휴식은 매우 한적하고 만족스러운 것이었다. 나그네들은 하루를 묵으며 세끼의 식사를 제공받고 사소한 팁까지 포함하여 2~3냥의 요금을 지불한다. 북부 지방의 여관들은 밥 대신 기장을 제공한다.

한국의 여관은 손님들이 술이 거나해서 취하지 않으면 소란이 없고, 설사 소란이 일어나도 곧 가라앉는다. 조랑말들이 싸우고 그 소란을 가라앉히려고 마부들이 후려치고 욕하는 소리가 새벽이 오고 나그네들이 움직이기 전까지의 주요한 소동이다.

번성했던 낙동나루는 자동차가 생기면서 쇠락의 길로 들어섰다. 여기에 더해 이 낙동나루에서 7~8킬로미터 아래에 있는 구미시 도개면 신림리에 일선교가 놓인 1967년부터 사람들의 발길이 뜸해지기 시작했다. 근처 주민들이 관공서에 진정을 하여 이곳에다 낙단교(상주시 낙동면과 의성군 단밀면에서 한자씩을 따서 지은 이름)를 세우기로 했으나 여섯 개의 다릿발만 세운 채 한참 동안 공사가 중단되었다. 선거철만 되면 후보들이 저마다 다리를 완공하겠다는 공약을 들고나오지만 선거가 끝나면 그만이어서 '선거다리'라는 별명까지 붙었다. 조선시대에는 과거 길이었으며 광복되기 전까지는 부산에서 온 소금 배가 낙동강을 거슬러 올라와 안동과 예안으로 가는 건널목이었던 낙동나루에는 매운탕집 몇 개와 다릿발뿐인 낙단교만 썰렁하게 남게 되었다. 그러다가 20여 년의 세월이 지난 1986년에야 낙단교가 완공되었다. 하지만 1970년대까지만 해도 강을 건너던 사람들로 북적였던 낙동나루는 이제 나룻배로 건너는 사람의 자취를 찾아볼 수 없게 되었다.

이 낙동나루에는 '낙동강을 바라보며 정취를 즐긴다'는 관수루觀水樓가 서 있다. 고종 때 홍수로 떠내려가 버린 것을 1976년에 이 지역 사람들이 다시 지은 것이다. 누각 안에는 낙동강을 노래한 시 열 편이 걸려 있다. 낙동나루를 찾았던 김종직은 당시 민중의 절절했던 삶의 현장을 〈낙동요洛東謠〉 속에 담았다.

황지의 근원 물은 겨우 잔에 넘치는데
여기까지 흘러와서는 어이 그리 벌창한고

낙동나루

낙동나루는 낙동강 1300리의 물길 중에서 가장 컸던 곳으로,
낙동강 700리라는 말은 부산에서 이곳까지의 거리가 700리였기 때문에 붙은 이름이다.

한 줄기에 예순 고을이 갈리고

나루 곳곳엔 돛대가 너울너울

바다까지 곧바로 내려가길 사백 리

순풍을 따라 왕래하는 상인들을 나눠 보내네

아침에 월파정 月波亭 을 떠나

저녁에 관수루에 묵는데

관수루 아래 줄이은 관선의 천만 꿰미 돈이여

남민들이 혹독한 조세를 어찌 견디리

쌀독은 비고 도토리도 없는데

강가에선 노래와 풍류 살진 소를 잡는구나

왕의 사신들은 유성 같이 달리나니

길가의 해골들을 누가 이름이나 물어보랴

(…)

김종직의 제자 김일손의 글은 흐르는 낙동강을 따라 흘러가는 인간과 자연의 꾸미지 않은 본래의 모습을 가감 없이 보여 주는 듯하다.

해 질 녘 백사장에 머문 한 척의 조각배

분분히 오가는 말과 소가 끄는 행렬

만고의 세월 동안 강산은 변함이 없는데

인간의 한평생 늙다가 스스로 그치네

서산 노을 이미 아득한 물결에 잠기고

  낙동강은 그침 없이 유유히 흘러가네

  배 멈추고 황혼에 우두커니 홀로 서니

  수면을 스치고 날아가는 한 쌍의 갈매기

  들이 넓고 땅이 기름진 상주에는 부유한 사람이 많았고 또 이름난 선비
와 높은 벼슬을 지낸 사람도 많았다. 이황의 맥을 이은 서애 류성룡의 제
자인 우복愚伏 정경세鄭經世와 창석蒼石 이준李埈이 바로 상주 사람
이다. 정경세는 상주시 청리면에서 태어나 18세 때 상주 목사로 부임한
류성룡의 문하에 들어갔다. 30세가 되던 해에 임진왜란이 일어나자 의병
장으로 활약했고, 그 뒤 벼슬길에 올라 요직을 두루 거쳤다. 학문에만 매
달리지 않고 실천을 중시하여 예禮를 중심으로 한 수양론修養論과 경세
론經世論을 정립했다. 당시 함께 활약했던 기호학파의 김장생金長生과
더불어 17세기 조선 사회의 대표적 선비라 할 수 있다. 류성룡의 문인이
었던 이준 역시 임진왜란이 일어나자 의병을 일으켜 싸웠다. 정경세와 함
께 류성룡의 학통을 이어받은 그는 정치적으로는 남인 세력을 결집하고
그 여론을 주도한 중요한 소임을 맡았던 사람이다.
  상주 서쪽에 있는 화령化寧의 신라 때 이름은 답달비군荅達匕郡인데,
경덕왕 때 화령군으로 고쳤으며, 조선 태종 13년(1413)에 현이 되었다가
현재는 상주시 화동, 화서, 화북으로 불리는 곳이다. 화령 서쪽은 충청도
보은 땅이다.
  인동仁同은 조선 중기 학자 여헌旅憲 장현광張顯光의 고향이다. 신
라 때의 이름은 사동화현斯同火縣이고 선조 때 부였다가 고종 때 이르러

군이 되었다. 1914년 행정 구역 개편에 따라 칠곡군에 편입되었다.

물맛이 좋아 예천이다

상주시 사벌면에서 다리를 건너면 예천군 풍양면이다. 예천醴泉은 본래 수주현水酒縣이었는데 신라 경덕왕 때 지금의 이름으로 고쳤다. 《신증동국여지승람》을 보면 "풍속은 평이한 것을 숭상한다"라고 되어 있으며, 윤상은 기記에 "동쪽과 서쪽의 두 개의 재(죽령과 새재) 사이에 끼어 있다"라고 썼다.

예천은 예로부터 물맛이 좋기로 소문난 곳이다. 예천의 물줄기는 모두 한곳에서 만난다. 안동댐에서 흘러내린 낙동강의 큰 흐름과 태백산 자락에서 발원한 내성천 그리고 충청북도 죽월산에서 시작된 금천이 이곳 풍양면 삼강리에서 만나는 것이다.

'한 배 타고 세 물을 건넌다'라는 말이 있는 삼강리는 경상남도에서 낙동강을 타고 오른 길손이 북행하는 길에 상주 쪽으로 건너던 큰 길목이었다. 또 삼강리는 낙동강 하류에서 거두어들인 온갖 공물과 화물이 배에 실려 올라와 바리(소나 말 등에 잔뜩 실은 짐)로 바뀌고, 다시 노새의 등이나 수레에 실려 문경새재로 넘어갔던 물길의 종착역이기도 했다. 여기에서 낙동강 줄기를 따라 더 올라가면 안동 지방과 강원도 내륙으로 연결된다.

원래 500미터가 넘었다던 삼강리의 강폭은 안동댐이 건설된 뒤부터 그 절반으로 줄어들었다. 수량이 줄자 여름철 별미로 오뉴월이면 수박향

예천 낙동강

예천은 예로부터 물맛이 좋기로 소문난 곳이다.
황지에서 발원한 낙동강과 태백산에서 발원한 내성천,
죽월산에서 발원한 금천 등 세 물줄기가 풍양면 삼강리에서 만난다.

이 나던 은어가 사라졌고, 그냥 마셔도 되던 맑은 강물이 오염되어 멀리 나가 식수를 구해야 하는 지경에 이르렀다. 하지만 해마다 이 지방을 덮쳐 피해를 주던 낙동강의 범람이 잡혀 큰 덕을 보기도 했다. 옛날에 낙동강을 오르내리던 소금 배들이 이곳 백포나루에서 물물교환을 했다고 하는데 이를 아는지 모르는지 강물은 느릿느릿 흘러갈 뿐이다. 삼강리에는 우리나라 마지막 주막의 주모인 유옥연의 삼강주막과 삼강서원三江書院 터가 남아 있다.

　낙동강의 큰 흐름과 내성천과 금천이 합쳐지는 곳에서 멀지 않은 곳에 회룡포(의성포)가 있다. 유유히 흘러가는 강물이 느닷없이 굽이돌면서 거의 제자리로 돌아오는 물도리동으로 이름난 곳은 안동의 하회마을과 정여립이 의문사한 전북 진안의 죽도와 무주의 앞섬일 것이다. 그러나 그에 못지않게 천하 비경을 자랑하는 곳이 바로 예천군 용궁면의 회룡포 물도리동이다. 장안사 뒷길로 300미터쯤 오르면 전망대가 나타나고, 그곳에서 바라보는 회룡포 물도리동은 입이 다물어지지 않을 만큼 신비하기 짝이 없다.

　회룡포는 회룡 남쪽에 있는 마을로, 내성천이 감돌아 섬처럼 되어서 조선시대에 주로 귀양지로 이용되었다. 고종 때 의성 사람들이 모여 살아서 의성포라 했다고도 하고, 1975년 큰 홍수가 났을 때 의성에서 소금을 실은 배가 이곳에 왔으므로 의성포라고 부르기 시작했다고도 한다. 육지 속에 고립된 섬처럼 그렇게 떠 있는 회룡포 물도리동은 비결서인《정감록》에 따르면 십승지지 중 한 곳으로 비록 오지지만 땅이 기름지고 인심이 순후해서 사람이 살기 좋은 곳이라고 했다. 이규보는 이곳 용궁현에 와서

회룡포

예천군 용궁면에 있는 회룡포는 낙동강 지류인 내성천이 마을 주위를
350도 휘감아도는 육지 속의 섬마을이다.

원님이 베푸는 잔치가 끝난 뒤 고율시古律詩〈십구일에 장안사長安寺에 묵으면서 짓다〉를 한 수 읊었는데《동국이상국집東國李相國集》에 남아 전한다.

산에 이르니 진금塵襟을 씻을 수가 없구나
하물며 고명한 중 지도림(진나라 때의 고승)을 만났음에랴
긴 칼 차고 멀리 떠도니 외로운 나그네 생각이요
한 잔 술로 서로 웃으니 고인의 마음일세
맑게 갠 집 북쪽에는 시내에 구름이 흩어지고
달이 지는 성 서쪽에는 대나무에 안개가 깊구려
병으로 세월을 보내니 부질없이 잠만 즐기며
옛 동산의 소나무와 국화를 꿈속에서 찾네

예천군 풍양면은 원래 용궁면의 남쪽이므로 남하면이라 부르다가 1914년 군면 통폐합에 따라 풍양부곡의 이름을 따서 풍양면이라고 부르게 되었다.

돌리는 것만으로도 공덕을 얻는 윤장대

서거정이 "두 번째 용문사에 이르니, 산이 깊어서 세속의 소란함이 끊어졌네. 상방(주지가 거처하는 곳)에는 중의 평상이 고요하고, 옛 벽에는 부

처의 등불이 환하다. 한 줄기 샘물 소리는 가늘고, 일천 봉우리 달빛이 나누인다. 고요히 깊은 반성에 잠기니, 다시 이미 내가 가졌던 것까지 잃어버렸다"라고 용문사의 정경을 노래했지만, 그때의 아늑함은 이제 느끼기 어렵다.

경상북도 예천군 용문면 내지리 용문산 자락에 있는 용문사龍門寺는 신라 경문왕 10년(870)에 두운杜雲이 창건한 절이다. 두운은 소백산 희방사를 창건한 고승으로 용문사는 더욱 번창하여 고려 때 대가람을 이루었다고 한다.

두운은 용문사를 짓는 도중 나무둥치 사이에서 16냥이나 되는 은병을 캐내어 공사비를 충당했다고 한다. 또한 왕건이 궁예의 휘하에 있을 당시 후백제를 징벌하러 가던 길에 이 절에 군사를 거느리고 와서 머문 적이 있었다. 그때 길목의 바위 위에 용이 앉아 있다가 왕건을 반겼는데, 두운의 옛일을 생각한 태조 왕건이 뒷날 천하를 평정하면 이곳에 큰 절을 일으키겠다는 맹세를 했다. 그러한 맹세에 힘입었음인지 태조 19년(936)에 태조는 후삼국을 통일하게 되었다. 그리하여 이듬해 이곳에 용문사를 크게 중건했다. 그 후 매년 150석의 쌀을 하사했고, 용문사는 고려 왕조 내내 왕실과 밀접한 관계를 유지하며 번영의 길을 걸었다.

의종 19년(1165)에 왕명으로 절을 중수했고, 명종 원년(1171)에는 절 문 밖 왼편 봉우리에 태자의 태胎를 보관한 뒤 절 이름을 창기사昌期寺로 바꾸고 축성수법회를 열었다. 그 뒤 용문사에서는 선문구산禪門九山의 승려 500여 명을 모아 50일 담성회談禪會를 열었고 그때 단속사의 선승 효돈孝惇이 《전등록傳燈錄》과 《능엄경》 등을 강했다. 명종 3년

(1173)에 동북면 병마사 김보당이 난을 일으켰을 때 용문사에서는 승려 3만 명을 모아 대법회를 열었고, 성종 9년(1478)에는 소헌왕비의 태실을 봉안한 뒤 절 이름을 성불산 용문사로 개창했다. 헌종 원년(1835)에 불에 타 모두 소실되었던 건물을 열파, 상민, 부열 등의 여러 승려들이 힘을 모아 헌종 연간에 중건했으나 1984년에 다시 불이 나 보광명전, 해운루, 음향각, 영남제일강원, 요사, 종무원 등이 불에 타 이후 재건되었다.

조선 중기에 지어진 대장전(보물 제145호)은 용문사에서 가장 오래된 건물이다. 정면 3칸에 측면 2칸으로 다포계 맞배지붕이다. 나직한 자연석 기단 위에 막돌 주초를 놓고, 민흘림기둥을 세운 대장전은 기둥 높이에 비하여 지붕이 조금 큰 편이다. 고려 명종 3년 대장전을 지을 때 대법회를 열었으며 그 안에 윤장대 2좌를 설치했다고 한다. 우리나라에 있는 맞배지붕 건물로 가장 균형미가 빼어나다는 평가를 받고 있다. 기둥 위의 붕어, 연꽃, 귀면 등의 조각들은 화재를 막는 부적의 역할을 하고 있다. 이 대장전 안의 목조대좌 위에 목조삼존불이 모셔져 있고 그 뒤편에 삼존불과 잘 어울리는 목각아미타여래설법상이 있다. 보물 제989-2호로 지정된 이 법상은 숙종 10년(1684)에 대추나무로 조성된 것으로 우리나라에서 가장 오래된 목각탱화다. 상주 남장사 관음선원 목각아미타여래설법상의 모본이 되었을 것으로 추정된다.

본존불을 중심으로 8대 보살이 중단과 상단에서 에워싸고 그 양옆으로 석가의 2대 제자인 아난과 가섭존자가 있고 그 모두를 사천왕이 떠받드는 모습이다. 목각탱 앞면의 삼존목불좌상은 아미타불을 중심으로 오른쪽은 관세음보살, 왼쪽은 대세지보살이 모셔져 있는데 사바세계에서 고

용문사 윤장대

용문산 대장전과 윤장대는 2019년 12월 국보 제328호로 승격되었다.
윤장대는 불교 경전을 보관하는 회전식 경장經藏이다.
예로부터 윤장대를 한 번 돌리면 경전을 한 번 읽는 것과 같다 하여 대중들에게 각광을 받았다.

통받는 중생들을 안락과 평온의 극락세계로 인도하고자 하는 아미타불의 서원이 깃들어 있는 듯하다.

불전 양옆으로 대장전을 지탱해 주는 기둥처럼 서 있는 것이 보물 제684호로 지정된 용문사 윤장대이다. 윤장대는 인도의 고승이 대장경을 용궁에 소장했다가 고사에 따라 용이 나타난 이곳에 대장전을 짓고 부처님의 힘으로 호국을 축원하기 위하여 조성했다는 것으로 고려 명종 때 자엄資嚴이 처음 건립했다고 한다.

높이가 4.2미터 둘레가 3.15미터인 이 윤장대 안에 경전을 놓아 두고 바깥에 달린 손잡이를 잡고 연자방아를 돌리듯 돌리면 부처님의 법이 사방에 퍼지고 나라의 지세를 고르게 하여 난리가 없고, 비바람이 순조로워서 풍년이 들며 장원급제와 함께 명복冥福을 받는다는 전설이 있다. 윤장대를 돌리면서 예불을 하는 전경 신앙의 예를 보여 주는 귀중한 보물로서 나라 안에 하나밖에 없다. 대추나무를 잇대어 섬세하게 만들어진 목각 후불탱화와 화려한 꽃살 장식으로 만들어진 서쪽 윤장대 빗살을 바라보고 있으면 시간 가는 줄을 모른다.

님 여읜 슬픔이 이다지도 깊으랴

용문사를 지나서 금곡천을 따라 내려가면 나오는 용문면 상금곡리는 금당실 위쪽이 되므로 웃금당실 또는 상금곡이라고 불리는데, 이곳이 바로 《정감록》에 나오는 십승지지 중의 한 곳인 예천의 금당곡金塘谷이다.

'병화兵火가 들지 않는 땅'이라고 알려진 이곳은 임진왜란 때도 온전했으며, 이곳을 찾았던 당나라 장수는 "학鶴고개가 입구에 있고 개[犬]고개가 오른쪽 어깨에 있으니, 금계金鷄가 앞에 있고 옥견玉犬이 뒤에 있어서 중국 양양襄陽의 금곡金谷과 같다" 했다.

금당실 뒤에 있는 산이 오미봉五美峯인데 높이는 200미터밖에 되지 않지만 매우 수려하다. 이 산 뒤에 있는 등성이인 무쇠장등에 이여송의 자취가 서려 있다. 그는 오미봉을 보고 "금당실에 인재가 많이 나서 중국에 폐가 된다"라고 말한 뒤 이곳에 무쇠 말뚝을 박아 산의 영기를 끊었다고 한다. 지금은 입석리 운암저수지(옥정호)의 수로를 내기 위하여 이곳을 뚫었다.

금당실에 있는 함양 박씨의 집을 '태랑금泰娘琴의 집'이라고 부른다. 박정시朴廷耆라는 사람이 태안 군수가 되어 고을을 잘 다스리고 있었는데, 꿈에 한 낭자가 나타나 "제 묘 앞에 오동나무가 서 있는데 거문고를 만들기에 좋으니 베어다 쓰세요"라고 말했다. 이상히 여긴 박정시가 가 보니 아주 잘 큰 오동나무였다. 그래서 그 나무를 베어다가 거문고를 만들었는데, 소리가 아주 맑고 장하며 바람만 맞아도 소리가 저절로 나므로 태랑금이라고 했다. 대대로 전해 내려오던 중 고종 때 양주 대감이라고 불린 이유인李裕寅이 경상 감사가 되어 이 마을에 이사와 살면서 그 거문고를 빼앗아 쓰다가 줄을 갈았는데 그 후부터는 소리가 나지 않고 이유인의 집은 쇠망하고 말았다. 박씨들이 다시 찾아다가 보관했는데, 줄은 없고 관만 남았다고 한다.

금곡천변에는 선조 12년(1582)에 지은 초간정草澗亭도 남아 있다. 우

©이종원

상금곡리 사괴당 고택

원주 변씨 집성촌인 예천 상금곡리에 사괴당 응녕이 처음으로 와서 이 자리에
집터를 잡았다고 한다. 사괴당 고택은 조선 후기 주택 변천사를 볼 수 있는 가치 있는 자료이다.

©유철상

금당실마을

예천 용문면 상금곡리에 있는 금당실마을은 조선 태조 이성계가
도읍지로 정하려 했던 곳이라고 한다.

리나라 최초의 백과사전이라고 할 수 있는《대동운부군옥大東韻府群玉》
과《초간일기草澗日記》(보물 제879호)를 남긴 초간草澗 권문해權文海
의 별채 정자(보물 제457호)다. 권문해는 49세에 벼슬을 그만두고 낙향하
여 초간정을 지었는데, 처음에는 작은 초가집이라 초간정사라고 했다. 임진
왜란과 병자호란 때 불에 탄 것을 17세기에 다시 세우고 고종 7년(1870)
에 후손들이 중수하여 권문해의 유고를 보관하는 전각으로 삼았다.

소나무를 비롯한 여러 나무들이 우거진 곳에 자리한 초간정 앞에 서면
권문해가 30년간을 동고동락한 아내를 잃고 90일장을 지내면서 아내에
게 바쳤던 뼈에 사무치는 제문〈제망실숙인곽씨문祭亡室淑人郭氏文〉이
떠오른다.

(…) 나무와 돌은 풍우에도 오래 남고 가죽나무, 상수리나무 예대로 아직 살
아 저토록 무성한데, 그대는 홀로 어느 곳으로 간단 말인가. 서러운 상복을 입
고 그대 영궤靈几 지키고 서 있으니 둘레가 이다지도 적막하여 마음 둘 곳이
없소. 얻지 못한 아들이라도 하나 있었더라면 날이 가면서 성장하여 며느리도
보고 손자도 보아 그대 앞에 향화 끊이지 않을 것을.

오호, 슬프다. 저 용문산을 바라보니 아버님의 산소가 거기인데 그 곁에 터
를 잡아 그대를 장사 지내려 하오. 골짜기는 으슥하고 소나무는 청청히 우거져
바람 소리 맑으리라. 그대는 본시 꽃과 새를 좋아했으니 적막산중 무인고처에
홀로 된 진달래가 벗이 되어 줄게요. (…)

이제 그대가 저승에서 추울까 봐 어머님께서 손수 수의를 지으셨으니, 이 옷
에는 피눈물이 젖어 있어 천추만세를 입어도 해지지 아니하리라.

초간정

초간 권문해가 심신 수양을 위해 세운 초간정은 기암괴석과 주변 경관이 조화를 이루어
관광지로도 각광받고 있다.

오오, 서럽고 슬프다. 사람이 죽고 사는 것은 우주에 밤과 낮이 있음 같고 사물이 비롯함과 마침이 있음과 다를 바 없는데, 이제 그대는 상여에 실려 저승으로 떠나니 그림자도 없는 저승, 나는 남아 어찌 살리. 상여 소리 한 가락에 구곡간장 미어져서 길이 슬퍼할 말마저 잊었다오.

상향尙饗.

님 여읜 슬픔이 이다지도 깊으랴. 흐르는 물 위에 노란 은행잎이 떨어지고 해 뜨지 않은 아침 녘의 초간정은 쓸쓸함으로 가득하다. 이곳에서 멀지 않은 예천군 용문면 죽림리에는 예천 권씨 초간공파 종택(국가민속문화재 제201호)이 있다. 권문해의 조부 권오상權五常이 지은 것으로 임진왜란 이전에 지어진 주택 건물로는 남아 있는 것이 매우 드문데 보존 상태도 좋다.

소수서원 유생은 다리 밑에서 아이를 주어 기르고

내성천의 지류 중 하나인 낙화암천 끄트머리인 영주시 부석면 북지리에 부석사가 있다. 영주榮州는 삼국시대에 고구려 땅으로 내이군柰已郡이라 불렸으며, 고구려와 신라의 접경 지역으로 두 나라가 세력 다툼을 벌일 때 고구려 편에 서서 끝까지 신라에 항거했다고 한다. '영주 사람이 앉았던 자리에는 풀도 나지 않는다'는 말은 그렇듯 기질이 굳고 끈질긴 영주 사람을 잘 표현해 준다. 신라 파사왕 때 신라 땅이 된 영주는 조선 태종

13년(1413)에 영천군榮川郡이 되었다가 1914년 영주, 풍기, 순흥의 세 고을이 합쳐 져 영주군이 되었고, 1980년에 영주시가 되었다.

영주는 순흥 안씨의 고장이다. 이색이 〈송안시어시서送安侍御詩序〉에서 "순흥 안씨는 대대로 죽계竹溪 가에 살았다. 죽계의 근원은 태백산에 있다. 산이 크고 물이 멀리 흐르듯, 안씨의 흥성함도 끝이 없을 것이다" 한 것처럼 이 지역은 소백산 자락에 있다.

지금은 영주시에 딸린 하나의 읍으로 남아 있는 풍기豐基의 풍속을 《신증동국여지승람》은 "강하고 사나움을 숭상한다" 했다. 영주시 순흥면 면사무소 뜰 안에 봉서루鳳棲樓라는 누각이 있는데 이곳이 옛 순흥도호부의 관아 자리였다고 한다. 봉서루의 현판은 공민왕의 글씨라고 전해지는데, 순흥의 진산인 비봉산에서 봉황이 날아가면 고을이 쇠퇴한다는 전설이 있다. 그래서 고을 남쪽에 누각을 지어 앞쪽에는 봉황이 깃들어 산다는 의미로 '봉서루'라는 현판을, 뒤쪽에는 봉황을 맞이한다는 뜻으로 '영봉루迎鳳樓'라는 현판을 걸었던 것으로 보인다. 고려 후기 문신이자 문인이었던 안축安軸이 〈봉서루기〉를 남겼다.

나라의 동남쪽에는 본래 산이 하나인데 고개는 세 개이니 태백, 소백, 죽령이 그것이다. 영남에 뿌리박은 첫째 고을은 바로 우리 흥주興州(순흥)다. 주에서 동쪽으로 가면이 황폐하고 편벽된 마을이 나오고, 주에서 똑바로 북쪽으로 가면 태백이 나오며, 북쪽에서 약간 꺾어 가면 소백이 나오는데 큰길은 하나도 없고, 주에서 서쪽으로 가면 죽령이 나오는데 왕이 계신 서울로 가는 길이다. 주에서 남쪽으로 가면 길이 갈려서 동남의 여러 읍으로 통하게 된다. 고을의

363

형세가 이러하기 때문에 나그네들의 출입로는 동북쪽으로는 없고 모두 서남쪽
뿐이다. 옛적에 이곳에 고을을 설치했을 때 오직 서남쪽에만 후정後亭을 세운
것은 고을의 형세가 그렇기 때문이다.

조선 전기 문신 강희맹姜希孟이 이곳을 두고 "사람은 누정에 기대었
고 대자리는 비었으니, 달 밝은 밤의 피리 소리는 바람을 막지 못하누나.
황량한 옛 보루는 그냥 반이 있는데 기억하는가, 닭 잡고 오리 잡던 공적
을"이라고 노래했고, 조선 전기 문신 조원曹瑗은 "산 옆에는 민가 열 채,
다만 아는 것은 농사일 뿐"이라고 했다.
《해동잡록海東雜錄》에도 영주 순흥에 관한 글이 보이는데 서거정의
《골계전滑稽傳》을 인용한 다음과 같은 글이 실려 있다.

순흥군은 지방이 작고 기생들도 못생겼으며 반찬도 없는 곳이었다. 남지南
智가 감사로 가고, 김문기金文起가 아사(부사)로, 김호생金虎生이 군수로 갔
다. 하루는 감사가 잔치를 베풀었는데, 관기官妓의 치마 빛깔은 담홍색이고
군수의 코는 아주 붉었다. 아사 김문기가 말하기를, "기생의 치마는 비록 엷지
만, 주인의 코가 붉은 것이 첫째로 축하드릴 만하다" 하였다. 주인이 술을 권하
는데 큰 술잔을 잡으니 아사가 말하기를, "군郡은 작지만 술잔이 큰 것이 둘째
로 축하할 일이다" 하였다. 국과 밥이 들어오니 아사가 말하기를, "밥은 붉고
장은 흰 것이 셋째로 축하할 일이다" 하였으니, 이것은 순흥의 세 가지 축하할
만한 것이다.

봉서루

영주시 순흥면 면사무소 뜰 안에 있는 봉서루는 비봉산 봉황이 행여 날아가 버릴까
봉황이 깃들어 산다는 뜻을 누각의 이름에 담았다.

순흥의 축하할 만한 세 가지도 재미있지만, 가난한 고을의 수령이 손님에 따라 달리 접대하는 데 실패한 이야기도 재미있다. 역시 《해동잡록》에 실려 있는 글이다.

한 수령이 손님을 접대하는데, 반찬의 등분을 상중하 셋으로 나누고 담당 아전과 약속하여 후하게 대접해야 할 손님이면 이마를 만지고, 그보다 낮은 손님이면 코를 만지고 그다음 손님은 턱을 만지기로 하였다. 언제나 이것으로 풍성하게 대접하거나 검약하게 대접하는 것을 신호하였다. 어느 날 한 손님이 수령이 턱을 만지는 것을 지켜보더니 자리를 피하면서 "일찍부터 친한 사이인데 이마를 만지기를 원하오"라고 하니, 수령이 얼굴을 붉히며 반찬을 풍성하게 하였다.

소백산의 한 봉우리인 봉황산 자락 부석사 부근에 금성단錦城壇이 있다. 세종대왕의 여섯째 아들이자 세조의 동생이었던 금성대군을 제사 지내는 곳이다. 세조 2년(1456) 성삼문成三問 등 사육신의 단종 복위 운동이 실패로 돌아가자 그 사건에 연루된 금성대군은 여러 유배지를 떠돌다가 순흥으로 귀양을 왔다. 금성대군은 순흥 부사 이보흠李甫欽과 함께 단종 복위 운동을 펼치기로 결의하고 격문을 돌린 후 모의를 준비하다가 밀고로 붙잡혀 죽임을 당했다. 그때 그들이 흘린 피가 죽계천을 물들여 40리 아래쪽에 있는 동촌리까지 흘렀기 때문에 그 마을을 피끝이라고 불렀다 한다. 숙종 45년(1719)에야 순흥 부사 이명희李命熙가 왕의 윤허를 얻어 금성단을 만들었다.

금성단 바로 근처에 어린 시절 어른들이 '다리 밑에서 주워 왔다'라고

© 유철상

소수서원

영주시 순흥면 내죽리에 있는 소수서원은 풍기 군수로 부임한 주세붕이
우리나라 성리학의 선구자인 안향을 추모하여 세운 최초의 서원이다.

놀리던 말의 진원지가 된 청다리가 있다. 소수서원紹修書院은 영주시 순
흥면 내죽리에 있는데, 중종 연간에 풍기 군수로 부임한 주세붕周世鵬
이 우리나라 성리학의 선구자인 안향安珦을 추모하여 세운 최초의 서원
이다. 이곳 소수서원에서 공부하던 유생이 인근 마을 처녀와 바람이 나
서 자식을 낳게 되면 모월 모시에 청다리 아래 가져다 놓았고 아이가 울
고 있어서 데리고 왔다고 한 뒤 다시 자기 집에서 키웠다고 한다. 아이를
자기 아이라고도 못 하고 키우는 아비의 한이 서린 청다리는 이제 옛날의
청다리가 아니다.

　옥녀봉 자락에서 비롯한 죽계천변의 순흥면 배점리 초암사에서 시작
되는 계곡을 죽계구곡이라 부른다. 배점리는 선조 때 무쇠 장인 배순裵純
이 국상을 입자 국망봉에 올라 3년 동안 망곡했으므로 나라에서 그에게
무쇠점을 주어 배점裵店이라 한데서 유래했다고 한다. 흐르는 맑은 물이
기기묘묘한 계곡과 어우러져 폭포를 만들어 내는 죽계천은 오래도록 아
름다움이 무엇인지를 알게 해 주는 계곡이다. 영주시 풍기에서 죽령 옛길
을 넘어 충청도의 단양에 이르고, 남한강을 따라서 영춘에 이른다. 그곳
에서 강원도의 영월이 지척이고, 김삿갓 묘에서 늦은목이를 넘으면 다시
경상북도의 봉화의 오전약수에 이른다. 그곳에서 산줄기를 따라가면 나
라의 명찰인 부석사에 이르고, 다시 내려가면 우리나라 최초의 서원인 소
수서원에 이른다. 소수서원 옆에 있는 청다리를 따라 간 죽계구곡 끝자락
에 초암사가 있다. 아름다운 옛길을 따라가다가 달밭재를 넘으면《정감
록》의 십승지지 중 한 곳인 금계촌에 이른다. 경상도, 충청도, 강원도 등
삼도가 감싸 안고 있는 소백산에 소백산자락길이 만들어져 수많은 사람

들이 걷고 있는데, 이 소백산을 두고 서거정은 다음과 같이 노래했다.

소백산이 태백산에 이어져

서리서리 백 리나 구름 속에 꽂혔네

분명히 동남계東南界를 모두 구획하였으니

하늘땅이 이루어져 귀신은 인색을 끼쳤네

8

영남은 조선 인재의 곳간

옛글 읽으며 고금 일을 비웃었더니

선산善山은 신라 때 일선군一善郡이었다가 경덕왕 때 숭선군崇善郡, 고려 성종 때 선주善州였으며 조선 태종 때 지금의 이름으로 바뀌었다. 고려 명종 연간의 문신 이지명李知命은 선산의 지형을 두고 시에서 "땅이 사방 백 리인 천년 고을인데, 삼한의 일선성이라고 하네" 했다. 시와 경학에 뛰어나 세종의 극진한 예우를 받은 권채權採의 〈광선헌기廣善軒記〉에 따르면 "경상도는 영남의 큰 도인데, 그 경계 위에 있는 선산은 실로 한 도의 큰 길거리〔道〕다. 사신의 행차가 끊임없이 이어지고, 더러는 같은 날 한꺼번에 몰려오기도 하여 늘 손님이 묵을 숙소가 모자랐다"는 기록이 나온다.

이중환은 《택리지》에 "상주 남쪽은 선산으로 산천이 상주보다 더욱 깨끗하고 밝다. 전해 오는 말에 따르면, 조선 인재의 반은 영남에서, 영남 인재의 반은 선산에서 난다" 했다. 그렇듯 선산에서는 뛰어난 인물이 많이 나왔다. 고려 후기 이후에 선산 김씨, 해평 윤씨들이 명문세족으로 성장했고, 고려 말의 삼은三隱 중 하나인 야은冶隱 또는 금오산인金烏山 人 길재吉再가 선산에서 태어났다. 38세 때 고려에 충절을 지키기 위해 낙향한 길재는 강호산인江湖散人 김숙자金叔滋와 같은 제자를 길러 냈다. 사육신 하위지河緯地는 선산읍 영봉마을에서 태어났다.

조선 중종 때 반정공신이었던 성희안成希顔이 청송의 이름난 잣과 꿀을 보내 달라는 편지를 하자 "잣은 높은 산에 있고 꿀은 민가의 벌통 속에 있으니 내가 어떻게 구하리오"라는 답장을 써서 잘 알려진 청송의 원님 정붕鄭鵬이 제자들을 길러 낸 곳도 선산이고, 노수신盧守愼의 고향 역시 선산이다. 정여립을 천거했다는 이유로 파직된 노수신은 양재역 벽서 사건으로 19년 동안 진도에서 유배 생활을 했다. 그는 그곳에서 이황, 김인후金麟厚와 서신으로 학문을 토론하고, 중국 진백이 지은《숙흥야매잠夙興夜寐箴》을 주해했는데, 이것이 사람들 사이에 퍼지면서 그의 명성이 널리 알려졌다.《대학장구大學章句》와《동몽수지童蒙須知》등도 진도에서 주해했다. 노수신은 온유하고 원만한 성격을 가진 문신이자 학자로서 사림의 존경을 받았으며, 특히 선조의 지극한 존경과 은총을 받았다.

선산 땅에서 인재가 많이 태어났다는 사실을 말할 때마다 이곳의 명산인 금오산과 이곳을 거쳐 흐르는 낙동강의 수려한 흐름도 함께 거론된다.《택리지》의 기록을 보자.

논과 밭이 아주 기름져서 백성들이 안락하게 살며, 죄짓기를 두려워하고 간사함을 멀리하는 까닭에 여러 대에 걸쳐 사는 사대부가 많다. 김산은 판서 최선문崔善門의 고향이다. 선산에는 금오산이 있으니 곧 문화주서의 벼슬에 오른 길재의 고향이다. 최선문은 노산군을 위하여 절의를 지켰고, 길재는 고려에 충절을 지켰다.

    길재는 이색, 정몽주, 권근 등의 문하에서 공부했고, 고려 우왕 12년 (1386)에 진사시에 합격하여 청주목 사록司錄에 임명되었으나 가지 않았다. 이때 훗날 태종이 된 이방원과 한마을에 살면서 우의를 돈독히 했다. 창왕 원년(1389)에 나라가 망할 것을 미리 예감한 길재는 늙은 어머니를 모셔야 한다는 핑계로 벼슬을 버리고 고향인 금오산 자락으로 돌아왔고, 그 후 왕이 여러 벼슬을 내렸지만 부임하지 않았다. 고려가 망하고 정종 2년(1400)에 세자 방원이 그를 태상박사太常博士에 임명했으나 "두 임금을 섬기지 않는다"는 글을 올리고 나아가지 않았다. 집에서는 효도하고 밖에 나가서는 공손하며, 항상 즐거움으로 근심을 잊고 영달에 뜻을 두지 않은 채 후학 교육에만 힘을 쏟아 길재를 따르는 학자들이 줄을 이었다고 한다. 김숙자를 비롯하여 그의 아들 김종직, 김굉필, 김일손, 정여창, 조위, 조광조 등으로 길재의 학맥이 이어져서 조선 성리학의 꽃을 피웠다. 하지만 삶이란 이렇게 저렇게 회고의 정이 남아 있는 것이기에 지난날들을 돌아보며 비탄에 잠긴 글들이 여러 편 남아 있는데, 고려 조정 출사 전에 쓴 〈산가서山家序〉와 벼슬을 물러나 은거 후에 쓴 〈후산가서後山家序〉가 대표적이다. "이제 와선 불행하게도 하늘이 무너지는 때를 만나 10년 공부가 쓸려 버리고 말았다"라고 한탄한 〈후산가서〉의 글귀는 사람의 마음을 한없이 슬픔으로 물들게 한다.《야은집冶隱集》에 남아 있는 길재의 시 한 수를 더 읽어 보자.

지난날에 옛글 읽으며 고금 일을 비웃었더니

세속에 흘러 함께 부침한 일이 부끄러워라

마침내 기약하기를 바른길로 원기를 잡으려 했더니

헛된 이름으로 마음을 괴롭히랴

말없이 앉았으니 들새가 낮에 울고

문 닫고 있으니 버들이 봄 그늘에 드리워졌네

인간사가 끝났으면 마땅히 물러날 일이지

서리 같은 터럭 머리에 가득하길 기다릴 것 없네

길재의 자취가 서린 금오산金烏山은 구미시와 김천시 남면, 칠곡군 북삼면 경계에 있는 산으로, 높이는 976미터밖에 안 되지만 옹골찬 바위로만 이루어진 벼랑이 많아 명산의 기개가 서려 있다. 금오산의 본래 이름은 대본산大本山이었으나 중국의 오악五岳 가운데 하나인 숭산嵩山에 비겨 손색이 없다 하여 남숭산南嵩山이라 부르기도 했다.

금오란 이름은 이곳을 지나던 아도화상이 저녁놀 속으로 황금빛 까마귀, 곧 태양 속에 산다는 금오金烏가 나는 모습을 보고 태양의 정기를 받은 산이라 하여 그렇게 불렀다고 한다. 산마루인 현월봉에는 기암과 괴석이 늘어섰고 곳곳에서 물이 솟아 금오산 중턱에는 높이 27미터의 대혜폭포(명금폭포)가 있다. 해를 뜻하는 '금오'라는 이름이 붙은 것만 보아도 예로부터 존귀하게 여기는 대상이었음을 짐작할 수 있는 이 산은 현재 구미시에 속하지만 선산의 역사에서 빼놓을 수 없는 산이다.

산천은 의구하고 인걸은 간 데 없고

선산에서 학자와 명필이 많이 난 것이, 금오산 봉우리가 선산 쪽에서 보면 붓끝같이 보이는 덕이라는 말도 있다. 그래서 이곳 사람들은 이 봉우리를 필봉筆峰이라고도 부른다. 하지만 김천시 개령 지방에서 보면 금오산 봉우리가 마치 무엇을 노리는 것처럼 보인다고 해서 적봉敵峰이라고 부른다. 그래서 역사적으로 개령 지방에서 큰 도적이 많이 났거나 모반이 자주 일어났다고 풀이되기도 한다. 또 김천에서 보면 노적가리처럼 보인다고 해서 노적봉露積峰이라 부르며, 구미시 인동동에서 보면 관을 쓴 것 같아서 귀봉貴峰이라고 하는데, 예로부터 이곳에서는 큰 부자와 높은 관리들이 많이 나왔다고 한다. 그러나 성주에서 보면 여자처럼 보여 음봉陰峰이라 부른다. 그래서인지 나라에 속한 관비는 성주에서 많이 뽑혔고, 성주 기생이 이름난 것도 금오산의 산세 때문이라는 말이 있다.

한편 구미시 선산읍에 죽장사竹長寺(竹杖寺)라는 절이 있었으나 지금은 사라지고 고려 후기 문장가로 선산 부사를 지낸 정이오鄭以吾의 시로 남아 있다.

관청 일 마치고 틈을 내어 서쪽 성곽에 나서니
중은 드물고 절은 오래되었는데 길 마저 울퉁불퉁
제성단祭星壇 곁 봄바람 아직 이른데
붉은 살구꽃 반쯤 피었고 산새가 우는구나

377

구미 산업 단지가 들어서면서 선산군이 구미시에 편입되었는데, 구미시 해평면 낙산리에 월파정 月波亭이란 정자가 있었다. 태종 원년(1401)에 재건된 월파정의 기문을 권근이 썼는데 다음과 같이 시작한다.

선주(선산)의 동쪽 5리쯤에 여차餘次라는 나루가 있다는데, 상주에서 낙동 강 물이 남쪽으로 흐르는 곳이다. 상주를 거쳐 남쪽으로 가는 길손들도 여기에 이르러 길이 갈라지는 요충지이다. 나루터 동쪽 언덕에 작은 산이 있는데, 옛 날 전주 사람 이문정李文挺이 수령으로 있을 때 여기에 정자를 짓고 '월파정' 이라고 이름했으나 세월이 오래되어 이미 허물어졌다.

허물어진 정자를 한양의 궁전을 지은 도편수를 책임자로 해서 새로 짓 자 기문을 의뢰받은 권근은 정자를 지을 당시 선산 부사이던 최개崔開에 게 새로운 월파정에 대해 물었고 그는 다음과 같이 답했다.

정자의 위아래로 어린 소나무들이 우거지고, 돌벼랑은 깎아지른 듯하며 정 자 앞에는 긴 강이 허리띠를 두른 듯 흘러가고, 그 밖에는 너른 들이 빙 둘러 있습니다. 땅에는 마을의 집들이 가득하고, 굴뚝의 연기를 서로 바라볼 수 있 는 이곳이 바로 선산 고을입니다. 논밭을 갈고 가축을 기르며, 물고기를 잡고, 땔나무 하는 노랫소리가 서로 화답하며, 몸을 굽히고 끊임없이 들녘에서 오가 는 자들이 바로 선산의 백성입니다. 서쪽과 남쪽은 크게 탁 트여 시냇물과 육 지가 아득히 벌려 있고, 구름과 연기는 변화무쌍하여 그 기상이 천태만상입니 다. 강물은 맑고 달빛은 밝아 차가운 강물에 달그림자가 비치면 마치 옥이 빠

378

진 듯 고요합니다. 만약 강물이 출렁이면 금빛 물결이 뛰노는 듯하고, 가로지르면 누빈 흰 명주 같으며, 우뚝 솟아오르면 누운 탑과 같습니다. 이것이 강이 '월파月波'라는 이름을 얻게 된 까닭이며 더욱이 이 정자의 빼어난 경치 가운데 하나입니다.

낙동강변 월파정의 경치를 한 폭의 수채화같이 묘사했는데, 권근은 최개의 이야기를 그대로 〈월파정기〉로 삼았다. 그곳에서 멀지 않은 구미시 장천면 묵어리 북로동에서 군위군 효령면 내리동으로 넘어가는 백곡고개는 길이 험하고 도둑이 많아 100명이 모여야 넘을 수 있다고 해서 붙여진 이름이다.

임진왜란 이후 선산의 인재 배출이 끊어진 이유를 《택리지》는 다음과 같이 기록하고 있다.

임진왜란 때 명나라 군사가 이곳을 지나갈 때 술사가 우리나라에 인재가 많은 것을 꺼려 군사를 시켜 고을 뒤 산맥을 끊고 숯불을 피워서 뜸질하게 하였다. 또 큰 쇠못을 박아서 땅의 정기를 눌렀는데 그 후로는 인재가 나오지 않는다.

이인전李仁佺이 "아득한 낙동강은 남쪽으로 띠를 이루고, 우뚝 솟은 험한 봉악은 북녘으로 성이 되었도다"라고 읊었던 고을이 선산이다. 원래 선산군에 딸렸던 구미가 비약적으로 발전하면서 구미시 선산읍으로 행정구역이 개편되었다. 그리고 구미 부근에 있던 고을이 인동현仁同縣이다. 조선 전기 문신 강혼姜渾이 쓴 〈망호헌기〉에 그 옛 모습이 담겨 있다.

죽장리 오층석탑

구미시 선산읍 죽장사 터에 있는 죽장리 오층석탑은 신라시대에 제작되었으며
오층탑으로는 우리나라에서 가장 높은 탑이다.

낙산리 고분군

구미시 해평면 낙동강 동쪽 구릉 지대에 분포한 낙산리 고분군은 3~7세기 가야와 신라의
무덤들로 총 205기에 달하며 당시 이 지역에 존재한 세력의 크기와 문화를 가늠케 한다.

난간에 기대어 멀리 바라보면 서쪽으로 긴 강물이 아득히 흐른다. 평평한 언덕과 모래밭에 푸릇푸릇한 잡초 우거진 경치로 에워싸인 곳이 칠진漆津이다. 푸른빛 뾰족한 산봉우리에 아침에는 구름이 일고 저녁에는 놀이 끼어서 아침저녁으로 변하여 그 모습을 헤아릴 수조차 없는 곳이 금오산인데, 곧 충신 길재가 그 옛날 세상을 피해 숨어 살던 곳이다.

"시절은 예나 다름없이 봄빛 가득한데, 사람은 사라져 마을이 텅 비었네"라는 인동 출신의 조선 중기 학자 장현광張顯光의 시 한 구절이 떠오르게 하던 구미 일대의 모습은 점차 세상의 변화 속에서 엄청난 변모를 하게 되었다. 사람을 만나기 어려웠던 옛날과 달리 이곳에 구미 산업 단지가 활성화되면서 수많은 사람들을 수용하기 위한 대단위 아파트들이 들어섰고 하루가 다르게 바뀌고 있다. 역사의 고장 선산은 구미시에 딸린 하나의 작은 읍이 되고 말았다.

추풍령 너머 김천

구미시의 서쪽에 자리한 고을이 김천金泉이다. 신라 때 금산현金山縣이었고 조선 정종 때 왕의 태胎를 황악산에 봉안한 뒤 군으로 승격시키고 별호를 금릉金陵이라고 했다. 김천역의 이름을 따서 김천면이 되었다가 1949년에 김천시로 승격되면서 금릉군을 포함하게 되었다. 조위가 지은 〈동헌중수기東軒重修記〉에 따르면 "경상도와 충청도의 경계에 자리하고 있다. 청주를 거치는 일본 사신과 우리나라 사신은 반드시 이곳을 지나가므로 관에서 접대하는 번거로움이 상주와 맞먹을 정도로 실로 왕래의 요충지"였다.

옛 시절 금산 관아의 남쪽 10리쯤에 있던 역이 김천도찰방金泉道察訪이다. 이 도찰방에 소속된 역이 20개였다. 추풍, 답계, 안언, 무계, 안림, 금양, 부상, 동안, 팔진, 무촌, 고평, 양원, 권빈, 성기, 양천, 금천, 문산, 작내, 장곡, 성초 등을 관리했다. 《여지도서》를 보면 김천도찰방에는 대마가 두 마리, 중마가 두 마리, 소마가 열 마리, 역리가 231명, 역노가 60명, 역비가 30명이었다. 이 역의 도찰방을 지내다가 처가 쪽 친척이었던 지관 목호룡睦虎龍에게 말을 빌려 주었다는 죄목으로 벼슬에서 물러나 온갖 고난의 세월을 보낸 뒤 《택리지》를 저술한 사람이 이중환이다. 김천역을 두고 이첨은 다음과 같은 시 한 편을 남겼다.

낡은 집이 산기슭에 의지하였고
위태로운 다리는 옅은 모래를 건넜네
땅이 기름져 가을에 풍년이 들었고
나무는 늙어서 해마다 꽃도 안 피네
사신 탄 말이 역리를 놀라게 하고
시골 풍속은 들노래에서 들려오네
여유롭게 회포가 움직이는 것은
좋은 계절을 나그네로 보낸 덕분이네

예나 지금이나 김천은 충청도와 경상도의 접경이며 교통의 요지인데, 김천 서쪽이 곧 추풍령이다. 지금은 영동군에 편입되었지만 본래 경북 금산군 황금소면 지역이었고, 이곳에 있던 추풍역秋豊驛이 《여지도서》에는 다음과 같이 실려 있다.

관아의 서쪽 35리에 있다. 동쪽으로 문산역까지 30리며, 남쪽으로 지례 작내역까지 60리다. 서쪽으로 황간 신흥역까지 20리이며, 북쪽으로 상주 낙서역까지 60리다. 대마 두 마리, 중마 두 마리, 소마 열 마리, 역리 32명, 역비 1명이 있다.

추풍령을 소재로 한 가요 〈추풍령〉을 가수 남상규가 불렀다.

구름도 자고 가는 바람도 쉬어 가는
추풍령 굽이마다 한 많은 사연
흘러간 그 세월을 뒤돌아보는
주름진 그 얼굴에 이슬이 맺혀
그 모습 그립구나 추풍령 고개

추풍령은 현재 경부선 열차와 경부 고속 도로가 나란히 줄지어 달리고 고속 전철까지 지나가는 나라의 중요한 길목이 되었지만, 조선시대까지만 해도 험준한 고개였다. 또한 그 이름 때문에 조선시대 선비들 사이에서는 금기시되는 고개 중 하나였다. 관원이 이 고개를 넘으면 파직되고 과거를 보러 가는 선비는 추풍낙엽처럼 떨어진다 하여 넘지 않았다. 대신 직지사 앞에서 영동군 황간으로 넘어가는 눌의산 남쪽에 있는 괘방령掛榜嶺으로 돌아갔는데, 이 고개를 넘으면 과거에 급제한다는 속설이 있기도 했다. '괘방'이란 말 그대로 '방을 써서 붙인다' 또는 '방을 써서 걸었다'는 뜻이므로 과거에 합격하여 이름을 게시한다는 뜻도 되었고 승진한다는 의미도 지녔다. 충북 영동군 추풍령면 서쪽의 황악산에서 흐르는 직지사천과 김천시 대덕면 대리에서부터 시작되는 감천이 김천시에서 합류하며 동쪽으로 낙동강에 흘러든다. 감천에 인접한 고을이 지례, 금산, 개령인데 선산과 함께 감천 물을 관개하는 이로움을 누렸다.

신라 때 지품천현知品川縣이었고 조선시대에 현이었던 지례知禮는 현재 경상북도 김천시 지례면 지역에 있었다. 경덕왕 때 지금의 이름으로 고치고 개령군에 소속되었다. 고려 현종 때 경산부에 소속되었고 공양왕 때 감무를 두었으며, 조선 태종 때 다시 고쳐서 현감을 두었다. 1895년에 지례군이 되었다가 1914년에 김천군에 병합되면서 지례면이 되었고, 다시 김천이 시로 승격되면서 김천에 딸린 하나의 면이 되었다. 조선시대에는 내륙 산간 지역으로 성주, 금산, 무주, 상주를 연결하는 도로가 발달했고, 작내역作乃驛 등이 있어서 교통상 중요한 곳이었다. 이첨은 지례현의 객관을 두고 "마을 입구가 처음에는 좁더니 점점 넓고 평평해지는데, 난을 피한 산꼭대기에는 옛 성이 있네. 도장의 전자는 새로 정한 호를 새겼으나, 현관은 아직도 옛 이름을 지녔네. 어량에 물이 가득 푸짐한 가을도 흥겨운데, 나그넷길에 하늘도 맑으니 들 정취가 흐뭇하구나. 다행히도 사군과 약간의 안면이 있어, 동헌에 술을 놓고 나를 위로하네"라는 시를

남겼다. 고려 후기 김천 출신 문인 장지도張志道 역시 시에서 "천년 반곡
盤谷은 온 구역이 평평한데, 앞 봉우리의 끊어진 벼랑을 차지하여 돌 성
을 세웠다. 예부터 내려온 토성 몇 집인고, 지금까지 열 집이 벼슬 이름을
얻었다. 처마 끝에 늘어선 감과 밤은 산중의 맛이요, 추녀 끝에 서린 구름
과 연기는 세상 밖의 정취로다. 성시에 일찍이 버림받음을 한탄하지 마
라. 한가한 나그네 되어 한가로이 가는 것도 좋지 않으냐"라고 객관을 노
래했다.

황악산 아래 아도화상이 가리킨 곳

경상도와 충청도에 걸쳐 있는 황악산 아래 신라 땅에 불교가 공인되기
도 전에 산을 열어 터를 잡았다는 직지사가 있다. 신라 눌지왕 2년(418)
에 아도阿道가 창건했다는 이 절을 직지사라고 한 데는 세 가지 설이 있
다. 첫째는 아도화상이 선산 도리사桃李寺를 창건하고 황악산을 손가락
으로 곧게〔直〕 가리키며〔指〕 "저쪽에 큰 절이 설 자리가 있다" 하여 직지
사로 불렸다는 설이다. 둘째는 고려 초기에 능여能如가 절을 중창할 때
절터를 측량하기 위해 자를 사용하지 않고 직접 손으로 측량하여 지었기
때문에 직지사라고 했다는 설이다. 세 번째가 선종의 가르침을 단적으로
표현하는 "문자에 의존하지 않고 바로 마음을 가리켜 성품을 보아 부처
를 이룬다不立文字 直指人心 見性成佛"라는 말에서 유래된 이름이라는
설이다. 교리적으로 따진다면 이 세 번째 설이 가장 유력한 듯하다.

옛글 읽으며 고금 일을 비웃었더니

©유철상

직지사 전경

김천시 대항면 황악산에 자리한 직지사는 아도화상이 창건한 신라의 두 번째 사찰로
후삼국시대 능여가 곤경에 처한 왕건을 도우면서 대찰로 성장했다.

ⓒ유철상

직지사 대웅전

직지사 대웅전은 임진왜란 때 불타 버린 것을 인조 27년(1649)에 중창하고
영조 11년(1735)에 중건하여 조선 후기 건축적 특징이 잘 표현되어 있다.

직지성보박물관

1996년에 문을 연 직지성보박물관은 경북 지역 여러 절의
불교문화재를 보관, 전시하고 있다.

직지사는 창건 이후 선덕여왕 14년(645)에 자장이 중창하고 경순왕 4년 (930)에 천묵天默이 중수했으며, 태조 19년(936)에 능여가 태조의 도움을 받아 크게 중창했다. 이후 조선시대에도 여러 차례 중수가 있었으나, 선조 29년(1596) 왜병들이 불을 질러 43동의 건물 가운데 천불전과 천왕문, 자하문을 제외한 모든 건물이 불타 버렸다. 이때 법당 앞에 있던 대형 오층목탑도 함께 소실되었다.

그 뒤 선조 35년(1602)부터 70여 년에 걸쳐 절을 중건했는데, 숙종 7년 (1681)에 문신이자 학자인 조종저趙宗著가 쓴 사적기에 의하면, 당시의 규모가 8전殿, 3각閣, 12당堂, 3장藏, 4문門에 정실正室만 352칸에 달했으며, 부속 암자는 26개가 있었다고 한다. 그러나 순조 5년(1805)부터 사세가 기울기 시작하여 퇴락을 거듭하다가 현대에 이르러 절이 다시 그 옛날의 모습을 되찾았다.

현존하는 당우로는 대웅전(보물 제1576호)을 비롯하여 비로전, 극락전, 응진전, 관음전, 남월료, 명부전, 약사전, 설법전, 만덕전, 조사전, 제하당, 명월료, 청풍료, 사명각, 범종각, 일주문, 금강문, 사천왕문 등이 있다. 특히 비로전은 천불전이라고도 하는데, 천불상 가운데에 있는 나아상裸兒像(탄생불)을 첫눈에 보게 되면 아들을 낳는다고 한다.

이 직지사에서 출가한 승려가 임진왜란 때 크게 활약했던 사명당 유정인데 전해 오는 이야기가 재미있다. 명종 때 어느 한여름이었다. 이 절의 조실인 신묵愼默이 점심 공양을 들고 식곤으로 잠깐 잠이 들었는데 절 앞 은행나무 밑에 황룡이 있는 꿈을 꾸고서 나가 보니, 임진사라는 한 노인이 비범하게 생긴 손주를 데리고 있었다. 어려서 부모를 잃고 할아버지가 양육하는 것을 알고 신묵이 상좌로 삼았다. 이 아이가 훗날 국난을 극복한 사명당 유정이다.

둘해골로 창건된 갈항사 옛 터에는

숙종 12년(1686) 가을 청암사靑巖寺에 왔던 조선 중기 학자 우담愚潭 정시한丁時翰은 이 절에서 다음과 같은 일기를 썼다.

저녁을 들고 나서 혜원, 승헌 노스님 그리고 효선 스님과 함께 쌍계사로 걸어 내려오노라니 양쪽 골짜기 사이로 계곡을 따라 붉게 물든 나뭇잎과 푸른 소나무가 길을 에워싸고 물은 쟁쟁거리며 음악을 들려준다. 고승 두어 분과 소매를 나란히 해 천천히 걸으며 걸음마다 (경치를) 즐기니 사뭇 흥취가 깊다.

정시한의《산중일기山中日記》에 나오는 쌍계사는 당시 청암사를 거느렸던 본사였으나 지금은 증산 면사무소 뒤편에 주춧돌 몇 개와 연꽃 두어 송이를 조각한 비례석만 남은 폐사지일 뿐이다. 수도산에서 흘러내리는 시냇물 소리를 들으며 한적한 길을 천천히 오르다 보면 천왕문이 보이고, 그 오른쪽에 회당비각과 대운당비각, 사적비가 서 있다. 화엄학으로 이름을 날렸던 정혜晦庵의 비각은 영조 때 우의정을 지냈던 조현명趙顯命이 지었으며, 대운당비각은 청암사의 역사를 기록하여 전하고 있다. 청암사는 평촌리 88번지 불영산 기슭에 있는 절로 풍수지리학의 원조인 도선국사가 신라 헌안왕 2년(858)에 창건했다. 이 절에 혜철惠哲이 머무르기도 했다고 한다. 청암사는 그 뒤 조선 중기에 의룡율사가 중창했고, 인조 25년(1647)에 화재로 불타 버리자 벽암碧巖이 중건했다. 하지만 정조 6년(1782)에 다시 불타고 말았다. 지금의 절은 1912년에 당시의 주지 김대운이 세운 것이다. 남아 있는 절 건물로는 대웅전, 육화전, 진영각, 전법루, 일주문, 사천왕문 등이 있고 산내 암자로는 개울 건너에 극락암이 있으며 부속 암자로는 수도암이 있다. 청암사 수도암에는 보물 제296호인 약광전석불좌상과 제307호인 석조비로자나불좌상이 있다.

본래 감문소국甘文小國이었다가 조선시대에 현으로 강등되었던 개령開寧은 현재 김천시에 딸린 면이다. 서거정은 개령을 일컬어 "네 개 고을의 중심지에 있다" 했고, 조선 전기 문신 윤자영尹子濚은 "긴 강이 한줄기 유리처럼 미끄러운데, 늘어선 멧부리는 층을 지어 수묵水墨같이 진하구나" 했는데, 이제는 하나의 면으로 남아 옛날을 증언하고 있을 뿐이다.

《신증동국여지승람》에 "계림사鷄林寺는 감문산에 있고, 갈항사葛項寺는 금오산 서쪽에 있다. 신라의 고승 승전勝詮이 돌해골로 이 절을 창건하고 관속을 위하여 《화엄경》을 강의하였는데, 그 돌이 80여 개에 이르렀다"라고 기록되어 있다. 갈항사는 경북 김천시 남면 오봉리 금오산 서쪽에 있었던 절로, 신라 신문왕 12년(692)에 당나라에서 귀국한 화엄법사 승전이 창건했다. 그가 창건할 때 사용한 돌해골이 무엇을 가리키는 것인지는 분명하지 않다. 다만 글자 그대로 해골이 굳어서 돌이 된 것이라고도 보고, 그냥 돌이라고 추정하는 사람들도 있다. 이 돌들은 그 뒤에도 많은 영험을 보였다고 한다.

청암사

청암사는 김천시 증산면 평촌리 불영산 기슭에 있는 절로
풍수지리학의 원조인 도선국사가 신라 헌안왕 2년에 창건했다.

경덕왕 17년(758)에는 남매 사이였던 영묘사의 언적과 조문황태후, 경신태왕의 이모 모씨가 삼층석탑 2기(국보 제99호)를 건립했는데, 이 석탑은 우리나라 석탑의 역사에서 빠지지 않고 언급되는 독보적인 위치를 점하고 있다. 이는 이 절이 왕실의 원찰이었음을 입증하는 것이다. 화엄종에 속했던 갈항사의 그 뒤 역사는 전해지지 않으며, 절터에 남아 있던 갈항사지 동·서 삼층석탑은 1916년에 서울 경복궁으로 옮겨졌다가 국립중앙박물관으로 다시 옮겨졌다.

서울로 옮겨진 갈항사지 삼층석탑 중 동탑은 높이가 4.3미터이고, 서탑은 4미터다. 이 탑이 조성된 때는 삼국통일 이후 신라의 문화가 가장 화려하게 꽃피던 시기로, 불국사와 석굴암이 조성되던 시기와 같다. 동탑의 상층 기단부의 면석에는 유려한 필치와 높은 기품의 행서체로 된 명기銘記가 음각되어 있어서 이 탑의 유래와 함께 탑을 조성한 시기를 알려 주는데, 이렇게 탑 자체에 명문을 적어 놓은 예는 신라시대 석탑으로는 유일하다. 명문은 모두 네 줄인데, 그 내용을 풀이해 보면 다음과 같다.

두 개의 탑은 천보天寶 17년 무술년에 세웠으며, 오라비와 언니, 여동생 삼인의 업으로 완성하였다. 오라비는 경주 영묘사의 언적법사이고 언니는 조문황태후이며, 여동생은 경신태왕의 이모이다.

이 탑을 세우기 위해 시주한 사람들이 왕과 가까운 사람들이었으니 석공들이 이 탑을 세우는 데 쏟았을 정성을 미루어 짐작할 수가 있다. 특히 명문을 이두 문자로 새겨 더욱 귀중한 유물이라고 볼 수 있다. 고유섭은

이 탑을 두고 "석가탑 이후 가장 풍치 있고 아담한 탑"이며 "단려端麗하고도 아순雅淳, 가장 문아文雅한 탑의 하나"라고 했다.

보물 제245호로 지정된 갈항사지 석조여래좌상은 보호각 안에 자리하고 있고, 밖에는 석가여래좌상이 있다. 원래의 머리는 어디론가 사라지고 아무리 보아도 어색한 새 머리를 목 위에 얹어 놓은 석가여래좌상을 바라보면, 언짢은 내색 하나 없이 앉아 있는 석가모니가 한없이 존경스럽기까지 하다. 결가부좌한 두 다리와 그 위에 올려놓은 양손이 상당 부분 깨져서 안쓰럽기도 하지만 다른 부분은 비교적 온전하게 보존되어 있다. 이 불상도 갈항사 탑을 조성할 때 같이 만들었던 것으로 보인다.

《신증동국여지승람》을 보면 유산柳山 북쪽 동원 곁에는 감문국 때의 궁궐터가 아직도 남아 있으며, 개령현 북쪽 20리에는 금효왕릉이라는 큰 무덤이 있는데 감문국 금효왕의 묘라고 전해진다고 되어 있다. 이곳 개령에서 현감 김후근金厚根의 탐욕과 폭정에 못 이겨 개령민란이 일어난 것은 철종 13년(1862) 4월이었다. 김후근은 현감으로 부임하여 3년 동안 전세를 정액보다 더 많이 거두어들여 백성들의 신망을 크게 잃고 있었다. 그들 가운데 반민班民인 김규진金奎鎭이 폐단을 바로잡을 목적으로 민중 봉기를 선동하는 통문을 몰래 돌렸는데, 그 내용은 "이 운동에 가담하지 않는 자는 그 집을 습격하여 파괴하고 그 마을도 파괴할 것이며 또한 이에 필요한 경비는 모두 부호로부터 징수하겠다"라는 것이었다.

그러나 통문을 몰래 돌리다가 발각된 김규진이 옥에 갇히자 4월 7일 외촌에 살던 백성 수천여 명이 관내의 이천장梨川場에 모여 소요를 일으킨 뒤 읍내로 향했다. 그들은 옥문을 부수고 김규진을 비롯한 여러 죄수

갈항사 터

갈항사는 경북 김천시 금오산 서쪽에 있던 절로 화엄법사 승전이
돌해골(석촉루)로 창건했다고 전해진다.

갈항사터 석조석가여래좌상

갈항사 터에는 보물 제245호로 지정된 석조석가여래좌상이
작은 보호각 안에 자리하고 있다.

들을 풀어 준 뒤 관아로 난입하여 전 이방 우학능, 전 수교首校 우해능, 하리下吏 문진기 등을 살해하고 그 시체를 불태웠다. 또한 군부, 전부, 환부 등을 모두 불태웠을 뿐 아니라 읍내의 민가 42채를 불태웠다.

그러자 조정에서는 이보다 앞서 일어난 진주민란의 안핵사로 파견한 박규수朴珪壽에게 진주민란을 진압하는 대로 개령으로 향하라고 했다가 사태가 급박해지자 안동 부사 윤태경尹泰經을 대신 파견하여 난을 신속히 수습하라고 명했다. 난이 수습된 뒤 주동자인 김규진, 안인택, 이복대와 난에 가담한 이방 문기표, 공문서를 소각한 정지평 등 다섯 명을 효수했다. 그리고 좌수 권기일, 수교 조인국, 박경한에게 책임을 물어 세 차례에 걸쳐 엄한 형벌을 가한 뒤 노비로 삼아 먼 섬으로 쫓아 버렸다. 그 밖에도 수십 명을 먼 섬 등으로 귀양을 보내거나 중형을 내렸으며, 김후근에게도 책임을 물어 파직한 뒤 전라도 영광군에 있는 임자도로 귀양을 보냈다.

9

성주, 고령, 합천의 논은 영남에서
가장 기름지니

동강과 한강의 가르침이 남은 곳

왕자들의 태실을 모신 성주

신숙주가 기문에서 "한 도 가운데에 있다. 땅이 요충에 있다" 말하고, 고려 후기 성주 출신 학자 이숭인李崇仁이 〈몽송루기夢松樓記〉에서 "중첩한 봉우리가 한 줄기로 죽 이어져 있으며 시냇물은 길게 흐르고 잡목 숲은 평평하다"라고 묘사한 성주星州는 성산가야의 옛 터전이었다.

성주의 풍속에 관한 기록을 보면 《신증동국여지승람》에서는 "풍속이 화려한 것을 숭상하고 매와 개를 좋아한다" 했으며, 《세종실록지리지》에서는 "땅이 기름지고 기후는 따뜻하며, 풍속은 화려함을 숭상하고 길쌈을 잘한다" 했다. 조선 후기 문신 송상기宋相琦는 〈양사당기養士堂記〉에서 "학문을 숭상하는 풍속을 갖고 있고, 백성들은 순박하며 인정이 두텁다"라고 성주에 대해 기록했다. 성주의 영조 때 호수는 1만 1970호이고 인구는 5만 6828명이며, 그중 남자는 2만 5524명이고 여자는 3만 1304명이었다.

이중환은 《택리지》에서 "(성주, 고령, 합천) 이 세 고을의 논은 영남에서 가장 기름져서 씨를 조금만 뿌려도 수확이 많다. 그런 까닭에 대대로 이 땅에 정착해 사는 사람들은 모두 넉넉하게 살며 떠돌아다니는 자가 없다"라고 한 뒤에, "성주는 산천이 밝고 수려하여 고려 때부터 문명이 뛰어난 사람들과 이름 높은 선비가 많았다. 조선시대에 와서도 동강東岡 김우옹金宇顒과 한강寒岡 정구鄭逑가 이 고을 사람"이라고 했다.

성주는 성주수박과 성주참외로 유명하지만, 그 성주가 대구에 인접한 지역이라는 것을 아는 사람은 흔치 않다. 성주는 조선의 마지막 유학자로 불리는 김창숙金昌淑과 조선 중기의 문장가인 김우옹의 고향이기도 하다. 정여립이 금구에서 대동계를 조직하여 활동할 당시 경상도 안동 부사였던 김우옹은 "조정의 일이라면 정여립과 상의하지 않는 일이 없었다"라고 할 만큼 정여립과 빈번하게 편지를 주고받았다. 화려하다 할 정도로 조정의 여러 요직을 두루 거쳤지만, 선조 22년(1589) 기축옥사가 일어나자 정여립과 조식의 문하에서 함께 수학했다는 이유로 회령에 유배되었다. 선조 32년에 사직하고 인천에서 한거하다 이듬해 청주로 옮겼고 그곳에서 사망했다.

조선 중기 문인이자 학자였던 한강 정구도 성주에서 태어났는데, 동강 김우옹과 더불어 '성주 이강二岡'으로 불렸다. 어려서 영민하고 재주가 뛰어나 신동으로 일컬어졌던 정구는 《주역》을 공부하고 이황과 조식에게서 성리학을 배웠는데, 학문하는 자세와 인격 수양의 방법은 이황을 닮았고, 호방한 천성과 원대한 기상은 조식을 닮았다고 한다. 광해군이 즉위(1608)한 뒤 대사헌이 되었으나 임해군의 옥사가 일어나자 그에 관련된 모든 사람을 석방하라는 상소를 올린 뒤 고향에 돌아가 후학 양성에만 몰두했다. 정구의 학문은 우주 공간의 모든 것을 연구 대상으로 삼았다. 경세, 병학, 의학, 역사, 천문, 풍수지리 등에 통달했는데, 그중에서도 특히 예학에 밝았다. 그는 자신이 말하는 예禮는 가깝고 먼 것을 정하고, 믿고 못 믿음을 결정하고, 같고 다름을 구별하고, 옳고 그름을 밝히는 기준이라고 밝힌 바가 있다.

성주의 진산인 선석산禪石山은 감천 남쪽에 있으며 서진산棲鎭山이라고도 불린다. 선석산이 감싸고 있는 봉우리에는 세종대왕의 아들들인 수양, 금성, 안평 등 왕자 18명의 태실과 함께 단종의 태실이 모셔져 있다. 세종 20년(1438)부터 24년까지 차례로 세워진 이 태실은 전국에 흩어져 있는 수많은 태실 가운데 가장 많은 태 무덤이 한자리에 모여 있는 곳이다. 풍수지리에 문외한인 사람이 보아도 명당자리인 세종대왕 왕자 태실은 장방형으로 평평하게 다듬어진 봉우리 정상에 모셔져 있다. 앞줄에 11기, 뒷줄에 8기 도합 19기의 태 무덤이 태비胎碑를 앞에 두고 길게 두 줄로 늘어서 있다.

원래 이 자리에는 성주 이씨의 시조인 이장경李長庚의 무덤이 있었다. 이곳이 명당이라고 알려지자 조정에서 이 묘를 다른 곳으로 옮기고 태실을 세우도록 결정을 내렸다. 그런데 그 결정을 무시한 사람이 바로 이장경의 후손이었다. 태종의 여섯째 딸인 숙혜옹주와 결혼하여 성원위星原尉에 봉해졌고, 그 당시 풍수학제조라는 관직에 있었던 그는 결국 삭직되고 말았지만, 태실을 봉안한 성주는 그 뒤 정3품관인 목사가 다스리는 성주목으로 승격되었다. 그리고 바로 이 근처에 신라 때 의상대사가 창건하고 나옹이 중창했다는 선석사가 있다. 이 절은 태실이 들어선 뒤 태실을

한개마을

성주군 월항면 대산리에 있는 한개마을은 영취산 아래 성산 이씨들이 모여 살았던
집성촌으로, 600여 년 가까이 이어져 온 전통 마을이다.

세종대왕자 태실

성주군 월항면 선석산 아래 태봉 정상에 자리한 세종대왕자 태실은
세종의 적서嫡庶 왕자와 세손 단종의 태실 등 19기가 모여 있다.

지키는 절이 되어 훗날 영조의 어필을 하사받기도 했다.

성주군 초전면에는 '마족혈'이라는 무덤이 있는데, 이는 명종 때의 천문학자인 남사고가 속아서 잡아 준 묏자리라고 한다. 옥산 장씨 집안의 형제는 집안이 너무 가난해 아버지가 돌아가셨어도 묘를 쓰지 못하고 있었다. 마침 최고의 지사地師로 불리는 남사고가 자신들의 집 앞을 지나간다는 소식을 듣자 형제는 계책을 꾸몄다. 남사고 앞에 강도로 위장한 동생이 덤벼들고, 쓰러진 남사고 앞에 형이 지나가는 척 나타나 남사고를 업고 집으로 온 것이다. 고마운 마음에 남사고는 "성주라는 고을은 경치가 아주 아름답고 기이하며 인물이 매우 번성하여 상주, 진주, 경주, 안동과 더불어 남부 지방에서는 서로 위아래를 다툰다. 그 때문에 비록 한 지역의 으뜸 고을은 아닐지라도 특별히 목으로 일컬은 것이다"라고 하면서 명당자리를 잡아 주었는데, 그곳이 바로 마족혈이라고 한다.

대가야의 문명이 깃들다

성주의 서쪽에 자리한 고을이 고령高靈이다. 《신증동국여지승람》은 고령의 풍속을 "강하고 무예와 용맹을 숭상한다" 했고, 조선 전기 문신 금유琴柔는 시에서 그 형승을 "두 줄기 물이 남쪽으로 둘러 있고, 여러 봉우리가 북쪽으로 읍하고〔拱〕 있다" 했다.

고령은 옛 가야국 지역으로 옛날부터 낙동강을 중심으로 터를 잡았던 마을들이 점차 부족 국가의 형태를 띠면서 6가야를 이루었다. 김해 지방의 금관가야, 함안의 아라가야, 진주 또는 상주군 함창 지역의 고령가야, 고성의 소가야, 성주의 성산가야 그리고 고령의 대가야다. 대가야는 이진 아시왕이 세운 부족 국가로, 500년경부터 세력을 떨쳐 금관가야가 망하고 난 뒤 침체했던 가야의 역사에서 새로운 중심을 이루었다. 그러나 16대 도설지왕 때인 신라 진흥왕 23년(562)에 마지막으로 신라에 정복됨으로써 가야 역사에 종지부를 찍고 말았다.

역사학자 천관우는 일찍이 "가야국의 문화 수준이 높을 뿐 아니라 정치도 발전하여 삼국 초기에 이미 왕관을 만들 만큼 국가 체제를 갖춰 《삼국사기》의 초기 기록에는 신라와 맞서 난형난제의 세력을 이루었던 만큼 당시를 고구려, 신라, 백제와 북쪽의 부여를 포함하여 5국시대로 볼 수도 있다"라고 했다. 천관우는 초기 가야국의 중심이던 금관가야가 급격하게 쇠망한 것도 김해를 터전으로 삼았던 그 지배 세력이 일본으로 건너갔기 때문인 듯하다고 추정했다. 가야는 바로 중국 대륙의 산업이나 전투 기술을 포함한 높은 수준의 문화를 일본에 전해 주는 길목 구실을 한 것으로 보인다.

대가야의 땅이었던 고령은 신라 진흥왕 때 신라에 병합되어 고양군이 되었으며, 현종 9년(1018)에는 영천현이 되어 지금의 성주인 경산부에 속했다. 그러다가 조선 태조 3년(1395)에 고양군과 영천현에서 한 자씩 따서 고령현이 되었고, 1914년에 실시된 군면 통폐합에 따라 고령군이 되었다. "고을이 여러 갈래로 난 큰길가에 있어 사신들의 행렬이 잇따르므로 아전들은 맞이하고 보내느라 괴로워하며 백성들은 그 바라지에 고달픔을 겪었다"라고 쓴 조위의 기문처럼 고령은 예로부터 사통오달의 요

충지라 교통이 번잡했다. 고령을 두고 고려 후기 무신 정지鄭地는 다음
과 같은 시를 남겼다.

　주진의 풍속이 지금도 있어서

　고을 노인들은 시비가 많은 줄을 모르고

　흰 술 누런 닭으로 나를 위로해 주니

　졸리면 동쪽 난간에 취하여 턱을 괴고 있네

또한 이첨은 이렇게 노래했다.

　새벽녘에 고령 고을을 떠나서

　나그네 발길 물 동쪽에 이르니

　서리꽃은 아침 햇살에 반짝이고

　나무 마음은 봄을 향해 풀리네

산은 산이고, 물은 물이로다

　고령의 서남쪽이 합천陜川이다. 신라 때는 대량주大良州였고, 고려
현종 때 왕비 효숙왕후의 고향이므로 지합주사知陜州事로 승격되었다
가, 조선 태종 때 지금의 이름으로 바뀌었고 1914년 초계군, 삼가군을 병
합하여 합천군이 되었다.

고령과 더불어 가야산 동쪽에 있는 합천에는 매화산, 가야산, 황매산 등
여러 명산이 있다. 합천의 형상을 두고 고려 후기 문신 하륜河崙은 〈징심
루기澄心樓記〉에서 "안팎이 시내와 산으로써 둥림하여 관람하는 아름
다움을 구비하였다" 했고, 강희맹은 기문에서 "여러 산이 읍하는 듯 푸른
병풍이 빙 둘렀다"라고 설명했다. 《신증동국여지승람》에 따르면 합천의
풍속은 검소함을 숭상했다고 한다.

합천에는 가야산, 남산, 두리봉 등의 산자락 아래 유서 깊은 명찰들이
많다. 가야면 매화산梅花山 기슭 월류봉 아래에 청량사淸凉寺가 있다.
창건에 관한 기록은 전해 오지 않고, 다만 《삼국사기》에 최치원이 이곳에
서 즐겨 놀았다 하므로 신라 말기 이전에 창건되었음을 짐작할 뿐이다.
구전에 따르면 가야산 해인사나 인근의 모든 사찰의 본사는 청량사다. 대
대로 불교를 신봉해 온 부근의 신도들은 해인사보다 이 절을 큰절이라고
부른다는 것이다. 하지만 지금의 청량사는 작은 절일 따름이고 이곳을 찾
는 사람도 소수다. 청량사는 오랫동안 폐사지였다가 순조 11년(1811) 회
은晦隱이 중건할 때 3칸의 법당과 요사채를 지었으며, 최근 법당을 중수
했다. 언뜻 보면 부석사와 흡사한 가람 배치인데, 석축을 높이 쌓고 그 위
에 가람을 이룩했다.

매화산은 가야산의 남쪽에서 솟아 홍류동 계곡 건너에 있는 해인사와
가야산의 주봉인 상왕봉, 남쪽 줄기인 가산 그리고 복두산을 바라보고 있
는 날카로운 바위산이다. 매화산에 기기묘묘하게 솟아난 바위 봉우리들
이 불가에서는 마치 1000개의 불상이 진좌한 듯하다 하여 천불산千佛山
이라 부르고, 세속의 사람들은 이 산을 만발한 매화꽃에 비유하여 매화산

이라고 부른다.

울창한 숲과 아름다운 계곡 그리고 하늘을 찌를 듯 치솟은 온갖 모양의 바위 봉우리가 연이어 능선을 형성한 매화산의 기암괴석은 '남한의 소금 강'이라 불릴 정도로 아름다운 데 비해 그다지 알려지지 않은 산이다. 매화산이나 남산제일봉이 가야산에 속하지 않는 것도 덜 알려진 이유일 것이다. 그것이 못마땅한 것인지 남산제일봉이 가야산 자락에 있는 해인사에 화재를 일으키곤 했다. 화재가 남산제일봉의 서기에서 비롯하는 것이라는 누군가의 말에 따라 해인사에서는 조선 고종 때부터 5월 단오 무렵이면 남산제일봉에 소금 단지를 묻었고, 그 후로 해인사에는 불이 나지 않았다고 한다.

해인사海印寺에는 부처가 모셔진 대적광전이 있다. 그러나 정작 사람들에게 불교의 힘을 크게 깨우치게 해 주는 곳은 장경판전과 그 안에 있는 '팔만대장경(고려대장도감각판)'이다. 이 대장경판이 있음으로써 해인사가 삼보 사찰에 드는 법보 사찰의 위엄을 간직할 수 있게 되었다.

해인사 장경판전(국보 제52호)은 대적광전 뒤의 높은 축대 위에 'ㅁ'자 꼴로 앉은 집 네 채다. 본디 조선 태조 7년(1398)에 세워졌으나 얼마 못가 기울어져 성종 때 도편수 박중석이 중수했다. 장경판전으로 들어가는 문은 보안문인데, 이 문을 들어서서 마주치는 것이 수다라장전이고 그 뒤로 이 전각과 나란히 선 것이 법보전이다. 이 두 전각은 세밀한 부분에서 서로 다른 점이 있으나 쌍둥이처럼 보이는데, 앞면 15칸, 옆면 2칸의 단층 우진각 지붕(지붕 네 모서리의 추녀가 처마 끝에서 경사지게 오르면서 용마루에서 합쳐지는 지붕 형태)이며 면적은 약 545제곱미터(165평)다. 그리고 두

청량사 대웅전과 삼층석탑

청량사는 합천군 가야면 매화산 기슭에 있는 사찰로 최치원이 거주했던 곳이라고 한다.
청량사 대웅전 앞에 서 있는 삼층석탑은 신라시대의 것으로 보물 제266호로 지정되었다.

전각 사이의 양 끝에 앉은 건물 중 오른쪽은 동판당, 왼쪽은 서판당으로 불리며 맞배지붕이다. 조선 전기의 건축물로는 우리나라에서 가장 아름 다운 것으로 평가되는 이 단순하고 세련미 넘치는 전각들은 해인사가 입 은 일곱 차례의 화재를 모두 피하고 오늘날까지 그 늠름한 자태를 지키고 있다.

불교의 경전을 통틀어 새겨 놓은 것이라고 할 수 있을 대장경판은 처음 에는 대장도감이 있던 강화도의 선원사禪院寺에 보관되어 있었으나, 조 선 태조 7년에 서울의 지천사支天寺로 옮겼다가, 이듬해 다시 해인사로 옮겼다. 대한불교 조계종 31본산 중의 한 곳인 해인사는 거느린 말사가 65개쯤 되는데, 여러 암자 중 가야산 정상 가까운 곳에 자리한 백련암白 蓮庵이 가장 유명할 것이다. 조선 선조 때 세워진 이 암자는 깊디깊은 산 중에 들어앉은 만큼 정진에 골몰하려는 승려가 아니면 거의 찾지 않는 곳 이었으나, 그곳에 거처하던 성철이 1981년 정월에 대한불교 조계종의 종 정으로 추대되면서 사람들의 눈길을 끌게 되었다.

1911년 산청군 단성면 묵곡리에서 태어나 24세에 해인사로 들어와 승 려가 된 그의 속명은 이영주다. 출가한 지 5년째 되는 해부터 솔잎가루와 쌀가루만을 먹으며 공부에 몰두하여 마침내 30대 중반부터는 대구 팔공 산에 있는 파계사把溪寺로 들어가 자신의 거처 주위에 철조망을 치고 8년 동안 장좌불와長座不臥, 곧 눕지도 자지도 않고 앉은 채 참선을 했다. 그 가 백련암으로 돌아온 때는 그처럼 맹렬히 정진을 거듭한 끝에 이른바 도 를 깨우쳐 '큰스님'으로 발돋움한 뒤인 1960년대 중반이다. 성철은 암자 에 거처를 정한 뒤로도 줄곧 소금을 전혀 넣지 않은 음식을 먹으며 엄격

해인사 장경판전

장경판전은 고려시대에 만들어진 8만여 장의 대장경판을 보관하고 있는 건물로
해인사에 남아 있는 건물 중 가장 오래되었다.

©유철상

홍류동계곡

홍류동계곡은 가야산 국립공원 입구에서 해인사까지 이른다.
가을 단풍이 매우 붉어서 계곡물이 붉게 보인다 하여 홍류동이라는 이름이 붙었다.

농산정

합천 해인사 홍류동에 있는 농산정은 이곳에서 수도하던 최치원이 갓과 신만 남겨 놓고
신선이 되어 버렸다는 전설이 있을 만큼 경관이 수려하다.

해인사 봉황문

해인사 일주문에서 조금 떨어진 곳에 있는 봉황문(경상남도 문화재자료 제154호)은
사천왕상을 봉안하고 있어 천왕문 또는 금강문이라고도 한다.

성철 승탑

성철의 가르침을 현대적 조형미로 형상화한 성철 승탑은
방형은 땅을, 원형은 우주를 상징한다.
이 승탑은 1999년 대한민국 환경문화상을 수상한 하나의 예술 작품이기도 하다.

한 수행을 계속했다.

성철이 조계종 종정에 추대되자 대중 매체들이 신비롭기까지 한 그의 수도 생활을 다투어 소개하며 그가 이번에야말로 백련암을 떠나 '저자'에 모습을 나타낼 것이라고 짐작했다. 그러나 그는 서울 조계사에서 있었던 종정 취임식에도 나가지 않고 백련암에서 쓴 짧은 법어만 그 자리에 전했다.

보이는 만물은 관음觀音이요

들리는 소리는 묘음妙音이라

보고 듣는 이 밖에 진리가 따로 없으니

아아, 시회대중時會大衆은 알겠는가

산은 산이요, 물은 물이다

성철의 말에 담긴 깊은 뜻은 알 수 없지만 그가 천년에 걸쳐 해인사가 배출해 낸 여러 고승들의 맥을 이어받은 것만은 분명하다.

해인사는 예나 지금이나 찾는 사람이 많아 여러 이야기가 만들어졌는데, 그중 하나가 '합천 해인사 밥인가'라는 속담이다. 이는 절에서 재齋를 올리느라 식사가 늦어진 데서 유래한 말로, 밥이 끼니때보다 늦어질 때를 비꼬는 말이다.

이순신 백의종군의 마지막 종착지 초계

　조선 전기 문신 박원형朴元亨이 "좋은 산은 문을 밀치고 들어오는 듯 천 겹이나 아득하고, 절벽은 강에 임해 몇 자나 높은가?" 했고, 조선 전기 경상도 감찰사를 지낸 유사눌柳思訥이 "땅이 궁벽하니 마을 모습이 예스럽고, 시냇물이 맑으니 나무 그림자가 깊다"라고 노래한 합천에 편입된 초계草溪의 형승이 《신증동국여지승람》에는 다음과 같이 실려 있다.

　　사방이 산이요, 여덟 가락 물이다. 군 사면이 모두 산이면서 평평한 들판이 넓고도 넓다. 대암臺岩, 무월舞月의 여러 골 물 여덟 가닥이 구불구불하여 역력히 헤아릴 수 있다.

　서거정은 시 〈관가대觀稼臺〉에서 "사방의 산은 군을 에워싸고, 여덟 줄기 물은 마을을 안고 흐른다"라고 했다. 초계의 객관 동쪽에 감정루鑑政樓라는 누각이 있었다고 한다. 언제 사라졌는지 알 길이 없으나 고려 때 사람인 김태정金台正이 누각 앞에 서 있는 소나무를 보고 지은 시 한 편이 남아 있다.

　　벼슬 굴레 벗어나지 못한 백발 첨지는
　　허리 굽힘을 시세 풍습 따라 하는데
　　세상일과 상관없는 푸른 수염 첨지는
　　어떤 사람 눈에 들려고 매양 몸을 굽히나

이 시를 들은 성주 출신의 고려 후기 문신 이인복李仁復은 이렇게 화
답했다.

　빈 객관에 병든 첨지 접대하는 사람 없는데
　노송老松은 오히려 맑은 바람 보내니 기쁘기 그지없네
　이 몸은 굽었을망정 마음은 굽히기 어려우니
　우리 당黨에 어찌 더 직궁直躬을 물으리

　초계에는 임진왜란의 영웅인 이순신의 백의종군로가 있다. 임진왜란
이 한창이던 선조 30년(1597) 이순신은 반대파의 모함을 받아 투옥되었다
가 특사로 풀려난 뒤 모친상을 치를 겨를도 없이 백의종군의 길을 떠났다.
그는 권율權慄이 머물고 있던 초계 진영에서 6월 4일부터 7월 18일까지
종군했다. 그때의 상황이 《난중일기》에 다음과 같이 실려 있다.

　정유년(선조30) 6월 초나흘(계해), 맑았다.
　일찍 떠나려는데, 현감이 문안 편지와 함께 노자까지 보냈다. 합천 땅에 이
르러 말을 쉬게 하였다. 5리쯤 앞으로 가서 갈림길이 있었는데, 하나는 바로 고
을로 들어가는 길이고, 다른 하나는 초계로 가는 길이었다. (…)

　초닷새(갑자), 맑았다.
　아침에 초계 군수가 달려왔기에 불러들여 이야기하였다. 아침 먹은 뒤에 중
군 이덕필도 달려와서 지난 이야기를 하였다. (…)

22일(임오), 비가 오락가락하였다.

아침에 초계 군수가 연포국을 끓여 와서 권했지만 오만한 빛이 많았다. (…)

7월 초열흘(기해), 맑았다.

열과 변존서를 아산으로 보내려고 앉아서 날 새기를 기다렸다. 스스로 정을 억제하며 통곡하며 보냈다. 내가 무슨 죄를 지었기에 어머님의 장례도 직접 모시지 못하고 이 지경에 이르렀단 말인가. (…)

오늘날엔 이순신이 백의종군한 길을 지역 학생들이 그의 발자취를 따라 행군을 하기도 한다.

이순신의 자취가 서린 초계면 지역이었던 덕곡면 율지리栗旨里의 율지나루는 낙동강변에 자리한 나루로, 낙동강 유역의 포구 중 가장 번성했던 포구 중 하나였다. 율지리는 밤나무가 많아 '밤머리'라고 불렸는데, 이 지역은 조선 중기 이후 낙동강 중류의 최대 나루터였고 1960년대까지만 해도 이 지역 농산물의 집산지였다. 율지나루는 전국의 보부상과 장꾼들이 몰려들어 큰 장터를 형성했는데, 경상도 지역에서 성행하는 민속 가면극 오광대五廣大가 이곳에서 시작되었다. 오광대놀이가 율지나루에서 시작되게 된 연유는 다음과 같다.

'말뚝이'라는 마부가 살고 있는 초계는 양반 세력이 드세서 상놈이나 하인들은 양반들의 무시와 천대 때문에 하루하루가 힘들기 그지없었다. 힘든 세월을 보내던 말뚝이는 어느 날 꾀를 내어 마을 사람들을 불러 모은 뒤 탈을 쓰고 양반들의 온갖 비리와 위선을 폭로했다. 탈을 쓴 사람이

421

누구인지는 모르지만 양반들에게서 당한 온갖 수모를 후련하게 씻어 낸 사람들과 상인들은 오광대를 발전시켰고, 1900년대에는 경상남도 전역 으로 전파되었다.

《(경상남도)여지집성 輿地集成》〈초계군읍지〉를 보면 "밤머리장은 초 계군 북쪽 30리에 있으며, 초하룻날이 장날이다. 한 달에 여섯 번 장이 서 는데 고깃배, 소금배, 장삿배가 와서 머문다"라고 되어 있고,《대한신지 지 大韓新地志》에는 "강가 나루에 장삿배와 고기잡이배가 숲처럼 왕래 하고 노 젓는 소리와 뱃노래가 서로 어울려 끊어질 사이가 없다"라고 실 려 있다. 밤머리장은 정기적인 향시가 대규모로 열리기도 했지만 난장이 라고 하여 일정 기간 집중적으로 상거래가 이루어지기도 했다. 1930년대 까지만 해도 수심이 깊어서 장삿배가 빈번히 왕래하여 남해안의 해산물 과 대구, 왜관 등 내륙 지방의 물품 사이에 교역이 이루어지며 수많은 길 손들이 오갔던 나루터지만, 1999년 말 율지교가 만들어진 뒤에는 사람들 의 발길이 끊어지고 작은 배만 매여 있을 뿐이다.

팔도 유생들에게 탄핵을 받은 정인홍

합천 남쪽의 삼가三嘉는 남명 조식의 고향이다. 김우옹과 정구, 정인홍이 모두 남명의 문인이다. 정인홍이 학자로 자처하면서 남명을 높이고 퇴계를 공 격하였는데, 정인홍에게서 배우던 많은 사람이 그의 잘못된 지도로 해를 입었 다. 동강 김우옹은 벼슬에서 물러나게 되자 인홍을 피해 성주에 돌아가지 아니

율지 오광대

율지나루는 전국의 보부상과 장꾼들이 몰려들어 큰 장터를 형성했는데,
경상도 지역에서 성행하는 오광대놀이가 이곳에서 시작되었다.

하고 청주 정좌산(현 세종특별자치시 연서면에 있는 산) 밑에 터를 잡아 살다가 세상을 떠났다. 정인홍은 광해군 때 대북파大北派의 우두머리로서 벼슬이 영의정에 이르렀으나, 인조가 반정하자 저자에서 죽임을 당하였다. 그러나 성주 사람들은 옳은 행실을 좋아하여 집을 보전하였으니, 이는 동강과 한강의 가르침이 남긴 덕택이었다.

《택리지》의 기록이다. 같은 스승에게 가르침을 받았던 김우옹과 정구를 비롯한 조선의 선비들은 정인홍을 멀리했다. 그를 역적으로 바라본 것이 과연 옳은 평가였을까? 일찍이 단재 신채호는 "정인홍의 평전을 못 쓴 것이 아쉽다"라고 말했다. 정인홍鄭仁弘은 조선 중기의 학자이자 의병장이며 정치가다. 조식의 수제자로서 최영경崔永慶, 오건吳健, 김우옹, 곽재우 등과 함께 경상우도의 남명학파를 대표했다. 당파가 동서로 양분되자 다른 남명학파와 함께 동인 편에 서서 서인 정철, 윤두수尹斗壽 등을 탄핵하려다가 도리어 파직되어 낙향했다. 선조 22년(1589) 정여립 옥사를 계기로 동인이 남북으로 분립될 때 북인에 가담하여 북인의 영수가 되었다. 임진왜란이 일어나자 합천에서 왜군을 격퇴했으며, 영남 병장의 호를 받아 많은 전공을 세웠다. 임진왜란 때 화의를 주장했다는 죄를 들어 류성룡을 파직한 다음 홍여순洪汝諄, 남이공南以恭 등 북인과 함께 정권을 잡았다.

그러다 선조 말년에 북인이 소북과 대북으로 분열되자 이산해, 이이첨李爾瞻과 함께 대북을 영도했으며, 선조의 계비 인목대비에게서 영창대군이 출생하자 적통을 주장하여 영창대군을 옹립하려는 소북에 대항해 광해군을 적극 지지했다. 광해군이 즉위하자 대사헌에 기용된 정인홍은 소북 일당과 류성룡계의 남인, 서인 세력을 추방하고 대북 정권을 수립했다.

광해군 2년(1610) 이른바 오현이라 불리던 김굉필, 정여창, 조광조, 이 언적, 이황을 문묘에 종사하자 정인홍은 스승인 남명 조식이 문묘 종사에 서 제외된 것에 불만을 품었다. 그리하여 이황과 이언적을 벼슬을 탐하여 조정에 나아간 변변치 못한 인물들로 매도하고 조식을 찬양하는 상소를 올린다. 이 내용이 알려지자 조정에서는 남인과 서인까지도 정인홍을 공 박하는 데 가세했고, 팔도 유생들로부터 탄핵을 받았다. 또한 성균관 유 생들에 의하여 조선시대 유생과 선비의 명단인《청금록靑衿錄》에서 삭 제되는 등 정계에 큰 파문을 일으켰다. 그럼에도 그는 광해군 4년(1612) 에 우의정이 되었으며, 다음 해에 이이첨과 계축옥사를 일으켜 영창대군 을 제거하고 서령부원군에 봉해졌다.

같은 해 좌의정에 올라 궤장几杖(왕이 하사하는 팔을 괴고 기대는 의자와 지팡이)을 받았고, 광해군 10년(1618) 인목대비 유폐 사건에 가담하여 영 의정에 올랐다. 정인홍은 그 뒤 대북의 영수로서 1품의 관직을 지닌 채 고 향인 합천으로 돌아가 세 차례 사직 상소를 올렸으나 받아들여지지 않자 그다음부터는 상소도 올리지 않았다. 그런 연유로 사람들은 그를 산림정 승이라 불렀다. 인조반정이 일어난 뒤 반정을 주도했던 서인 세력은 광해 군과 그 밑에서 정권을 쥐고 있던 이이첨을 비롯한 대북파에 죄를 뒤집어 씌워 피의 보복을 가했다. 정인홍은 참형되고 가산도 적몰되었으며 끝내 신원되지 못했다. 이이는 일찍이 그를 평하여 "강직하나 식견이 밝지 못 하니 용병에 비유한다면 돌격장이 적격이다" 했다. 서인 집권 세력은 "강경한 지조, 강려剛戾한 성품 그리고 지나치게 경의를 내세우는 행동으로 좌충우돌하는 대인 관계를 맺어 많은 물의를 일으켰다"라고 정인홍을 평했다. 반면 역사학자 이이화는《한국사의 아웃사이더》에서 정인홍의 업적을 다음과 같이 높게 평가한다.

> 그는 민심과 민생을 가장 중시했고, 이런 폐정을 시정하는 길은 왕권을 강화하는 데 있다고 보았다. 그는 조심스럽게 명나라의 굴레에서 벗어나 자주적인 외교론을 폈다. (…) 이렇게 철저한 현실인식을 바탕에 깔고 행동한 그에게 너무나 많은 적들이 있었던 것이다. 그는 당색으로는 소북과 남인과 서인의 적이 되었고, 사림으로는 이황과 이언적의 제자들과 적이 되었고, 이념으로는 사대주의자와 주자학파의 적이 되었다. 그와 그의 적들을 이분법으로 구분하면 도가와 유가, 자주파와 사대파, 혁신 세력과 보수 세력, 산림처사파과 권력추구파로 나눌 수가 있을 것이다.

정인홍의 죽음은 그의 죽음으로만 끝나지 않았다. 그의 고향인 합천군은 역적이 태어난 땅, 즉 반역향이 되어 군에서 현으로 강등되었고, 합천 지역에 고향을 둔 선비들은 과거를 보지 못하게 되었다. 그 뒤 몇십 년이 흐른 뒤 합천은 다시 군으로 복권되었으나 합천 출신 선비들이 관계로 나갈 수 있는 통로는 조선 후기까지 열리지 않았다.

합천읍에 고구려, 신라, 백제가 자웅을 겨루던 삼국시대의 역사를 고스란히 간직하고 있는 대야성大耶城이 있다. 대야성은 신라가 백제와 잦은 접전을 벌이던 당시 전초 기지의 하나로 쌓은 성이다. 신라의 무열왕이 어떤 방법으로든 백제를 없애려 했던 데는 연유가 있다. 김춘추金春秋의 사위인 김품석金品釋이 대야성의 성주로 있을 때였다. 백제의 장군 윤충 允忠이 군사를 이끌고 와서 대야성을 포위했다. 목숨을 걸고 싸웠지만 성 은 함락되고 김품석은 아내와 함께 자결하고 말았다. 성주가 자결하자 대 열이 무너진 신라군은 백제군에 투항했으나 죽죽竹竹이라는 장군만은 끝끝내 싸우다가 전사했다. 대야성 싸움으로 사위와 딸을 잃은 김춘추는 뒷날 김유신과 더불어 이곳에 와서 용감한 장군 죽죽을 기리는 비를 세우 고 백제에 쳐들어가 그 나라를 없애 버리려는 뜻을 품은 것이다. 하지만 무열왕에게 삼국통일을 실현하려는 야망을 품게 했다는 대야성은 오늘날 대부분 파손되어 그 흔적만 남아 있을 뿐이다.

10

진주 남강 물빛 밝은

이 땅 풍광도 훌륭하다

속세의 근심을 잊게 하는 수승대

덕유산 동남쪽에 있던 안음현安陰縣은 지금의 거창居昌과 함양咸陽 (함양군 안의면·서하면·서상면, 거창군 위천면) 지방에 있었던 현이지만, 영조 4년(1728) 정희량鄭希亮이 변란을 일으키자 그 땅을 갈라서 함양과 거창에 편입시켰다. 동계桐溪 정온鄭蘊의 고향으로, 지금의 거창군 위천면 강천리 강동마을에 정온 고택이 있고 종부가 그 집을 지키고 있다.

정온은 벼슬이 이조참판에 이르렀으며, 광해군 때 영창대군의 처형을 반대하다가 10여 년간 귀양살이를 했다. 병자호란 당시 정온은 청나라 군사가 남한산성을 포위하자 명나라를 배반하고 청나라에 항복하는 것은 옳지 못하다고 했다. 인조가 항복하려고 성에서 내려가자 스스로 칼로 배를 찔렀으나 그의 아들이 창자를 배에 넣고 꿰맸더니 오랜 후에 깨어났다고 한다. 정온은 전쟁이 끝나고 청나라 군사가 돌아가자 곧 덕유산으로 들어가 이후 조정에 나가지 않았다. 정온의 시〈모리복거 某里卜居〉는 당시 고향으로 돌아온 그의 심정 잘 보여 준다.

두 해 남짓 일을 꾸민 끝에

오늘 아침 비로소 이사를 했네

초목은 새로운 자태 드러내는데

연기와 노을은 옛날 그대로네

고사리가 살지니 굶주림 면하겠고

샘이 차가우니 목마름이 가시겠네

칠십 년간 지난날들이

생각해 보면 부끄러움이 많아라

그렇게 소신껏 살았던 정온의 4대 후손이 바로 정희량이다. 안음에 거주하다 순흥으로 이사를 간 그는 영조 4년(1728) 이인좌, 박필현 등과 함께 반란을 공모했다. 영조가 왕에 오른 뒤 벼슬에서 물러난 소론 일파의 호응을 받아 이인좌를 원수로 하여 군사를 일으킨 뒤 청주를 습격했는데 한때 안음, 거창, 합천, 삼가 등의 고을을 제압했으나 오명항이 이끄는 관군에 패했다. 그 뒤 정희량은 거창에서 체포되어 참수되었다. 이로 인해 안음현은 폐현되었고, 이 지역 사람들의 벼슬길도 막히게 되었다.

《신증동국여지승람》은 안음현의 풍속을 "억세고 사나우며 다투고 싸움하기를 좋아하였다"라고 적고 있다. 그래서 그런지 함양군 사람들이 흔히 '안의 송장 하나가 함양 산 사람 열을 당한다' 말하는데, 이 말은 그만큼 이곳 사람들의 기질이 세다는 말이다. 이중환이 "안음 동쪽은 거창이고 남쪽은 함양과 산음(현 산청군)이고 이들은 지리산 북쪽에 있는데 이 네 고을은 모두 땅이 기름지다. 함양은 더구나 산수굴山水窟이라 부르며 거창, 안음과 함께 이름난 고을이다. 그러나 안의(현 함양군 안의면)만은 음침하여 살 만한 곳이 못 된다" 말한 이유도 거기에 있다.

안의현이었다가 현재는 거창군 위천면 강천리로 행정 구역이 바뀐 강동마을에 정온의 고택이 있고 80세가 넘은 종부가 그 집을 지키고 있다. 그곳 종부에게 들은 바에 따르면, 정희량의 난 이후 정국에서 소외된 그들은 같은 파벌끼리 혼사를 맺어 그 맥을 이어 갔는데, 현재 정온의 종부는 경주에서 13대 만석꾼으로 이름난 최 부잣집의 큰딸이고, 하회 류성룡의 종부는 둘째 딸이며, 정온댁 종부의 시고모는 해남 윤선도의 집으로 시집을 갔다고 한다. 그 말을 들으니 요즘 재벌이나 정관계의 고위 인사들의 얽히고설킨 혼맥을 보는 듯했지만 혼맥을 통해 파벌의 끈을 그렇게 이어 갔다는 사실이 가슴을 먹먹하게 했다.

옛 시절 안음현이었던 거창군 위천면 강천리에 수승대搜勝臺가 있다. 밑으로는 맑은 물이 흐르고 조촐한 정자와 누대가 있으며 듬직한 바위들이 들어서 있는 수승대는 거창 사람들의 소풍이나 나들이 장소로 애용되는 곳이다.

수승대가 있는 거창군은 예로부터 지리적으로 백제와 맞붙은 신라의 변방이어서 항상 영토 다툼의 전초 기지였다. 그래서 백제가 세력을 확장했을 때는 백제의 영토가 되기도 했는데, 거창이 백제 땅이었을 무렵 나라가 자꾸 기울던 백제와 달리 날로 세력이 강성해져 가는 신라로 백제의 사신이 자주 오갔다. 그때나 지금이나 강대국에 약소국이 느끼는 설움은 깊고도 깊어 신라로 간 백제 사신은 온갖 수모를 겪는 일이 예사요, 아예 돌아오지 못하는 경우도 더러 있었다. 그렇기 때문에 백제에서는 신라로

동계 정온 고택

지금의 거창군 위천면 강천리 강동마을은 정온의 고향으로
정온 고택이 있고 종부가 그 집을 지키고 있다.

함양 용추계곡

기백산 군립공원에 속한 금원산과 월봉산 사이에 흐르는 용추계곡은 고봉들에 둘러싸여 있어
골짜기가 깊고 사시사철 계곡 물의 양이 풍부하다.

가는 사신을 위해 위로 잔치를 베풀고 근심 속에 떠나보내지 않을 수 없었다. 그 잔치를 베풀던 곳이 이곳으로, 근심으로 사신을 떠나보냈다 하여 '수송대愁送臺'라 불렀다고 한다.

그러나 넓게 생각해 본다면 절의 뒷간이 '해우소解憂所', 즉 근심을 풀어 버린다는 의미로 불리는 것처럼, 아름다운 경치를 즐기며 '근심을 떨쳐 버린다'는 뜻이 수송대가 지닌 본디 뜻이었을 것이다. 더 깊이 생각해 본다면 백제의 옛 땅에서 대대로 살아온 민중들이 안타깝고 한스러운 백제의 역사를 각색해 입에서 입으로 전한 것일지도 모른다.

수송대에서 지금처럼 수승대로 바뀐 것은 조선시대에 와서다. 거창에서 널리 알려진 가문 중에 거창 신씨가 있으며, 그들이 자랑스럽게 내세우는 사람이 신권愼權이다. 그는 일찌감치 벼슬을 포기하고 이곳에 은거한 채 학문에만 힘을 썼다. 수송대 앞 냇가에 있는 거북을 닮은 바위를 암구대岩龜臺라 이름 짓고 그 위에 단을 쌓아 나무를 심었으며, 아래로는 흐르는 물을 막아 보를 만들어 구연龜淵이라 불렀다. 암구대 옆 물가에는 구연서당를 지어 제자들을 가르쳤으며 이곳을 구연동으로 부르기 시작했다. 냇물 건너편 언덕에는 아담한 정자를 꾸미고 자신의 호를 따서 요수정 樂水亭이라는 편액을 걸었다. 지금 남아 있는 요수정은 임진왜란 때 불타 버린 것을 순조 5년(1805)에 다시 지은 것이다.

어느 날 자연 속에 살던 신권에게 반가운 기별이 왔는데, 아랫마을인 영송마을(현 마리면 영승마을)에 이튿날 당대의 이름난 유학자인 이황이 찾아올 것이라는 소식이었다. 중종 38년(1543) 아직 이른 봄날, 정갈히 치운 요수정에 조촐한 주안상을 마련하고 마냥 기다리던 신권을 찾은 것은 퇴계가 보낸 시 한 통이었다. 급한 왕명으로 서둘러 서울로 가게 된 이황은 다음과 같은 시를 보내왔다.

> 수승대라는 이름으로 새로 바꾸니
>
> 봄 맞은 경치 더욱 좋으리다
>
> 먼 숲 꽃망울은 터져 오르는데
>
> 그늘진 골짜기엔 봄눈이 희끗희끗
>
> 내 눈으로 미처 찾아보지는 못해
>
> 가슴속에 회포만 쌓이네
>
> 뒷날 한 동이 술을 안고 가
>
> 큰 붓 잡아 구름 벼랑에 시를 쓰리다

그 시를 받아든 신권은 다음과 같은 화답을 보냈다.

> 자연은 온갖 빛을 더해 가는데
>
> 대의 이름 아름답게 지어 주시니
>
> 좋은 날 맞아서 술동이 앞에 두고
>
> 구름 같은 근심은 붓으로 묻읍시다
>
> 깊은 마음 귀한 가르침 보배로운데
>
> 서로 떨어져 그리움만 한스러우니
>
> 속세에 흔들리며 좇지 못하고
>
> 홀로 벼랑 끝 늙은 소나무에 기대 봅니다

만남은 이루어지지 못했지만, 두 사람이 주고받은 시는 만남보다 더 정겨웠다. 이황은 수송대라는 이름의 연원이 좋지 못하다고 생각하여 '수승대'라는 새 이름을 지은 것이며, 그때부터 이곳을 수승대라 부르게 되었다고 한다.

거북바위인 암구대에는 이곳을 찾았던 선비들의 이름이 빼곡히 들어차 있으며, 퇴계 이황의 시 옆에는 거창 지방의 선비였던 갈천葛川 임훈 林薰의 시가 새겨져 있다.

강 언덕에 가득한 꽃, 술동이에 가득한 술

소맷자락 이어질 듯 흥에 취한 사람들

저무는 봄빛 밟고 그대도 떠난다니

가는 봄의 아쉬움 그대 보내는 시름에 비길까

수승대 중앙의 거북바위에는 전설 하나가 서려 있다. 장마가 심했던 어느 해, 불어난 물을 따라 위쪽 고을 북상의 거북이 떠내려왔다. 그리하여 이곳을 지키던 거북과 싸움이 벌어졌는데 결국 이곳에 살던 거북이 이겼으며, 떠내려온 거북은 죽어서 바위로 변했다. 그것이 바로 거북바위라 한다.

신권이 제자들을 가르쳤던 구연서당은 구연서원이 되었다. 서원의 문루가 관수루觀水樓인데 정면 3칸, 측면 2칸의 2층 누각 겹처마 팔작지붕 건물로, 기둥은 용틀임하는 모양새의 자연스러운 나무를 썼다. 관수루는 조선시대 회화사에 빛나는 업적을 남긴 문인화가 관아재觀我齋 조영석趙

수승대

수승대는 백제에서 신라로 가는 사신을 위해 위로 잔치를 베풀었던 곳이다.
근심으로 사신을 떠나보냈다 하여 수송대라 불렸으나 이황의 권유로 이름이 바뀌었다.

榮祐이 안음 현감으로 재직하던 영조 16년(1740)에 지었다고 한다.

조선 전기 거창 출신 효자 허광許匡이 〈척서루기滌暑樓記〉에서 "온 도에서 가장 서쪽 지역이다. 북쪽으로 삼봉산을 바라보고, 남쪽으로 감악을 바라본다" 한 거창에서 한국전쟁 당시 깊은 상흔을 남긴 거창 양민학살 사건이 일어났다.

거창 양민학살 사건

1950년 12월 5일에 500명쯤 되는 공산군이 거창의 신원면 경찰지서를 습격했다. 이 일로 경찰관 10여 명이 죽거나 다쳤고, 거기에 주둔했던 나머지 경찰들이 지서를 공산군들에게 내주고 거창읍으로 달아나 공산군의 세상이 되었다. 그 뒤 1951년 2월 8일 11사단 산하의 공비 토벌 전담 부대가 신원면을 수복했다. 당시 11사단의 사령관은 최덕신이었는데, 그는 훗날 천도교 교령이 되었고 박정희와의 불화 속에 1970년대에 월북했다. 이 부대는 경찰들만 과정리에 남겨 놓은 채 산청군으로 철수했다. 이 튿날 다시 지서가 공산군의 습격을 받자 신원면으로 되돌아와 공산군과 접전을 벌여 양쪽에서 몇십 명이 죽었다.

그다음 날인 2월 10일에 연대장인 오익경 대령의 명령을 받은 제3대대의 대대장 한동석 소령이 공산군에게 협력한 신원면 주민을 가려낸다고 하면서 대현리, 중유리, 과정리, 와룡리 등에 남아 있던 사람들을 모두 과정리에 있는 신원초등학교에 모이게 했다. 그리하여 신원초등학교의 교실과 복도에는 500명이 넘는 사람들로 붐볐는데, 그 속에는 젖먹이 아기부터 90세 노인까지 있었다. 군인들은 이들을 모두 박산골로 끌고가 골짜기로 몰아넣고는 총질을 했다. 그 뒤 근처에 쌓아 두었던 장작더미를 가져다가 송장 위에 덮고 불을 질렀다. 박산골은 순식간에 불바다가 되었다. 그런데 그 시체 더미 속에서 놀랍게도 한 여자가 살아 나왔다.

한국전쟁 때 매우 흔하게 썼던 '골〔谷〕로 간다'는 말은 '산골짜기로 데려가서 아무도 모르게 죽인 뒤 묻어 버린다'는 것으로 그 당시 나라 곳곳에서 일어난 참극 때문에 생겨난 말이다. 이 참혹한 사건은 그로부터 한 달 보름이 지난 3월 29일에 거창 출신의 국회의원 신중묵 씨의 입을 통해 세상에 드러났다. 온 나라가 벌집을 쑤셔 놓은 듯이 들끓었지만 정부에서는 아무런 발표도 하지 않았다. 거창 양민학살 사건이 전 세계로 퍼져 나가자 영국의 신문들은 "한국에서 민주주의를 기대하는 것은 쓰레기통에서 장미꽃이 피기를 기다리는 것과 같다"라고 논평했고, 유엔도 발칵 뒤집혔다.

국회에서는 마침내 조사단을 구성하여 4월 7일에 현지로 보냈다. 그러나 조사단이 신원면에 채 닿기도 전에 '공비'의 습격을 받았는데, 나중에 알려진 사실에 따르면 이 사건은 당시 헌병 사령관이며 경남 지구 계엄사령부 민사부장이던 김종원 대령이 거창 양민학살 사건을 감추려고 꾸민 가짜 공비 사건임이 밝혀져 세상을 또 한 번 놀라게 했다. 소대 병력의 국군이 공비 복장을 하고 숨어 있다가 국회의원들에게 총을 쏘았던 것이다.

이렇듯 일이 복잡하게 돌아가자 4월 24일 이승만 대통령이 담화문을 발표했다. 신원면 지구의 공산군 소탕을 위해 그 지역 주민들에게 여러 차례에 걸쳐 소개령을 내렸음에도 듣지 않으므로 한동석 소령이 공비에게 협조한 주민 187명을 적법한 절차에 따라 처형했다는 것이었다. 그러나 박산골에서 죽임을 당한 사람들은 재판을 받지 않았고 그 수효 또한 정부에서 발표한 것의 두 배를 훨씬 넘는 500명 이상이었다. 거창 사건 유족회가 밝힌 바에 따르면, 시신을 수습하는 과정에서 젖먹이부터 13~14세까지의 어린이들이 시신에 절반가량이나 섞여 있어 그들이 모두 공비에게 협조했다는 것이 거짓임이 드러났다. 또한 유족들이 작성한 목록을 바탕으로 추산된 희생자는 719명이었다. 박산골, 탄량골, 청연마을과 덕산리에서 희생된 사람들이 합해졌기 때문이다.

1951년 5월 14일 국회에서는 '거창 사건의 비합법적인 형행'을 규탄하는 결의문을 채택했고, 결국 그 사건에 관련된 사람들이 군법 회의를 통하여 형을 선고받았다. 그러나 그들은 이듬해에 곧바로 풀려났으며 거창 사람들의 한은 깊어만 갔다. 제주도 4·3사건과 함께 한국전쟁의 아픈 상흔으로 남은 거창 양민학살 사건은 우여곡절을 겪으면서도 아직 해결의 실마리를 찾지 못한 채 오늘에 이르고 있다.

남덕유산에서 남강물이 시작된다

전라북도 장수와 경상남도 함양군 서상면 사이 백두대간에 우뚝 서 있는 남덕유산에서 진주 남강이 시작된다. 산청과 함양, 전라도 남원의 물이 합쳐져서 남강이 되고 강은 진주시의 촉석루를 지나서 남쪽을 휘감아

돈 뒤 낙동강으로 들어간다. 남덕유산에서 발원한 남강은 서상면을 지나 서하면에 이르고, 화림동 계곡의 거연정, 군자정, 동호정, 농월정을 지나 비단내라고 불리는 금천변의 광풍루가 있는 함양군 안의면에 이른다.

안의에는 중요민속자료 제207호로 지정된 함양 허삼둘 고택이 있다. 1918년 윤대홍이라는 사람이 진양 갑부였던 허씨 문중에 장가를 들어 아내 허삼둘과 함께 지은 집으로 안주인인 허삼둘의 이름을 붙인 것이 이채롭다. 이 집에 들어서면 여느 집과 달리 경제적 실권을 쥐었던 안주인의 의견이 존중되어 지어졌음을 한눈에 알 수 있다. 산청 남사리의 옛집들이나 악양의 조 부잣집처럼 조선 후기 신분 제도의 철폐와 신흥 부농층이 출현하면서 1920년대 나라 곳곳에 세워진 상류 주택의 건축 요소와 서민층의 주택이 결합된 형태다. 특히 허삼둘 가옥의 부엌문은 'ㄱ' 자형 안채의 꺾인 모서리 부분에 들어서 있어 독특하다.

허삼둘 고택에서 50미터쯤 골목길을 따라가면 옛 시절 안의현청이 있었던 안의초등학교에 이른다. 북학파의 대표적 실학사상가인 연암燕巖 박지원朴趾源은 55세 되던 해에 안의 현감으로 부임하여 5년 동안 머물면서 40여 권의 저술을 남겼다. 그런 연유로 안의초등학교엔 박지원의 사적비가 서 있다. 안의초등학교 교정에는 땅을 다질 때 썼던 도구를 비롯해 대형 맷돌과 여러 종류의 민속자료들이 세워져 있다. 하나하나 그 도구들을 바라보며 나라 곳곳에 늘어만 가는 폐교에다 자그마한 민속박물관(문, 옹기, 농기구, 짚공예품 등)을 만들면 얼마나 좋을까 생각하지만, 과연 그게 가능할까? 초등학교를 돌아보고 다시 버스 정류장 근처로 나오자 대낮인데도 낮술을 마신 두어 사람이 말다툼을 하고 있었다. 아무도 말리

군자정

남덕유산에서 발원한 남강은 화림동 계곡의 거연정, 군자정, 동호정, 농월정을 지나
비단내라고 불리는 금천변의 광풍루가 있는 함양군 안의면에 이른다.

박지원 사적비

연암 박지원은 55세 되던 해에 안의 현감으로 부임하여 5년 동안 머물면서
40여 권의 저술을 남겼다. 그런 연유로 안의초등학교엔 박지원의 사적비가 서 있다.

지 않고 멍하니 바라보는 모습을 보면서 문득 박지원에 얽힌 일화가 생각
났다.

비가 주룩주룩 내리는 어느 봄날이었다. 연암은 하릴없이 대청을 서성이
다가 홀연히 쌍륙을 가져다가 오른손을 갑, 왼손을 을로 삼은 뒤 교대로 주
사위를 던지며 쌍륙을 두었다. 주변에 아무도 없는데 혼자 놀이를 하고는
웃으며 일어나 누군가에게 편지 한 장을 썼다(〈남수에게 답함答南壽〉).

사흘 낮을 비가 주룩주룩 내리는 바람에 가련하게도 필운동의 어여쁘던 살
구꽃이 죄다 떨어져 땅을 분홍빛으로 물들였습니다. 진작 이렇게 될 줄 알았던
들, 왜 서로 주선하여 하루 동안의 심심풀이를 서둘지 않았을까요? 긴 봄날 우
두커니 앉아 혼자 쌍륙놀이를 하고 있습니다. 오른손은 갑이 되고 왼손은 을이
되어 '다섯이야!' '백이야!' 하고 소리치는 중에도 피아彼我가 있어 이기고 짐
에 마음을 쓰게 되고 번갈아 가며 적수가 되니 정말 알 수가 없었습니다. 내가
나의 두 손에 대해서도 사사로움을 가지고 있는 것인지, 내 두 손이 갑과 을로
나뉘어 있으니 이 역시 물物이라 할 수 있을 테고, 나는 그 두 손에 대해 조물
주의 위치에 있다 할 수 있지 않겠습니까? 그러하건만 사사로이 한쪽을 편들
고 다른 한쪽을 억누름이 이와 같습니다. 어제 비에 살구꽃은 대부분 떨어졌지
만 곧 꽃망울 터뜨릴 복사꽃은 장차 그 화사함을 뽐낼 것입니다. 나는 또다시
알 수가 없습니다. 저 조물주가 복사꽃을 편들고 살구꽃을 억누르는 것 역시
사사로움이 있어서 그런 것은 아닌지.

연암이 편지 쓰는 것을 지켜보던 손님이 웃으며 "저는 선생님이 혼자

쌍륙놀이를 하시는 것이 놀이에 뜻을 두어서가 아니고 글을 쓰기 위해서라는 것을 처음부터 알았습니다"라고 말했다. 연암이 쌍륙놀이를 하며 느낀 생각이 어쩌면 그리도 현재 우리나라의 상황과 흡사한지! 나와 생각이 같으면 좋은 사람, 곧 군자이고 나와 생각이 다르면 나쁜 사람, 곧 소인인 이 시대. 이도 저도 아닌 나 같은 회색인들은 어디에 서 있어야 할지….

남강은 그침이 없이 흐르고 함양군 마천면 고리봉에서 내려온 물과 합해진 강은 산청군 생초면 상촌리 어귀에 이르러 북쪽에서 내려오는 위천과 남계천의 합수된 물과 합해져 생초면 어서리의 외어교를 지나 남동쪽으로 꺾인다. 갈전리, 신연리, 대포리를 경유하여 같은 군 금서면과 산청읍의 경계에 이르러 경호강이 되고, 계속 남동쪽으로 흘러 단성면 묵곡리와 산청읍 범학리를 거쳐서 단성면과 신안면의 경계를 이루며 남동쪽으로 흐르다가 단성면 성내리에 이르러 양천을 합하며 진양군 대평면의 중앙을 꿰뚫고 진주시에 이르러 남강이 된다.

지리산 자락의 고을 산청과 율곡사

경호강가 원리에서 강을 건너면 문익점의 면화 시배지인 단성과 우리나라에서 돌담길이 가장 아름답다는 단성 남사리를 품고 있는 고을이 나온다. 바로 지리산 자락에 자리한 산청군이다. 신라 때 지품천현知品川縣이었던 이곳이 산음山陰으로 바뀌어 궐성군에 예속된 것은 경덕왕 때였다. 영조 43년(1767)에 지금의 이름인 산청山淸으로 바뀌었다.

《여지도서》에서 "물이 굽이쳐 흐르고 산이 에워싸서 네 마을을 이웃하고 있네"라고 한 산청군 단성면의 소재지인 성내리에서는 5일과 10일에 장이 섰다. 하지만 오늘날 그곳에 사는 사람들은 동헌 터 서쪽에 있던 강가새미라는 샘이나 관아의 밭이었던 관죽전官竹田 그리고 군기를 넣어 두던 창고인 군기고가 어디 있었는지 알지 못한다. 그 사라져 버린 것을 아쉬워하기라도 하듯 남사리에는 고즈넉한 옛집들이 여러 채 남아 있다.

성주 이씨, 밀양 박씨, 진양 하씨 등 여러 성씨들이 수백 년간을 살면서 과거에 급제한 선비들을 배출하여 큰 마을을 이룬 이곳에 집들이 대대적으로 지어진 것은 1920년대였다. 세종 때 영의정을 지낸 하연의 후손이 살고 있는 하영국 가옥이 있다. 이 집에는 하연이 7세 때 심었다는 마을에서 가장 큰 감나무가 있는데, 마을의 길흉화복을 함께했다고 한다. 날씨가 춥거나 바람이 치면 도깨비가 나와서 이 감나무를 보호했고, 그럴 때마다 하씨 집안에는 경사스러운 일이 생겼다고 한다. 그리고 이곳에는 유학자 계제溪載 정제용鄭濟鎔의 아들 정덕영과 장손 정정화가 남사로 이전한 후 선친을 추모하기 위하여 지은 재실인 사양정사泗陽精舍가 있다. 사양정사는 정면 7칸에 측면 3칸으로 된 큰 건물로, 내부에 2층 다락과 안채가 있어 살림도 겸하고 있다. 마을에서 가장 큰 집인 최재기 가옥은 1920년대 초에 그의 아버지가 지었다고 한다. 가장 오래된 집인 이상택 가옥은 18세기 초에 지은 것으로 성주 이씨의 종가인데 사양정사와 묘한 대조를 이루고 있다. 그러나 이 마을을 빛내는 것은 집들이 아니라 고색창연하게 남아 있는 오래된 나무와 담장들일 것이다.

남사리에서 성내리로 가는 길목에 자리한 사월리에 목면 시배 유지(사적 제108호)가 있다. 고려 공민왕 때 과거 길에 올랐던 문익점文益漸은 정언正言으로서 서장관書狀官이 되어 원나라에 갔다가 목화 종자를 구해서 돌아왔다. 그의 장인 정천익鄭天益에게 부탁하여 심게 했더니 3년 만에 많은 목화를 수확하여 전국 각지로 퍼져 나갔다. 씨앗을 발라내는 기구와 실 뽑는 기구는 모두 정천익이 만들었다. 문익점의 어머니가 세상을 떴을 무렵은 해적이 한창 성할 때여서 사람들이 모두 도망쳐 숨었으나, 그는 움직이지 않고 어머니의 삼년상을 끝낼 정도로 효성이 극진했다. 조선 태종 때 참지의정부사 강성군으로 추증되었다. 산천 목면 시배 유지에 오면 다른 곳에서 볼 수 없는 목화를 볼 수가 있다. 이중환이 지은《택리지》에서 가장 농사가 잘되는 곳의 표본을 나락(쌀)이 잘되고 목화가 잘되는 곳이라고 꼽았는데, 세월이 흘러 어느 사이엔가 목화는 이곳 산천에서만 볼 수 있게 되었다.

경상남도 산청군 신등면 율현리에 자리잡은 율곡사栗谷寺는 합천 해인사의 말사이다. 신라 진덕여왕 5년(651)에 원효가 창건했고 신라가 쇠락의 길로 접어든 경순왕 4년(930)에 감악感岳이 중창했다. 이후 연혁에 관한 기록이 남아 있지 않으나 조선 성종 연간에 간행된《동국여지승람》에는 "(단성현) 척지산(현 정수산)에 율곡사가 있다"라고 기재되어 있으며, 남아 있는 절 건물들로는 보물 374호로 지정된 대웅전과 규모가 작은 칠성각과 관심당 그리고 여염집과 비슷한 요사채가 있을 뿐이다. 율곡사 대웅전의 중수는 마룻배에서 발견된 '강희십팔년기미월일사량기康熙十八年己未月日上樑記'의 기록으로 숙종 4년(1679)에 대대적으로 중수되었음을 알 수 있다.

바라볼수록 아름다운 이 절 대웅전에는 대목에 관련된 전설 하나가 전해 내려온다. 이 법당을 중창할 때 어떤 목공이 찾아와 절을 짓는 일을 자청했다고 한다. 그런데 석 달 동안 이 목공은 다른 일은 전혀 하지 않고 목침만 만들고 있었다. 이를 답답하게 여긴 이 절의 중이 목공을 시험하기 위해 목침 하나를 몰래 숨겼다. 목침을 다 만들었다고 생각한 목공이 수를 세어 보니 목침 하나가 모자란 것이 아닌가. 갑자기 안색이 새파랗게 변한 목공은 "내 정성이 부족하여 목침 하나가 모자라니 이와 같은 귀중한 법당을 건립할 수 없다"라고 말한 후 연장을 챙겨서 절을 떠나려고 했다. 이에 당황한 중은 숨겨 놓았던 목침을 내놓고는 사죄를 했다. 목공은 그제야 마음을 돌리고 목침을 조립하기 시작했다. 그때 못 하나 쓰지 않으면서 목침만으로 짜 올리는 그 빼어난 솜씨가 신기에 가까웠다고 전해진다. 그래서 이 법당은 못을 전혀 쓰지 않고 조립한 절이므로 목침절 또는 몽침절이라 불리기도 했다. 또한 대웅전 밑의 땅에서는 여름철에는 차디차고 겨울철에는 따뜻한 영천靈泉이 샘솟는다.

율곡사 대웅전은 조선 중기에 지어진 건축물로 정면 3칸에 측면 2칸의 단층 팔작집인데 규모는 크지 않고 흔히 볼 수 있는 다포집 계통의 집이지만, 산골짜기의 산세와 어우러져 묘한 아름다움을 드러내고 있다. 나는 대웅전 앞에 서서 대웅전의 문들을 바라다본다. 내소사나 불갑사의 문살보다 예술미는 떨어지지만 율곡사의 문살 또한 아름답기 그지없다. 율곡사 대웅전의 문틀은 정면 3칸 중 가운데는 사분합문을, 좌우에는 삼분합문을 달았다. 특히 사분합문에는 손품을 적잖이 들인 예쁜 꽃 창살을 달았고, 삼분합문에는 빗살과 띠살 무늬에 팔각의 붙박이창을 두었으며 궁판을 두 겹이나 두는 등 다양하게 만들었다. 기둥 위에는 평방을 얹고 사면을 돌아가면서 내외삼출목에 공포를 바쳤고 첨차에는 쇠서가 달리지 않았다. 이와 같은 수법은 조선 전기의 다포식 건축에서 주로 볼 수 있다. 그러나 공포의 상단 부분에서 외목도리를 고정시키고 있는 조각물의 형태를 보아 이 대웅전의 건립 연대는 조선 중기로 내려온다는 것을 미루어 짐작할 수 있다.

율곡사 근처인 산청군 신등면에 있는 둔철산 정취암에 문익점의 후손에 얽힌 전설이 남아 있다. 문익점의 동생 익하益夏의 둘째 아들 가학可學이 암자에서 공부를 하고 있었는데, 정월 보름날이 되니 암자에 있던 승려들이 모두 달아나기에 그 까닭을 묻자 해마다 요괴가 나타나서 젊고 잘생긴 상좌 중을 잡아가므로 이를 피하는 것이라 했다. 그는 남자가 요괴 하나를 이기지 못하고 달아나는가 싶어서 좋은 술과 안주를 준비해 놓고 혼자 지키고 있었다. 그런데 새벽녘이 되자 과연 어여쁘게 단장한 아름다운 여인이 들어와 요염한 몸짓으로 아양을 떨었다. 그는 술을 마시고 노는 척하면서 틈을 엿보아 준비해 둔 밧줄로 여인을 묶고 죽이려 했다. 여인은 울면서 자신은 본래 늙은 여우인데, 만일 자신을 살려 주면 둔갑술과 장신술藏身術의 비결이 적힌 책을 주겠다고 했다. 그리하여 가학이 여우 뒤를 따라가니 과연 여우는 높은 바위틈에서 비결 책을 꺼내어 주었다. 그가 약속대로 여인을 풀어 주고 그 책을 읽는데, 여인이 나타나 마지막 장을 빼앗아 달아나 버렸다. 그래서 책에 쓰인 대로 마음껏 바위, 돌, 나무, 짐승으로 둔갑을 할 수는 있었으나 옷고름을 감출 수 없어 장신술을 완성할 수 없었다. 그 뒤 군자금을 모으려고 둔갑해 궁중으로 몰래 들어가서 여러 번 나라의 돈을 훔쳐 내오다가 결국 잡혀서 죽게 되었다. 단성 고을에 살던 문씨들도 모두 동래부로 귀양을 갔다고 한다.

한편 남명 조식의 제자 덕계德溪 오건吳健이 둔철산의 정수암에서 공부했다. 그는 동서 분당의 원인을 제공한 김효원金孝元에게 이조정랑을 넘겨주었다. 산청읍 경호강가에 있던 환아정換鵝亭에서 남긴 시 두 수가 전하는데 다음과 같다.

꽃잎 떨어져 봄이 가려 하는데
강물 맑으니 달빛 더욱 밝아라
외딴 배에 술 한 동이 싣고서
백 년의 우정을 서로 맺네

요지瑤池(곤륜산 위 못)에서만 꼭 신선놀음하랴
이 땅 풍광도 훌륭하다
한 가락 피리 소리에 봄 저무는데
달 밝은 강물에 외딴 배 떠 있네

덕계 오건의 시를 읊조리며 내려간 신등면 법물마을은 김창숙과 함께 조선의 마지막 유학자로 알려진 중재重齋 김황金榥이 살다 간 곳이다. 남명 조식의 은둔적인 삶에 영향을 받아 평생 유학을 법도로 삼아 살다가 1978년에 세상을 떠났다. 장례식에 당시 유생들이 수없이 몰려들어서 그의 가는 길을 지켜보았다. 흑백텔레비전 화면에서 휘날리던 수백 개의 만장이 지금도 눈에 선하다.

옛 단속사 터에 매화 가득하니

지리산 자락 산청군 단성면 운리에는 옛 단속사斷俗寺 터가 있다. 동·
서 삼층석탑(보물 제72호와 보물 제72호)과 상처투성이인 당간지주만이 남
아 있는 폐사지일 뿐이지만 구름이 머무는 마을〔雲里〕에 있는 속세와의
인연을 끊는다〔斷俗〕는 옛 절의 이름은 가슴 한 켠을 아릿하게 만든다.
단속사의 가장 오래된 기록은《삼국유사》에 나오는 두 가지 창건 설화다.
경덕왕 7년(748) 대내마 이순李純이 창건했다는 설과 경덕왕 22년(763)
에 어진 선비 신충信忠이 두 명의 친구와 함께 지리산에 들어가 승려가 되
어 창건했다는 설이다. 조선 전기 문장가 김일손이 지리산을 답사하고 지은
〈속두류록續頭流錄〉에는 다음과 같은 글이 실려 있다.

대문에 들어서니 오랜 불전이 있는데 구조가 심히 질박하고, 벽에 면류관을
쓴 두 화상이 있다. 중의 말이 신라 때 유순柳純이란 사람이 벼슬을 사양하고
몸을 불교에 바쳐 이 절을 처음 지었기 때문에 절 이름을 단속이라고 하였으
며, 제 왕의 상像을 그린 판기板記가 남아 있다 하였다.

단속사 그림에 대한 기록은《오주연문장전산고五洲衍文長箋散稿》에
서도 볼 수 있는데 "단속사의 유마상維摩像이 있는데, 이 유마상은 신라

453

때 솔거率居가 그렸다"라고 되어 있다. 신라의 명찰이었던 이 절은 선조 즉위년(1567)에 지방 유생들에 의해 불상과 경판이 파괴되면서 절도 사라져 버렸고, 고려 후기 문신 강회백姜淮伯의 〈단속사견매斷俗寺見梅〉라는 시 한 편에 남아 있을 뿐이다.

> 한 기운이 돌고 돌아갔다 다시 오나니
> 천심天心은 섣달 전의 매화에서 볼 수가 있고
> 스스로 큰 솥에 국 맛을 조화하는 열매로서
> 부질없이 산중에서 떨어졌다 열렸다 하네

김일손이 쓴 〈정당매시문후政堂梅詩文後〉에 따르면 단속사에 매화를 처음 심은 사람이 이 강회백이라 한다. 그러나 그가 심은 나무는 죽고 후손이 묵은 뿌리를 옮겨 심은 매화가 이어진 것이다. 이를 안 김일손은 강회백이 오른 벼슬이 정당문학政黨文學에 이르렀기에 나무의 이름을 '정당매'라 이름했다고 한다. 김일손의 〈정당매시문후〉의 글귀를 보자.

나는 천지간의 만물치고 비록 풀 하나 나무 하나의 미미한 것이라도 이치가 붙어 있지 않은 것은 없다고 생각한다. 그 영고榮枯와 득상得喪은 모두 조물주의 처분을 들을 뿐이며, 비록 사람에게 의탁하지만 사람의 꾀도 용납되지 않는 무엇이 있다. 그런데 모르는 자는 조물주의 소유를 도둑질하여 자기의 소유를 만들려고 한다.

단속사지 동·서 삼층석탑

단속사지 금당 터 앞에는 동서로 두 탑이 서 있다. 두 탑 모두 신라시대의 전형적인 모습이나
동탑에 비해 서탑은 많이 훼손되고 사리함이 도난당하는 등 수난을 겪었다.

김일손이 그토록 찬탄해 마지 않았던 정당매는 지금도 그 자리에 남아서 해마다 꽃을 피우고 열매를 맺는다. 세속을 등진 선비들이 찾아 나섰던 단속사지 뒤편에서 세월의 이야기들을 바람 소리로 들려주는 정당매의 꽃향기에 취해 보는 것은 더 할 수 없는 기쁨이라 아니할 수 없다.

다시 내려와 고개를 넘으면 남강의 지류 중 하나인 덕천강과 만난다. 지리산 천왕봉 아래 법계사와 대원사 골짜기를 흘러 내려온 덕천강을 따라 한참을 오르면 산청군 시천면 사리에 닿는데, 그곳에 남명 조식을 모신 덕천서원德川書院이 있다.

신비한 돌무덤은 말이 없고

안동에서 제자들을 길러 낸 퇴계 이황이 '인仁', 즉 어짐을 받드는 학문을 했다면, 산청에서 제자들을 길러 낸 남명 조식은 '의義', 곧 의로움을 받드는 학문을 했다. 그는 이곳 지리산 자락의 산천재山天齋에 머물며 최영경, 정인홍, 김우옹, 김효원 등 수많은 제자들을 길러 냈다. "배운 것을 실천하지 않으면 안 배움만 못하고 오히려 죄악이 된다"라고 말했던 조식이 그의 제자 오건에게 보낸 편지에서 "내가 한평생 간직한 장기가 있다면 그것은 책을 읽는 것뿐이다. 그러한 내가 성리를 논변한다면 어찌 남에게 뒤지겠는가?" 자부했으며, "큰 거리를 노닐면서 금은보화를 보고 값을 논하다가 하나도 자기 것으로 하지 못한다면 이는 한 마리의 생선을 사 들고 돌아옴만 못하다. 학자들이 성리를 크게 떠들기만 하

456

덕천서원

산청군 시천면에 있는 남명 조식을 모신 덕천서원은 강우유맥 남명학파의 본산으로
흥선대원군의 서원 철폐령으로 훼철되었다가 1930년대에 다시 지어져 오늘에 이르고 있다.

고 자기 것으로 하지 못한다면 이와 무엇이 다르겠는가?" 하여 책을 많이 읽고 이론을 많이 떠들어도 자득한 것이 없으면 헛것임을 경고했다. 또한 "학문을 넓게 배우되, 이를 자기 것으로 소화해서 그것에 힘입어 자신의 경지를 높이고 그 높은 경지에서 모든 사물을 환히 내려다보는 고명이 있어야 행함이 도에 어긋나지 않고 세상에 쓰임이 이롭지 않은 것이 없다" 라고 했다.

남명의 학식과 명망이 높아지자 이언적과 이황이 왕에게 천거했으나 그는 벼슬에 나아가지 않았다. 대신 지리산 천왕봉 아래 있는 덕산에 산천재를 지어 학문에 열중하며 제자 양성에 힘을 기울였다. 산천재는《주역》의 '대축괘大畜卦', 즉 하늘이 산 가운데 있음을 상징하며 이는 '강건하고 독실하여 그 빛남이 날로 새롭다'는 뜻을 지니고 있다. 그 뒤에도 남명에게 여러 차례 벼슬이 내려졌지만 그는 끝끝내 나아가지 않고 백면서생으로 살았다.

김효정이 시에서 "봄 산이 그림같이 이름난 마을 안았는데, 열 집 민가에는 문을 달지 않았다" 했고, 윤상이 "한 가닥 물이 복판으로 흐르는 양쪽 마을에, 집집마다 대나무가 가시 사립을 호위하였다"라고 노래한 산청군 금서면 화계리에 가야의 제10대 구형왕의 무덤이라고 전해지는 돌무덤(전傳구형왕릉, 사적 제214호)이 있다.《가락국기駕洛國記》에 따르면 구형왕은 김유신의 증조할아버지로 구해仇亥라고도 불렸다. 521년 왕위에 오른 그는 신라 법흥왕 8년(532) 신라에 나라를 넘겨주고 상등上等의 벼슬과 금관가야를 식읍으로 받았다. 그러나 이 지방에 전해 오는 말에 따르면, 구형왕이 신라 군사와 맞서 싸우다가 죽게 되자 "나라를 구하

산천재

남명 조식이 지리산 천왕봉 아래 덕산에 지은 산천재는 그가 학문을 닦고 연구하던 곳으로
명종 16년(1561)에 세웠고 순조 18년(1818)에 고쳐졌다.

지 못한 몸이 어찌 흙 속에 묻힐까. 차라리 돌로 덮어라"라고 하여 살아남은 군졸들과 이곳 사람들이 시신을 묻고 장석을 하나씩 포개어 무덤을 만들었다고 한다. 이 왕릉과 관련한 기록은《신증동국여지승람》에 보인다.

왕산王山은 현 서쪽 10리 지점에 있다. 산중에 돌을 포개어 만든 둔덕이 있고 사면이 모두 층계로 되어 있는데 왕릉이라는 전설이 있다.

조선 후기 문신 홍의영洪儀泳이 쓴 〈왕산심릉기王山尋陵記〉에는 다음과 같은 기록이 있다.

이 무덤의 서쪽에 왕산사라는 절이 있는 데, 이 절에 전해 오는 〈왕산사기王山寺記〉를 보면 "방장산 동쪽 기슭에 산과 절이 있고 그 위쪽에 왕대王臺와 왕릉이 있어 왕산이라 하며 능묘를 수호하고 있어 왕산사라고 한다. 이 절은 왕의 수정궁이며, 왕은 가야의 10대 왕인 구형왕인데 신라에 의해 멸망하자 이곳으로 와서 세상을 떠났으므로 장사를 지냈다"라고 하였다

실제로 왕산사라는 작은 절이 있기는 한데, 무덤 서쪽에 있지 않고 그 아래쪽에 있다. 기존의 봉토 무덤과는 다른 돌무덤 형상인 산천 전구형왕릉은 어떻게 보면 한국식 피라미드 같기도 하고 고대 문명의 선사 유적을 연상시키기도 하지만, 역사의 더께가 이끼가 되어 뒤덮인 수만 개의 돌덩이는 신비에 싸인 채 아무런 말이 없다.

비석은 어느 시대 사찰 것인가

기울어진 받침돌엔 푸른 이끼만

비문이 남아 해독할 수 있건마는

유람객마저 찾아오질 않는구나

중국 당나라 시인 이상은李商隱의 시를 회상하며 경호강을 따라 걸어가면 남강댐에 이르고, 바로 그 아랫자락에 자리한 고을이 아름다운 진주다.

한가로이 노니는 공자들의 고을 진주

진주는 지리산 동쪽에 있는 큰 고을이며, 장수와 정승이 될 만한 인재를 많이 배출하였다. 이곳은 토지가 기름지고 강과 산의 경치가 좋으므로 사대부는 넉넉한 살림을 자랑하고, 저택과 정자 꾸미기를 좋아하여 비록 벼슬은 못했으나 '한유閑遊하는 공자'라는 별칭이 있다.

《택리지》에 실린 진주에 관한 기록이다. 진주晉州는 본래 백제의 거열성居列城 또는 거타居陀라고 불렸고, 신라 문무왕 때 주를 설치했으며, 조선 태종 때 지금의 명칭으로 고쳐서 목이 되었다. 《세종실록지리지》에 "습속이 시서詩書를 숭상하고, 부유하고 화려함을 숭상한다" 했고, 이인로李仁老는 《파한집破閑集》에서 "진양(진주)의 시내와 산의 훌륭한 경치가 영남에서 제일이다" 했다. 어떤 사람은 진양을 평하기를 "진양은 동

461

방의 육해陸海다. 수산과 토산을 해마다 나라에 공을 바치는 것이 영남 여러 주의 반이다" 했을 만큼 물산이 풍부했다. 하륜은 〈봉명루기鳳鳴樓記〉에서 "비봉산이 북쪽에서 멈췄고, 망진산이 남쪽에서 읍한다. 긴 강이 그 사이에 흐르는데 동쪽과 서쪽 여러 산이 구불구불 사방을 둘렀다" 했다. 비봉산은 진주의 진산으로 현재 상봉동과 봉래동에 걸쳐 있으며 해발 130미터다.

진주의 진주성은 촉석성矗石城이라고도 불리며, 그 성에 촉석루가 있다. 촉석루의 이름을 두고 고려 후기 문신 담암淡菴 백문보白文寶는 "강 가운데 뾰족뾰족한 돌이 있기 때문에 누각 이름을 촉석루라고 한다" 했는데,《여지도서》에는 촉석루가 다음과 같이 실려 있다.

촉석루는 촉석성 안에 있다. 아래로 긴 강이 흐르고 강 위에 큰 바위가 말뚝을 포갠 듯이 우뚝 솟아 있는데, 그 위에 누각을 지었으므로 '촉석루'라고 하였다. 큰 평야가 멀리 까지 펼쳐지고 강물은 잡아당기듯 띠를 두르고 흐르며 뭇 산봉우리들이 두 손을 마주 잡고 절하는 듯한 자세를 취하고 있다. 깎아지른 듯한 암벽이 서남쪽을 두 동강 내고, 언덕의 대나무와 물가의 난초가 좌우로 그늘을 드리우며, 물새는 날갯짓하며 울고, 돛단배가 드나드니 참으로 으뜸가는 아름다운 경치다.

평양의 부벽루, 밀양 영남루와 함께 우리나라 3대 누각으로 알려진 촉석루는 정면 5칸, 측면 4칸의 큰 규모이며, 기둥과 기둥 사이에 놓인 화반의 무늬가 아름답다. 촉석루에서 바라보는 남강의 운치도 빼어나지만

축석루

축석루는 남원 광한루, 밀양 영남루와 함께 우리나라 3대 누각으로 알려져 있다.
축석루는 진주성의 남장대 또는 장원루라고도 불린다.

촉석루 건너에서 바라다보는 경치가 일품인 이 누각은 고종 28년(1241)에 쌓은 후 일곱 차례의 중수를 거쳤는데, 현재 건물은 한국전쟁 당시 완전히 파괴되었던 것을 1960년에 원래의 모습대로 복원한 것이다. 진주성의 남장대南將臺 또는 장원루壯元樓라고도 부르는 촉석루는 여러 용도로 쓰였다. 전쟁 시에는 지휘 본부로 활용되었고, 평화로울 때는 과거 시험장으로도 쓰였다. 조위는 촉석루 아래를 흐르는 남강을 두고 〈촉석강〉이라는 시를 지었다.

누각 아래에는 백 길 맑은 강

거울 같은 물결 위 가로지르는 고운 배

햇살은 모든 집에 드리운 발 그림자 흔들고

바람 따라 피리 소리가 십 리 밖을 들려오네

절벽엔 아른아른 산 아지랑이 피어오르고

물결이 일렁거려 높다란 성을 움직이네

가까운 속세의 길에 머리를 돌리니

가벼이 뜬 한 마리 갈매기 부러워라

최경회의 뒤를 이어 논개도 죽음을 맞고

촉석루는 임진왜란 당시 3대 대첩 중의 하나인 진주성 싸움의 현장이기도 하다. 진주성 1차 전투는 선조 25년(1592) 10월 5일부터 11일까지

진주성

진주의 역사와 문화가 집약된 진주의 성지聖地 진주성은 토성이던 것을
고려 우왕 5년(1379)에 진주 목사 김중광金仲光이 석축한 것이다.

7일에 걸쳐 전개되었다. 왜군은 전라도로 들어가기 위해 진주성을 공격해 왔다. 경상우도 순찰사였던 김성일은 각지서 원군을 요청했고, 진주 목사 김시민金時敏은 진주성에서 적의 침입을 기다렸다. 곽재우, 정기룡 鄭起龍 등을 비롯한 영남 의병들이 지원에 나섰고, 최경회崔慶會 등이 거느린 전라도 의병 2000여 명도 합세한 이 싸움에서 김시민은 적탄에 맞아 장렬하게 산화했으며, 곤양 군수 이광악李光岳이 대신 작전을 지휘하여 수많은 적을 살상하고 무찔렀다.

진주성 2차 전투는 선조 26년 6월 20일부터 29일까지 10일에 걸쳐 계속되었다. 왜군은 지난번 패배를 설욕하고 명나라와의 강화에 유리한 고지를 선점하기 위해 진주를 다시 공격해 왔다. 도원수 김명원金命元과 권율 등이 조정의 명령을 받아 의령에 도착했으나 적의 기세에 눌려 후퇴했다.

창의사 김천일金千鎰과 경상우 병사 최경회 그리고 충청 병사 황진黃進, 의병장 고종후高從厚, 사천 현감 장윤張潤 등이 함께 군사를 거느리고 진주성으로 들어갔다. 그때 군사는 수천 명에 지나지 않았고 성안에 백성은 6만에서 7만 명에 이르렀다. 6월 19일 왜군이 진주성을 공격해 왔다. 공방이 계속되던 중 6월 28일 큰비가 내리면서 성이 허물어지기 시작했다. 그때 황진이 적의 총에 맞아 전사하고, 남은 장수들 이 성을 지키려고 안간힘을 썼지만 중과부적이었다. 결국 김천일, 고종후, 최경회 등은 촉석루에서 남강의 푸른 물에 몸을 던져 자결했다.

한편 김해 부사 이종인李宗仁, 의병장 김준민金俊民 등의 장수들은 칼을 휘두르며 시가전을 벌이다가 죽음을 맞았는데, 이종인은 죽기 전에

의암

논개가 촉석루 아래 바위에서 열 손가락에 반지를 끼고 적장을 껴안은 채
남강에 뛰어들어 생을 마쳐 그 뒤부터 이 바위를 의암이라 부르게 되었다.

일본인을 양쪽 겨드랑이에 낀 채 남강에 몸을 날려 자결했다고 한다. 그 뒤에 최경회의 애첩이었던 논개가 촉석루 아래 바위에서 열 손가락에 반지를 끼고 적장을 껴안은 채 남강에 뛰어들어 생을 마쳤다. 그 뒤부터 이 바위를 의암義巖이라 부르게 되었다. 의암 아래로는 남강의 강물이 유장하게 흐르고 있다. 임진왜란이 끝난 뒤 주민들은 사당을 세워 그들을 제사 지냈고, 조정에서는 충렬사忠烈祠라는 현판을 내려서 표창했다. 《택리지》에는 이런 이야기가 나온다.

숙종 때 어느 진주 목사가 사당을 중수하고자 하여 병사에게 도와주기를 청했다. 병사가 말을 듣지 않으므로 목사 홀로 자신의 녹봉을 털어 사당을 꾸몄는데 사당 모양이 일신했다. 그날 밤 목사의 꿈에 여러 무장이 나타나 사례를 하고, 또 "공은 문관이면서 우리들을 추념하는데 저 병사는 무장으로서 돌보지 않으니 그 죄를 다스리겠다" 했다. 새벽에 들으니 병사가 갑자기 죽었다는데, 귀신의 이치가 없다 할 수 없다.

임진왜란 당시 진주성 싸움에서 숨진 사람들의 한이 얼마나 깊었을까. 삼천포가 고향인 박재삼 시인은 흐르는 남강을 보며 〈남강가에서〉라는 시를 남겼다.

강바닥 모래알 스스로 도는
진주 남강 물 맑은 물갈이는,
새로 생긴 혼이랴 반짝어리는

진주 남강 물빛 밝은 물갈이는,
사람은 애초부터 다 그렇게 흐를 수 없다.

강물에 마음 홀린 사람 두엇
햇빛 속에 이따금 머물 줄 아는 것만이라도
사람의 흐르는 세월은
다 흐린 것 아니다, 다 흐린 것 아니다.

그런 것을 재미 삼아 횟거리나 얼마 장만해 놓고
강물 보는 사람이나 맞이하는 심사로
막판엔 강가에 술집 차릴 만한 세상이긴 한 것을
가을날 진주 남강가에서 한정 없이 한정 없이 느껴워한다.

육십령을 넘어 전라도로

진주에서 남강의 물길을 거슬러 올라간 곳이 함양咸陽이다.《신증동국여지승람》에 "습속이 간소하고 질박하다"라고 그 풍속이 기록된 함양은 "함양산청의 물레방아는 물을 안고 돌고/우리 집 서방님은 나를 안고 돈다"는 〈질꾸내기〉 가사처럼 물레방아가 많았던 산골이라 물방아 고을이다. 그리고 경상남도 남부를 흐르는 남강이 시작되는 곳이 함양의 북서쪽 끝자락 남덕유산이다.

전라북도 장수군 장계면 명덕리와 경상남도 함양군 서상면 중남리 사이에 큰 고개가 하나 있다. 해발 734미터에 이르는 이 고개는 백두산에서 발원한 백두대간이 금강산, 두타산, 소백산, 덕유산을 지나 지리산에 이르는 길목에 있는 험한 고개였다. 옛날에는 밤낮으로 화적 떼가 들끓어서 60명이 모여야 마음 놓고 넘을 생각을 했다 하여 육십령이라는 이름이 붙었다고도 하고, 고갯길이 60굽이가 되어서 육십령이 되었다고도 한다. 함양이 고향인 시인 김석규의 〈육십령〉에도 그 같은 내력이 보인다.

경상남도 함양군 서상면
덕유산 한줄기의 마루터기에
화적들의 핏자국이 아직도 남아 있는 육십령이었나니
(…)
원시대의 불씨는 꺼져버리고
그 울울하던 솔은 송충이 베어가고
비만 오면 사태가 밀리는 바닥에
개화의 자동차가 통래하는 오늘

앞의 시구처럼 불과 오래지 않았던 그 세월만 하더라도 사람들은 괴나리봇짐에 두근거리는 가슴 가득 두려움을 안고 이 고개를 넘었을 것이다. 백제와 신라 사이의 중요한 접경지 중 하나였던 육십령을 얼마나 많은 사람들이 오갔을 것이며, 그 문물을 서로 뺏고 빼앗기는 험난한 세월이 얼마나 이어졌을까?

　　육십령 아래 화림동 계곡에는 거연정, 동호정을 비롯하여 여러 개의 정자가 있어 예로부터 정자 문화의 보고라 불렸다. 그중 하나인 농월정 弄月亭은 조선 선조 때 관찰사와 예조참판을 지낸 지족당 知足堂 박명부 朴明傅가 정계에서 은퇴한 뒤에 지은 것이다. 정면 3칸에 측면 2칸으로 뒤쪽 가운데에 한 칸짜리 바람막이 작은 방이 있다. '달을 희롱한다'는 그 이름답게 밤이면 달빛이 물 아래로 흐른다고 한다. 또한 정자 앞에는 달바위라고 부르는 3000제곱미터쯤 되는 너른 반석이 있으며, 흐르는 물길 너머로 줄지어 서 있는 소나무숲은 바라만 봐도 가슴이 확 트인다. "천하의 일은 뜻을 세우는 것이 우선이다. 뜻이 지극해진 뒤에는 기氣가 따르게 마련"이라고 했던 박명부의 기상을 볼 수 있을 것 같지만, 그의 흔적은 찾을 수 없고 농월정마저 2003년 가을 불타 버렸다가 몇 년 전에 다시 지어졌다. 하지만 옛 모습은 아니다.

　　화림동 계곡 아래에 안의가 있다. 비단내라는 아름다운 이름을 지닌 안의면 금천 錦川변에 광풍루 光風樓가 우뚝 솟아 있다. 정면 3칸, 측면 2칸의 누각으로, 태종 12년(1412) 안의 현감 전우 全遇가 객사의 누각으로 지어 선화루 宣化樓라 했던 것을 성종 25년(1494)에 정여창이 현감으로 부임한 뒤 중건하고 광풍루로 이름을 바꾸었다. 그후 정유재란 때 불에 타 버렸던 것을 선조 연간에 다시 복구하고 중건해 오늘에 이르고 있다.

11

지리산과 섬진강에서 피어난 이야기 꽃

여기에 화개동천이 있으니

우함양을 꽃 피운 정여창

지금은 함양군에 딸린 하나의 면이 된 안의 옆 고을이 함양군이고, 지곡면 개평리에 일두一蠹 정여창鄭汝昌의 고택이 있다. 흔히 '뼈대 있는' 고장을 말할 때면 '좌안동, 우함양'이라고 한다. 좌안동이라고 부르는 낙동강의 동쪽 안동은 훌륭한 유학자를 많이 배출할 땅이고, 낙동강 서쪽인 함양에서는 빼어난 인물들이 태어난다는 설이다. 이 우함양의 기틀이 된 사람이 조선 성종 때의 문신으로 안의 현감을 지낸 정여창이다. 그는 혼자서 독서를 하다 김굉필과 함께 김종직의 문하에서 학문을 연마했는데, 특히 《논어》에 밝았고 성리학을 깊이 연구했다.

어머니가 돌아가시자 3년 동안 시묘를 한 뒤 하동 악양에 들어가 섬진나루에 집을 짓고 대나무와 매화를 심은 뒤 한평생을 그곳에서 지내고자 했다. 그러나 성종은 정여창의 사직 상소문에 "경의 행실을 듣고 나도 모르게 눈물이 났다. 행실을 감출 수 없는데도 오히려 이와 같으니 이것이 경의 선행이다"라고 쓰고 사임을 허락하지 않았다.

　연산군 원년(1495)에 안음 현감에 제수된 정여창은 일을 처리함에 공정했으므로 정치가 맑아지고 백성들의 칭송이 그치지 않았다. 벼슬길에 올라서는 세자에게 강론하는 시강원설서侍講院說書를 지낼 만큼 학문이 뛰어났다. 그러나 연산군 때 스승인 김종직과 더불어 무오사화에 연루되어 함경북도 종성면에 유배되어 그곳에서 생을 마감했다. 그 뒤 갑자사화 때 부관참시되기도 했다.

　어린 시절 부친과 함께 중국 사신을 만났을 때 그를 눈여겨본 사신이 "커서 집을 크게 번창하게 할 것이니 이름을 여창이라 하라"라고 했다는데, 그 말처럼 정여창의 학문과 덕망이 출중하여 김굉필, 조광조, 이언적, 이황과 더불어 조선 성리학의 오현으로 추앙받았다.

　정여창이 태어난 개평리 일두 고택(국가민속문화재 제186호)은 그의 후손의 이름을 따서 정병호 가옥으로도 불리는데, 이 집이 사람들의 입에 회자하기 시작한 것은 대하소설《토지》가 텔레비전 드라마로 만들어지면서부터였을 것이다.《토지》의 무대인 하동 평사리 최 참판댁을 구하지 못한 제작진이 정병호 가옥을 최 참판댁으로 설정했고, 정면 5칸에 측면 2칸의 'ㄱ' 자 팔작지붕집인 이 집의 사랑채가 사람들의 머릿속에 남은 것이다.

　개평마을에서 경호강 건너에 정여창을 모신 남계서원南溪書院이 있고, 바로 그 옆에는 무오사화로 희생된 김일손을 모신 청계서원靑溪書院이 있다. 남계서원은 소수서원에 이어 우리나라에서 두 번째로 세워진 서원이다. 이곳 함양군 안의를 찾았던 조건 전기 문신 배둔裵屯의 시 한 수를 보자.

일두 고택

함양의 자랑거리인 일두 고택은 선생이 타계한 지 1세기 후에 후손들에 의해 중건된 것으로
충과 효에 관한 정여창 집안의 자긍심이 고스란히 깃들어 있다.

아침에 산음(산청)을 떠나 저물녘 안음(안의)에 와서

홀로 동헌에 기대니 가을밤이 깊어만 가네

객사의 한 점 등잔불이 반쪽 벽을 밝히고

몇 마디 피리 소리 앞 숲 너머서 들려오네

만고 흥망성쇠 겪은 산은 예나 다름없고

온갖 영욕을 겪다가 보니 백발만 되었구나

성은을 갚지 못한 몸 안타깝게 벌써 늙어

길게 읊으며 삼각산과 한강을 그리워하네

고향을 떠난 나그네의 마음은 항상 어딘가 빈 듯 허전하기만 한 것이다. 더구나 안의 고을은 서울에서도 너무 먼 곳이며, 조용한 고을이라서 조선 전기 문신으로 이곳을 찾았던 노숙동盧叔仝의 시는 쓸쓸하면서도 한가롭다.

십 리에 뻗은 시내와 산이 옛 고을을 둘렀고

두어 집 울타리는 성긴 숲에 보인다

남계서원에서 건너다보이는 함양읍에는 최치원이 함양 태수로 있을 때 자주 올라 시를 읊었다는 학사루學士樓와 아름다운 함양 상림上林(천연기념물 제154호)이 있다. 최치원이 함양(천령) 태수로 있을 때 고을을 가로지르는 위천이 자주 범람하자 그 물을 막기 위해 둑을 쌓고 나무를 심으면서 만들어진 숲은 20만 5842제곱미터(약 3만 6000여 평)의 너른 대

ⒸⓄ이종원

함양 지안고개

지안재 혹은 지안치라고도 불리는 지안고개는 가파른 산비탈을 일고여덟 번이나 좌우로 급회전하며 오르는 고갯길이다. 전망대에서 내려다보면 겹겹이 쌓인 굽잇길이 아름답다.

지 위에 100여 종, 2만여 그루의 나무가 서식하고 있다. 원래 상림과 하림이 있었지만 현재 하림은 없어지고 상림만 남은 이곳에는 최치원 신도비와 함양읍성의 남문이던 함화루咸化樓(망악루望岳樓)가 옮겨져 있다.

의령군 세간리에서 태어난 홍의장군 곽재우

진주 동쪽에 의령宜寧이 있다.《신증동국여지승람》은 의령의 풍속을 "습속이 굳세고 사나움을 숭상한다" 적고 있다. 하연이 기문에서 "푸른 강과 넓은 들, 높은 둔덕과 무성한 숲이 있다" 한 의령은 신라 때의 장함현獐含縣으로, 경덕왕 때 지금의 이름을 얻었다. 어변갑이 시에서 "정암나루 봄물은 비단을 펼친 듯 푸르고"라고 했듯이 북쪽으로는 산을 두르고 남쪽으로는 들판과 강을 낀 의령군을 풍수지리에서는 훌륭한 명당으로 보아 부자가 많이 나온다는 속설이 전해져 온다. 그 말을 증명이라도 하듯 삼성을 창업한 이병철과 엘지를 창업한 구자경 등이 이곳 의령 출신이다.

의령군 유곡면 세간리에서 명종 7년(1552)에 의병장 곽재우郭再祐가 태어났다. 곽재우는 그의 스승이자 영남 유학의 거봉인 남명 조식의 외손녀와 혼인 하고 35세 때 과거에 합격했으나 벼슬에 나아가지 않고 고향에 돌아와 지냈다. 선조 25년(1592)에 임진왜란이 일어나자 집안의 하인 13명과 함께 의병을 일으켰다. 그는 집 느티나무에 북을 매달고 치면서 본격적으로 의병을 모았고, 그해 6월 말에는 정암나루 부근 솟대바위에서 왜군과 맞서 싸워 크게 이겼다. 곽재우는 항상 붉은 옷을 입고 싸움에 임했으므로 홍의장군이라고 불렸다.

임진왜란 때 세운 공을 인정받아 경상좌 방어사로 재직하던 곽재우는 정유재란이 일어나자 창녕의 화왕산성에서 왜구와 맞섰고 그 싸움에서 왜군 수천 명을 무찔렀다. 난이 끝난 뒤에 당쟁에 휘말린 조정에 상소를 올려 어지러운 나라를 바로잡으려 애썼지만 받아들여지지 않았다. 조정에서는 그 후 여러 차례 벼슬을 내렸지만 곽재우는 "고양이는 쥐만 잡으면 할 일이 없다"라며 창녕군 도천면 우강리로 돌아와 지내다가 숨을 거두었다. 남강변에 있던 아름다운 정암나루에는 〈정암뱃사공〉 노래가 남아 있다.

> 정암에 사공아 뱃머리를 돌려라
>
> 우리님 오시는데 길마중 갈거나
>
> (…)
>
> (후렴) 아이고 되이구 뚜댕구 뚜댕구 성화가 났네

섬진강 줄기 따라 화개장터에는

하동河東은 신라 때 다사군多沙郡이라 부르다가 신라 경덕왕 때 지금의 이름이 되었다. 《세종실록지리지》에 "땅이 기름지고 기후는 따뜻하다"라고 기록된 하동의 당시 호수는 346호이고 인구는 1108명이었다.

《신증동국여지승람》에 기록된 조선 전기 문신 정양鄭穰의 기문에 "산을 지고 바다에 임했다"라고 되어 있는 하동은 정인지의 고향이다. 정설鄭枻은 시에서 "일면은 넓디넓은 창해와 임했고, 삼면에는 높고 높은 벽산이 솟아 있네"라고 했다.

"전라도와 경상도를 가로지르는…"이라고 조영남이 노래하기 전부터 화개 花開에는 화개장터가 있었다. 김동리의 단편소설 〈역마驛馬〉에 그려진 옛 시절의 화개장터는 이렇다.

지리산 들어가는 길이 고래로 허다하지만, 쌍계사 세이암洗耳岩의 화개협 시오리를 끼고 앉은 '화개장터'의 이름이 높았다. 경상·전라 양 도 접경이 한두 군데일 리 없지만 또한 이 '화개장터'를 두고 일렀다. 장날이면 지리산 화전민火田民들의 더덕, 도라지, 두릅, 고사리들이 화갯골에서 내려오고 전라도 황아 장수들의 실, 바늘, 명경, 가위, 허리끈, 주머니끈, 족집게, 골백분들이 또한 구렛길에서 넘어오고 하동길에서는 섬진강 하류 해물 장사들의 김, 미역, 청각, 명태, 자반 조기, 자반 고등어들이 올라오곤 하여 (…) 그러나 '화개장터'의 이름은 장으로 하여서만 있는 것이 아니었다.

(…) 가끔 전라도 지방에서 꾸며 나오는 남사당 여사당 협률協律 창극 광대들이 마지막 연습 겸 첫 공연으로 여기서 으레 재주와 신명을 떨고서야 경상도로 넘어간다는 한갓 관습과 전례傳例가 이 '화개장터'의 이름을 높이고 그립게 하는지도 몰랐다.

화개를 가장 화개답게 표현한 〈역마〉의 모습이 아니더라도 화개는 옛

섬진나루

품이 넓은 섬진강은 너른 백사장을 곳곳에 펼쳐 놓아 한결 여유롭게 느껴진다.

지리산 전경

섬진강, 쌍계사, 신흥사 등 지리산 부근에는 명소와 유적이 산재해
예나 지금이나 유람객들의 사랑을 받고 있다.

하동 야생차밭

하동은 신라 홍덕왕 3년(828)에 당에서 가져온 차를 처음 심은 곳이다.
그런 연유로 화개 인근에는 산자락마다 차나무가 푸르게 펼쳐져 있다.

시절 전라도와 경상도의 물산이 만나 흥정이 이루어지던 중요한 장터였다. 그러나 지금 그 옛날 화려했던 화개장터의 모습은 어디에도 없이, 다리 건너에 새로 만들어진 초가집도 아니고 콘크리트 집도 아닌 화개장터가 지나는 길손들에게 머물러 가라고 손짓하고 있을 뿐이다. 소설 《토지》에서 월선네가 주막을 열었던 그곳은 어디쯤일까. 월선네가 장이 서는 아침마다 용이를 기다렸던 화개장터는 어디로 가 버렸는가. 매천 황현은 《오하기문》에서 화개동을 스쳐 간 동학 농민 혁명을 다음과 같이 적고 있다.

적은 어둠 때문에 추격하지 못하였으며, 날이 밝자 무리를 수습하여 부 안으로 들어와 민병民兵들을 모두 죽이겠다고 떠들면서 10여 채의 민가에 불을 지르고, 부 안에다 도소를 설치하였다. 한편 적은 사방으로 흩어져 마을을 약탈하였다. 화개동에 들어가서는 제일 먼저 민병들이 일어난 곳이라며 특별히 미워하여 연달아 500여 채의 민가를 불태우고 베틀과 물레, 나막신까지 약탈하여 바리바리 실어 나르느라 4~5일간 광양, 순천으로 통하는 길이 막힐 정도였다. 민병 중에 앞뒤로 사로잡혀 죽은 사람은 10여 명 정도였다. 적은 계속해서 대엿새 정도 머물다가 돌아갔고 그중에 흉포한 자들은 김인배를 따라 진주로 갔다.

불태워 버렸다는 500여 채의 민가는 어디에 있었을까? 옛 기억들을 회상할 길은 없고 푸른 대숲과 차나무와 섬진강만 유장하게 흐르고 있을 뿐이다. 《삼국사기》에 따르면, 신라 흥덕왕 때 당나라에서 가져온 차를 처음 심은 곳이 지리산 기슭 화개동이었다고 한다. 그런 연유로 이곳 화개 인근에는 산자락마다 차나무가 푸르게 펼쳐져 있다. 초하루 엿새장이 섰던 화개장터는 난전 서너 칸만 남아 있고 강 건너로 가기 위해 줄배를 탔던 목넘이나루는 한적하다.

쌍계사 가는 길

화개장터에서 맑디맑은 화개천 물길을 따라 4킬로미터쯤 거슬러 올라가면 쌍계사에 이른다. 조선 인조 5년(1632)에 편찬된 《진양지晉陽誌》에 따르면 화개면 일대에 암자와 절이 53개 있었다 한다. 조선 성종 연간의 문신 이륙李陸의 〈유산기遊山記〉에는 당시 지리산의 모습이 활동사진처럼 펼쳐져 있다.

지리산은 또 두류산이라 칭한다. 영남과 호남 사이에 웅거하여서 높이와 넓이가 몇 백 리인지 모른다. (…) 시내를 따라 의신, 신흥, 쌍계의 세 절이 있고 의신사에서 서쪽으로 꺾여 20리 지점에 칠불사가 있다. 쌍계사에서 동쪽으로 재 하나를 넘으면 불일암이 있고, 나머지 이름난 사찰은 이루 다 기록할 수 없다. 아주 산꼭대기에 있는 향적사 등 몇몇 절은 모두 나무판자로 덮였고 거주하는 중이 없다. 오직 영신사만이 기와를 사용했으나 거주하는 중은 한두 명에 불과하니 산세가 아주 험준하여 사람 사는 마을과 서로 닿지 않으므로 높은 선사가 아니면 안주하는 자가 드문 것이다. 물은 영신사의 작은 샘물에서 시작되어 신흥사 앞에 와서는 벌써 큰 냇물이 되어 섬진강으로 흘러드는데, 여기를 화개동천花開洞天이라 한다.

그렇게 많았던 절들이 지금은 쌍계사와 칠불사를 비롯해 몇몇만 남았을 뿐이고, 화개장터에서 10리 벚꽃길 끝에 있는 쌍계사만이 그 명맥을 잇고 있다.

김동리가 〈역마〉에서 "쌍계사에서 화개장터까지는 시오리가 좋은 길이라 해도, 굽이굽이 벌어진 물과 돌과 산협의 장려한 풍경이 언제보다 그에게 길덜미를 내지 않게 하였다"라고 표현했듯이 평소에도 장려한 이 길의 풍경은 꽃피는 봄날이 되면 그윽하고 화사하기 이를 데 없다.

하동군 화개면 운수리에 위치한 쌍계사雙磎寺는 신라 성덕왕 23년(724)에 의상의 제자 삼법三法이 창건했다. 삼법은 당나라에 있을 때 육조六祖 혜능慧能의 정상(머리)을 모셔 삼신산(금강산, 지리산, 한라산) 눈 쌓인 계곡 위 꽃 피는 곳에 봉안하라는 꿈을 꾸고 귀국하여 현재 쌍계사 자리에 이르러 혜능의 머리를 묻고 절 이름을 옥천사玉泉寺라 하였다. 이후 문성왕 2년(840) 진감선사眞鑑禪師가 중창하여 대가람을 이루었으며, 정강왕 때 쌍계사라는 이름을 얻었다. 절의 좌우 골짜기에서 흘러 내려온 물이 합쳐지므로 이름을 쌍계사라 지었다고 한다. 임진왜란 때 크게 소실되어 인조 10년(1632) 벽암이 중건하여 오늘에 이르고 있다.

절 초입에 마치 문처럼 마주 서 있는 두 바위에는 최치원이 지팡이 끝으로 썼다는 '雙磎(쌍계)', '石門(석문)'이라는 한자가 새겨져 있다. 오늘날 볼 수 있는 당우들은 임진왜란 이후 여러 차례 중수와 개보수를 거쳐 완성된 것들이다. 대웅전, 화엄전, 명부전, 칠성각, 설선당, 팔영루, 일주문 등이 그것이다. 그중 쌍계사 대웅전(보물 제500호)은 정면 5칸, 측면 4칸의 기둥이 높은 아름다운 건물이다.

쌍계사 팔각구층석탑

신라 성덕왕 때 의상의 제자 삼법이 창건한 쌍계사 천왕문과 팔영루 앞에 우뚝 선 팔각구층석탑은 1990년에 세워졌으며 월정사의 팔각구층석탑을 모방한 것이라 한다.

489

쌍계사의 여러 문화유산 가운데 가장 돋보이는 것은 진감선사탑비(국보 제47호)다. 특히 탑비의 비명은 충남 보령시 숭엄산 성주사지 〈낭혜화상탑비명〉과 경북 경주시 초월산 〈대숭복사비명〉, 경북 문경시 희양산 봉암사 〈지증대사탑비명〉과 더불어 최치원의 사산비명 四山碑銘에 속한다. 쌍계사를 중창하고 이곳에서 입적한 진감선사 혜소의 공덕을 기리기 위해 신라 진성여왕 원년(887)에 세운 것으로 높이가 3.63미터, 너비가 1미터인 검은 대리석비다. 신라 말의 고승인 진감선사는 전주 금마(현 익산) 사람으로 속성이 최씨였다. 그는 태어나면서 울지도 않았다는데, 사람들은 그를 일컬어 "일찍부터 소리 없고 말 없는 깊은 도의 싹을 타고 태어났다"라고 했다. 최치원이 짓고 쓴 〈진감선사탑비명〉을 보자.

학자 중에는 석가와 공자가 가르침을 베푸는 데 있어 그 흐름이 나뉘고 체계도 다르니 동그란 구멍에 네모난 자루를 끼우는 것처럼 서로 어긋나게 한쪽만을 잡아서 고집할 뿐이라고 주장하는 사람이 있는데, 이에 대해서 시험 삼아 논해 보겠다.

"시詩를 논하는 사람은 한 글자 때문에 한 문장의 뜻을 해쳐서는 안 되고, 하나의 문장 때문에 전체의 의미를 해쳐서도 안 된다"라고 하였다. 또《예기》에서도 "말이 어찌 한 갈래뿐이겠는가. 각각 타당한 바가 있다"라고 하였다.

그러므로 여산廬山의 혜원慧遠은 논을 지어 말하기를 "여래如來가 주공周公과 공자는 비록 출발점은 다를지라도 돌아가는 귀착점은 같다. 각각 자신의 가르침에만 국한해 고집하여 아울러 응하지 못하는 자는 그 둘을 허심탄회하게 받아들이지 못하기 때문이다"라고 하였다. (…) 그러나 멀리 오르자면 가까운 데서부터 시작해야 하나니, 비유를 취한들 무슨 상관이 있다고 하겠는가.

공자가 제자에게 말하기를, "나는 말을 하지 않으려 한다. 하늘이 무슨 말이 있는가"라고 하였다. 이는 저 유마거사가 묵묵히 문수를 대하고 선서가 가섭에게 은밀히 전한 것과도 통하는 것이다. 수고로이 혀를 놀리지 않고서도 능히 통해서 마음에 새기게 한다는 것이다. 하지만 하늘이 말하지 않는다고 하더라도, 우리들이야 이 말을 사용하지 않고 어떻게 의사를 표현할 수가 있겠는가. 멀리 현묘한 도를 전하여 널리 우리나라를 빛낸 분이 계시는데 이분이 또 어찌 우리와 다른 사람이겠는가. 선사가 바로 그분이시다. (…)

드디어 기이한 지경을 두루 물색하다 남령南嶺의 산기슭을 얻으니 높고 시원함이 제일이므로 이곳의 선찰을 경영하였다. 뒤로는 노을 진 언덕을 의지하고 앞으로는 구름이 이는 시내를 굽어보니 시계를 맑게 하는 것은 강 건너 산이요, 귀를 서늘하게 하는 것은 돌구멍에서 솟는 여울 소리다. (…)

최치원의 비명은 천년의 세월이 지났는데도 모든 글자가 선명하게 드러나 있다. 하지만 한국전쟁 당시 총알에 맞은 자국이 여기저기 뚫려 있어 옆구리에 쇠판을 대고 있다. 그곳에서 조금 올라가면 만나는 절이 국사암이고, 불일암과 불일폭포는 쌍계사에서도 한참을 올라야 만날 수 있다.

칠불이 된 일곱 왕자

쌍계사에서 10킬로미터쯤 산길을 올라가면 나타나는 절이 칠불사七佛

寺다. 가야의 시조인 김수로왕이 부처가 된 아들들을 위해 지었다는 칠불사의 전설에 따르면, 김수로왕은 왕자 열을 두었다. 이 중 한 사람은 태자가 되고 두 사람은 어머니 허황후(아유타국 공주)의 성씨를 잇게 했다. 그리고 나머지 일곱은 속세와 뜻을 끊고 외삼촌인 장유화상을 따라 지리산 운상원雲上院에 들어가 세상에 나오지 않게 되었다. 이들이 장유화상을 따라 들어온 절에 와서 수도한 지 2년 만에 모두 성불하여 '칠불사'라 이름 지었다고 한다. 이는 고구려 소수림왕 4년(374)에 불교가 전래되었다는 기존의 학설보다 훨씬 더 거슬러 올라가는 이야기이며 칠불사 청건 시기도 정확하게 알려진 게 없다.

원래 이름이 운상원인 칠불사에서 가장 많이 알려진 것은 아자방亞字房(경상남도 유형문화재 제144호)일 것이다. 이 방의 원래 이름은 벽안당碧眼堂이며, 100여 명이 한꺼번에 들어가 벽을 보고 참선을 할 수 있는 건물이었다. 그런데 불을 때서 덥히는 구들이 '아亞' 자 모양이어서 아자방이라고 했는데, 이 구들은 신라 효공왕 때 구들도사로 불리던 담공선사曇空禪師가 놓은 것이라고 한다. 이 구들은 불을 한번 지피면 한 달 반쯤이나 온기가 남아 있을 만큼 훌륭한 구들이다.

아자방에 들어가 참선을 시작하는 스님은 세 가지 규칙을 엄격히 지켜야 했다 한다. 첫째로 정좌불와, 즉 눕지 말아야 하고, 둘째로 말을 하지 말아야 하며, 셋째로 한 끼만 먹어야 한다는 것이었다. 아자방에서는 말을 할 수가 없으므로 '벙어리 아啞' 자를 써서 아자방啞字房이라고 쓰기도 했다.

엄격히 참선을 했기 때문인지 아자방에서 참선한 승려들 중에서 큰스

칠불사 영지

칠불사의 부속 연못인 영지는 허황후의 일곱 왕자가 합장한 모습이 비친 연못이라 하여
'영지影池'라 부르게 되었다 한다.

님이 여럿 배출되었다. 서산, 부휴, 금담, 대운, 초의, 용성, 추월 등이 그들인데, 이 가운데 조선 중종 연간에 승이었던 추월은 계족정진鷄足精進, 즉 닭처럼 발뒤꿈치를 든 채로 참선 수행을 하여 도를 깨친 것으로 유명하다. 아자방은 한국전쟁 때 다른 건물들과 더불어 불타 버린 뒤 버려졌다가 1980년대에 한 장인이 조심스레 복원했는데 옛날 같지는 않다.

지리산 자락의 화개 부근에는 정여창의 시 한 수가 전한다.

> 바람에 냇버들 새록새록하니
> 사월 화개 고을 벌써 보리 가을이구나
> 두류산 천만 겹을 이미 다 보았기에
> 외로운 배는 다시금 강물 따라 내려간다

역사와 문학은 강물에 너울지고

화개 아랫자락 악양면 형제봉 밑에 평사리가 있다. 대하소설 《토지》의 주무대가 되는 평사리의 행정 구역상 이름은 경상남도 하동군 악양면 평사리다. 한말에서 광복에 이르는 최 참판댁 4대에 걸친 가족사가 《토지》의 이름으로 쓰였다. 평사리에서 북간도, 진주, 서울 등을 오가며 펼쳐지는 《토지》에는 동학과 무속, 유가와 기독교적 윤리관이 자연스럽게 얼크러져 있다. 장장 25년여의 산고 끝에 완결된 《토지》는 이렇게 시작한다.

칠불사 아자방지

칠불사 아자방은 한국전쟁 당시 지리산 전투의 참화로 칠불사와 함께 소실되어
초가로 다시 복원했다가 이후 1980년대에 현재와 같이 새로 지어졌다.

1897년의 한가위.

까치들이 울타리 안 감나무에 와서 아침 인사를 하기도 전에, 무색옷에 댕기꼬리를 늘인 아이들은 송편을 입에 물고 마을 길을 쏘다니며 기뻐서 날뛴다. 어른들은 해가 중천에서 좀 기울어질 무렵이라야, 차례를 치러야 했고 성묘를 해야 했고 이웃끼리 음식을 나누다 보면 한나절은 넘는다. 이때부터 타작마당에 사람들이 모이기 시작하고 들뜨기 시작하고—남정네 노인들보다 아낙들의 채비는 아무래도 더디어지는데 그럴 수밖에 없는 것이 식구들 시중에 음식 간수를 끝내어도 제 자신의 치장이 남아 있었으니까. 이 바람에 고개가 무거운 벼이삭이 황금빛 물결을 이루는 들판에서는, 마음 놓은 새떼들이 모여들어 풍성한 향연을 벌인다.

"후우이이— 요놈의 새떼들아!"

소설가 박경리는 자신이 묘사한 평사리를 한 번도 가보지 않았다고 한다. 단지 1960년대 말 소설을 구상할 무렵에 김지하 시인의 아내가 된 딸 김영주와 함께 이곳을 스쳐 지나갔을 뿐. 그런 그녀가 평사리를 무대로 설정한 이유를 이렇게 말한다.

내가 경상도 안에서 작품의 무대를 찾으려 한 이유는 언어 때문이다. 통영에서 나서 자라고 진주에서 공부했던 나는《토지》의 주인공들이 쓰게 될 토속적인 언어로서 경상도 이외 다른 지방의 말을 구사할 능력이 없었기 때문이다. 그러나 '만석꾼'이 나옴 직할 만한 땅은 전라도에나 있었고, 경상도에서는 그만큼 광활한 토지를 발견하기 어려웠다. 평사리는 경상도의 어느 곳보다 넓은

섬진강 전경

오랜 시간 땅과 사람을 품어 내며 변함없이 흘러온 섬진강을 따라 길도 이야기도
끝없이 펼쳐진다.

들을 지니고 있었으며, 섬진강의 이미지와 지리산의 역사적 무게도 든든한 배경이 돼 줄 수 있었기 때문이었다.

섬진강에는 재첩을 잡는 배 몇 척이 매어져 있고, 하동포구 어귀에는 〈하동포구〉(남대우 작사) 노래비가 세워져 있다.

> 하동포구 팔십 리에 물새가 울고
> 하동포구 팔십 리에 달이 뜹니다

'하동포구 팔십 리', 이 뱃길은 어디서부터 시작되는가? 임진왜란 때 이순신이 왜군을 격파한 노량해전의 자취가 서린 하동군 금남면 노량리 노량나루에서 섬진강을 거슬러 올라가 하동읍을 거쳐 화개면까지 이어지는 뱃길이 80리(32킬로미터)이므로 사람들은 이 뱃길을 '팔십 리 뱃길'이라고 불렀다.

《신증동국여지승람》에 "습속이 검소하고 솔직함을 숭상한다"라고 그 풍속이 기록된 하동에는 전라남북도 일원과 경상남도 서부에서 나는 물산의 집산지 역할을 했던 하동장이 있다. 한말 하동읍 오일장은 나라 안에서 다섯 손가락 안에 꼽힐 정도로 큰 장이었다. 하동문화원 초대 원장의 말에 따르면, 장이 서기 전날이면 하동나루에 거룻배, 돛단배, 발동선 등이 40~50척가량 도착하여 장꾼과 물건들을 펴 놓았다. 그 배들은 여수, 삼천포, 남해 같은 하동과 가까운 항구를 떠나 섬진강을 거슬러 올라온 배들이었다. 항구에서 온 배들은 도시에서 만들어진 공산품과 바다의 해산물을 싣고 왔고, 섬진강가 마을에서 온 배들은 지리산 기슭에서 나는 산중 물건을 싣고 왔다. 하동장이 번성하자 이 일대의 진교장이나 옥종장 등이 더불어 흥청거리며 객줏집들이 생겨나 한몫들을 보았다.

그러나 한국전쟁이 끝난 뒤 지리산 토벌 작전이 시작되면서 지리산 일대의 물산 보급이 끊겨 버리고, 설상가상으로 상류에서 밀려 내려온 모래와 흙 때문에 큰 배가 하동포구까지 올라올 수 없게 되었다. 그뿐인가. 차량 통행이 늘어나고 경전선이 개통되면서 '하동포구 팔십 리'는 노랫말로만 남았고 하동은 한적한 읍으로 전락하고 말았다. 하동읍내의 섬진강변에 펼쳐진 흰 모래밭과 울창한 소나무숲으로 인해 하동을 흔히 백사청송白沙靑松의 고장이라고도 부른다.

12

남해 금산에서 바다를 바라보다

쪽빛 바다 위를 수놓는 선율들

섬 아닌 섬 남해

하동 동쪽에 자리한 남해南海는 본래 바다 가운데 있던 섬이었다. 신라 신문왕 때 처음으로 전야산군轉也山郡을 설치했고 경덕왕 때 지금의 이름으로 고쳤다. 정이오의 기문을 보면 당시 남해는 뭍에서나 바다에서나 모든 물산이 풍부할 뿐만 아니라 왜구의 침략을 막기 위한 요충지이기도 했다.

남해현은 바다 복판에 있는 섬으로서 진도, 거제와 함께 솥발처럼 우뚝하다. 토지가 비옥하고 물산이 번성하여 국가에 도움이 되는 것이 적지 아니하다. (…) 대개 성보城堡로 지키면 약한 것으로써 강한 것을 제어할 수 있고, 적은 것으로써 많은 것을 대적할 수 있으며, 편한 것으로써 수고하는 것을 대적할 수 있게 된다. 하물며 이 고을은 하늘 남쪽에 있는 훌륭한 지역으로서, 해산물과 토산물의 풍부함이 나라 쓰임에 꼭 필요한 것에 있어서이겠는가. 그리고 진도와 거제를 부흥하는 것도 또한 기대할 수 있다.

남해는 임진왜란 당시 이순신 장군의 마지막 모습을 지켜본 섬이다. 선조 25년(1592)에 시작된 임진왜란은 선조 31년 8월 전쟁을 일으켰던 도요토미 히데요시가 죽으면서 막바지에 이른다. 왜장 고니시 유키나가는 명나라 장수 유정에게 뇌물을 바쳐 육로를 열었고 명나라 제독이었던 진인에게 뇌물을 바쳐 바닷길을 열어 달라고 한다. 그때의 상황을 이순신은 《난중일기》에 이렇게 적었다.

11월 14일(을미). 왜선 두 채가 강화할 목적으로 작은 배를 타고 도독부로 들어와서 돼지 두 마리와 술 두 통을 도독에게 바쳤다고 한다.

11월 15일(병신). 왜선 두 채가 강화하는 일로 두 번 세 번 도독의 진영으로 들어왔다.

11월 16일(정유). 왜선 세 채가 말과 창, 칼 따위를 도독에게 뇌물로 바쳤다.

진인이 칼까지 뽑아 들고 바닷길을 열 것을 강요하자 왜구에게는 바닷길을 절대로 열어 줄 수 없다고 설득한 이순신은 11월 19일 마지막 결전을 벌인다. 그 싸움이 노량해전이다. 싸움을 이틀 앞둔 11월 17일의 기록은 이렇다.

11월 17일(무술). 어제 복병장 발포만호 소계남과 당진 포만호, 조효열 등이 왜놈의 중선 한 채가 군량을 가득 싣고 남해로부터 바다를 건너는 것을 한산도 앞바다까지 쫓아가니 왜적들은 언덕을 의지하고 육지로 도망갔고 잡은 왜선과 군량은 명나라 군사에게 빼앗기고 빈손으로 돌아와 보고했다.

11월 19일 충무공 이순신은 노량해전에 나아가 손수 북채를 쥐고 북을 두드려 군사들의 사기를 북돋우다가 왜구의 유탄에 맞아 쓰러져 숨을 거두었다. 그때 이순신의 나이 쉰넷이었고 그가 이끌었던 조선과 명나라의 연합 함대 150여 척은 왜선 500여 척을 불사르거나 바다 밑에 잠기게 했다. 《선조실록》은 노량 앞바다의 싸움을 "왜적의 송장과 깨어진 뱃조각, 찢어진 옷자락들이 바다를 뒤엎었고 바닷물은 피로 물들었다"라고 적었다.

그 처절한 싸움이 끝난 뒤 이순신의 시신은 노량 앞바다가 한눈에 내려다보이는 관음포觀音浦에 며칠 동안 모셔졌다가 고향인 충청도 아산으로 갈 때까지 노량나루(현 충렬사)에 가매장되었다. 그때부터 관음포는 '충무공의 목숨이 이곳에서 떨어졌다'고 하여 이락포李落浦 불렸고 그 뒷산도 이락산으로 불리게 되었다. 그리고 이순신의 시신이 묻혔던 자리에 빈 봉분을 짓고 남해 충렬사(사적 제233호)를 세운다. 1973년에 남해군 설천면 노량리와 하동군 금남면 노량리 노량해협을 잇는 남해대교가 생기면서 남해군은 섬 아닌 섬이 되었고 뒤를 이어 삼천포대교가 생겼다.

한편 남해는 고려 때부터 유배지로 알려진 곳이다. 조선 전기에 안평대군, 한석봉, 양사언과 함께 4대 서예가로 알려진 자암自菴 김구金絿는 기묘사화로 인해 유배를 와서 경기체가인 〈화전별곡花田別曲〉(화전은 남해의 옛 이름)을 남겼고, 조선 영조 때 사람인 유의양柳義養은 1년 남짓한 유배 기간에 한글로 남해의 풍물을 묘사한 〈남해견문록南海見聞錄〉을 남겼다.

남해에서 1킬로미터쯤 배를 타고 건너면 닿는 자그마한 섬 노도櫓島로 유배를 왔던 사람이 김만중金萬重이었다. 예학의 대가인 김장생의 증

손자이자 김집 金集의 손자인 그는 부친 김익겸이 병자호란 당시 강화도에서 순절하여 유복자로 태어났다. 현종 6년(1665) 문과에 장원으로 급제한 김만중은 이듬해 정언, 부수찬이 되었고, 헌납, 사서 등을 거쳤다. 숙종 5년(1679)에는 대제학, 대사헌에 이르렀으나 숙종 13년(1687) 경연에서 장숙의 張淑儀 일가를 둘러싼 언사 言事로 인해 선천에 유배되었다. 이 무렵 《구운몽 九雲夢》과 《서포만필 西浦漫筆》을 지었다. 김만중은 "사람의 마음은 입에서 나오면 말이 되고, 말이 절주 節奏(리듬)를 가지면 문학이 된다" 하면서 조선 사대부들의 중국 문화 추종과 한문학 모방을 《서포만필》에서 질타했다.

우리나라 시문은 우리말을 버리고 다른 나라의 말을 배우므로 설사 십분 비슷하다고 해도 그것은 앵무새가 사람 말을 하는 짓이다. 일반 백성이 사는 거리에서 나무하는 아이나 물 긷는 아낙네가 "아아" 하면서 서로 화답하는 노래는 비록 천박하다고 하지만, 만일 진실과 거짓을 따진다면 참으로 학사, 대부의 이른바 시 詩니, 부 賦니 하는 것들과 함께 논할 바가 아니다.

김만중은 한시보다 우리말로 쓰인 작품의 가치를 높이 인정하여 정철의 〈관동별곡〉, 〈사미인곡〉, 〈속미인곡〉을 들면서 우리나라의 참된 글은 오직 이것이 있을 뿐이라고 했다.

김만중은 이듬해에 왕자(경종)의 탄생으로 유배에서 풀려났으나, 기사환국이 일어나 서인이 몰락하게 되자 왕을 모욕했다는 죄로 남해 절도에 유배되어 그곳에서 사망한다. 그가 이렇게 유배 길에 자주 오른 것은 그

쪽빛 바다 위를 수놓는 선율들

보리암

남해군 금산 남쪽 봉우리에 있는 보리암은
팔공산 갓바위, 낙산사 홍련암과 함께 우리나라 3대 기도처로 알려져 있다.

의 집안이 서인에 속했으므로 치열한 당쟁을 피할 수 없어서였다. 현종 초에 시작된 예송논쟁에 뒤이어 경신환국, 기사환국 등 정치권에 변동이 있을 때마다 그 영향을 심하게 받았다.

한편 노도와 가까운 양아리와 두모리 사이에는 문자가 새겨진 큰 바위가 있는데 '서불제명각자徐市題名刻字'라 부른다. 바위 앞면에 화상문자畫象文字(한자가 만들어지기 이전의 문자)로 글을 새겨 놓았는데, 전설에 진시황에게서 삼신산 불로초를 구하라는 명령을 받은 서불이 동남동녀 童男童女 500명을 거느리고 가던 중 이곳 명지를 지나다가 자신의 자취를 후세에 알리고자 기록을 하고 일본으로 건너가 초대 천황인 진무神武가 되었다고 한다. 동양에서 가장 오래된 화상문자라고 하며, 고고학 연구에 귀중한 자료가 되고 있다. 그리고 남해군에 자리한 금산에 보리암이 있다. 푸른 바다와 수많은 돌이 섞이고 섞여 조화를 이루는 금산에서 북쪽을 바라보면 사천시가 있다.

진신사리를 모신 다솔사

남쪽 끝의 요충이다. 굽어보면 기름진 들녘이 펼쳐지며 여러 산봉우리가 아름답다. 이구산尼邱山이 우뚝 솟아 있으며 사수泗水가 가로질러 흐른다. 와룡산이 웅장하게 서려 있고 드넓은 바다가 아득히 펼쳐진다.

《여지도서》에 실린 사천泗川에 관한 기록이다. 사천은 와룡산, 흥무산, 이명산, 봉대산 등의 산들이 연달아 있다. 와룡산 향로봉 자락은 운흥사라는 옛 절을 안고 있다. 또한 사천시 곤명면 조장리에는 한국전쟁 당시 피난 가던 주민 101명이 미군의 오폭과 총격으로 숨지거나 다친 역사적 상처가 남아 있다.

곤명면 용산리 와룡산 자락에는 다솔사多率寺라는 큰 절이 있다. 소나무가 많은 곳이라고 여기기 쉬운 다솔사는 한자 이름대로라면 '많은 군사를 거느린다'는 뜻이다. 소나무숲과 측백나무숲이 울창하게 우거진 다솔사로 가는 길은 한적하지만, 그리운 사람을 찾아가는 길처럼 운치가 있다. 이 절은 신라 지증왕 12년(511)에 인도에서 온 연기조사가 창건한 뒤 영악사靈嶽寺라고 했는데, 선덕여왕 5년(636)에 다솔사라 고쳤고, 문무왕 16년(676)에 의상이 영봉사靈鳳寺라고 고쳤다가, 신라 후기 도선국사가 다시 다솔사라 고쳤다. 충숙왕 13년(1326)에 나옹이 중수한 이래로 여러 차례 개보수를 거쳤다. 임진왜란 때 소실된 것을 숙종 때 복원했다.

현재의 건물은 1914년에 발생한 화재로 소실된 것을 이듬해에 재건한 것이다. 현존하는 당우로는 대양루와 나한전, 천왕전, 요사채 등 10여 채가 있다. 대양루大陽樓(경상남도 유형문화재 제83호)는 현존하는 건물 중 가장 오래된 누각으로 영조 24년(1748)에 건립되어 현재까지 이어지고 있다. 2층 맞배지붕으로 면적이 약 357제곱미터(108평)에 이르는 큰 건물이다. 또한 1978년 2월 8일에 대웅전 삼존불상에 개금불사改金佛事를 할 때 후불탱화 속에서 108개의 사리가 나와 적멸보궁을 증개축한 후 불사리를 그곳에 모셨다. 적멸보궁 안에는 우리나라에서 보기 드문 열반에 들기 직전의 부처의 모습인 와불상을 모셨다. 응진전應眞殿은 일제 강점기에 활동한 독립운동가이자 시인이고 승려인 만해 한용운이 머물며 수도했던 곳이고, 소설가 김동리가 머물면서 단편소설 〈등신불〉을 쓴 곳이기도 하다.

나는 그가 문을 여는 순간부터 미묘한 충격에 사로잡힌 채 그가 합장을 올릴 때도 그냥 멍하니 불상만 바라보고 서 있었다. 우선 내가 예상한 대로 좀 두텁게 도금을 입힌 불상임에는 틀림이 없었다. 그러나 그것은 전혀 내가 미리 예상했던 그러한 어떤 불상이 아니었다. 머리 위에 향로를 이고 두 손을 합장한, 고개와 등이 앞으로 좀 수그러진, 입도 조금 헤벌어진, 그것은 불상이라고 할 수도 없는, 형편없이 초라한, 그러면서도 무언지 보는 사람의 가슴을 쥐어짜는 듯한, 사무치게 애절한 느낌을 주는 등신대等身大의 결가부좌상結跏趺坐像이었다. 그렇게 정연하고 단아하게 석대를 쌓고 추녀와 현판에 금물을 입힌 금불각 속에 안치되어 있음직한 아름답고 거룩하고 존엄성 있는 그러한 불상과는 하늘과 땅 사이라고나 할까, 너무도 거리가 먼, 어이가 없는, 허리도 제대로 펴고 앉지 못한, 머리 위에 조그만 향로를 얹은 채 우는 듯한, 웃는 듯한, 찡그린 듯한, 오뇌와 비원悲願이 서린 듯한, 그러면서도 무어라고 형언할 수 없는 슬픔이랄까, 아픔 같은 것이 보는 사람의 가슴을 콱 움켜잡는 듯한, 일찍이 본 적도 상상한 적도 없는 그러한 어떤 가부좌상이었다.

일제에 의해 학도병으로 중국 남경에 끌려간 주인공이 탈출하여 '정원사'라는 절에 몸을 숨긴 뒤, 굳게 잠겨 있던 금불각에 모셔진 불상을 보면서 충격을 받는 소설 〈등신불〉의 배경이 된 다솔사는 김법린, 최범술, 김

사천 다솔사

사천시 곤양면 와룡산 기슭에 있는 다솔사는 신라 지증왕 때 연기조사가
영악사라는 이름으로 세웠고 후에 도선국사가 다솔사로 바꾸어 불렀다고 한다.

범부 등이 은거하며 독립운동을 했던 곳이기도 하다.

한편 다솔사 근처에서 재배되는 죽로차는 반야로般若露라는 이름으로 널리 알려진 명차다. 다솔사에 딸린 보안암(경상남도 유형문화재 제39호)은 보기 드문 석굴 암자다. 고려 후기에 건립된 것으로 추정되는 이 석굴의 외형은 판상의 사암질 활석을 단층식으로 쌓아 올린 분묘 형태이며, 평면은 방형이다. 석굴 입구에는 미륵전이라는 편액이 걸려 있고, 목조 전실을 지나서 2미터 정도 통로를 따라 들어가면 석실이 나온다. 중앙에 장대석을 대좌로 하여 결가부좌한 석조여래좌상이 안치되어 있는데, 이 본존의 뒤쪽 좌우에는 각 8구의 석조나한좌상이 배치되어 있다. 이 석굴은 인공으로 조성한 것이지만 기본적으로 경주 석굴암과 군위 삼존석굴의 양식을 따르고 있다.

사천시 곤명면 속했던 노량리는 남해군 설천면에 인접한 바다의 목인데, 노들 또는 노량이라고 불렀다. 노량露梁은 400여 년 전에 이루어진 마을로, 한양에서 이곳으로 귀양 오는 선비들에게는 노량 앞바다의 물결이 마치 이슬방울이 모여서 다리(교량)를 이룬 것처럼 보여 고향에 대한 애틋한 그리움을 느끼게 한다고 해서 '노량'이라 부르게 되었다.

잘 가다 삼천포로 빠진 다섯 가지 이야기

"옹중 옛 터에 봄풀이 무성한데, 와룡산 빛이 아직도 수심을 머금었네"라는 김영원金永源의 시가 서려 있는 사천시에서 한국전쟁 당시 국민방위군 사건이 일어났다. 국민방위군 사건은 1·4후퇴 시기 국민방위군의 간부들이 방위군 예산을 부정 착복한 결과 철수 도중에 많은 병력들을 병사시킨 사건이다. 한국전쟁 시기 아군은 1·4후퇴의 위기를 넘기면서 37도선에서 간신히 전선의 안정을 기했으나, 중공군의 연속적인 공세에 전장은 새로운 국면을 맞게 되었다. 이승만 대통령은 전쟁이 우리의 자유 독립을 위한 최후 결전 단계임을 선언하고 국민 총력전으로 이를 극복하겠다는 성명을 발표했다. 그리고 미국 정부가 새로운 부대를 창설하는 것보다 기존 부대를 보충하는 것이 효과적인 방안이라고 강조하며, 한국 정부는 중공군과 맞서 싸우려면 많은 병력이 필요할 것으로 판단하고 독자적으로 국민방위군을 설치하게 되었다. 1950년 12월 21일 공포, 실시된 국민방위군 설치법안은 다음과 같다.

1. 군경과 공무원이 아닌 만 17세 이상 40세 이하의 장정은 제2국민병에 편입시킨다.
2. 제2국민병 중 학생을 제외한 자는 지원에 의하여 국민방위군에 편입시킨다.
3. 육참 총장은 국방부 장관의 지시를 받아 국민방위군을 지휘 감독한다.

병력 응모를 시작하자 17세부터 40세까지의 장정들이 순식간에 50만 명을 넘어섰다. 정부는 이들을 경남북도 일원에 51개의 교육대를 설치하고 수용했다. 간부는 대체로 대한청년단 간부들로 구성되었다. 국방부와 육군본부는 국민방위군 사령관에 대한청년단 단장인 김윤근을 단번에 준장으로 임관시켜 임명하고 참모진을 구성했다. 최소한의 기간요원만이 현역으로 임명되었고, 나머지 지휘관은 모두가 주로 청년단 출신에서 급조된 방위군 장교로 충당되었다.

국민방위군은 지역별로 대구, 부산 등지로 남하하기 시작했다. 1951년 1월 30일 국민방위군 예산이 국회에서 통과되었고, 방위군 총인원을 50만명으로 추산하여 3개월분 총 209억 원을 책정했다. 하지만 1인당 배당액은 4홉에 불과했다. 전쟁 포로의 급식량도 5홉이었던 것을 보면 한창나이의 장정에게 적당한 급식량이 아니었다. 그 속에는 부식비, 난방용 연료비, 피복비, 훈련비 등은 포함되어 있지 않았다.

국가에서 책정된 국민방위군의 예산은 턱없이 부족했으며 설상가상으로 국민방위군 간부들이 일부 예산을 허위 영수증을 만들어 횡령 또는 전용하면서 25억 원의 국고금과 물자를 부정 착복했다. 식량과 피복 등 보급품을 지급받지 못한 수만 명이 영하의 기온에서 장거리를 이동하는 과정에서 영양실조에 걸려 이후 사망에 이르렀다. 훗날 밝혀지기로 사망자 수가 9만여 명에 이르렀다고 한다.

부당한 처우를 견디지 못한 국민방위군들은 집단으로 탈출하기 시작했으며, 이러한 사실이 국민들에게 알려지자 문제가 되기 시작했다. 이 사건의 전모가 밝혀지자 신성모 국방 장관이 물러나고 이기붕이 그 후임으로 임명되었다. 그리고 국민방위군 사건의 직접 책임자였던 김윤근, 윤익헌 등 주요 간부 5명에게 사형이 선고되었다. 대한청년단은 1953년 9월 10일 이승만의 명령에 따라 공식 해산되었다. 당시 전북 진안 고향에 살고 있던 우리 부친과 부친의 친구들이 국민방위군으로 참전했는데, 살아 돌아온 사람은 몇 사람밖에 안 되었다고 한다.

　사천시에서 남쪽으로 내려가면 만나는 도시가 삼천포다. 2005년 5월 10일 사천군과 삼천포시가 통합하면서 사천시가 된 삼천포는 싱싱한 바다 회를 직접 선별하여 먹을 수 있을 뿐만 아니라, 값싸고 맛있는 음식들이 즐비하다. '잘 나가다가 삼천포로 빠진다'라는 말이 사람들의 입에 오르내리기 시작한 게 언제부터였는지 확실하게 알려진 것은 없다. 하지만 그렇게 불린 연유에 관한 설은 여럿이다.

　조선 후기 경남 고성에 살던 사람이 진주에 있는 사돈댁을 찾아가다가, 갈림길인 상리(고성군 상리면 척번정리는 진주 방향과 삼천포 방향으로 갈라지는 삼거리다)에서 길을 잘못 들어 삼천포로 가 버렸던 데서 비롯되었다는 설이 첫 번째다. 두 번째가 부산-진주 간 전동열차를 타려다가 잘못 알고 삼천포행 열차를 탔던 데서 비롯됐다는 설이다. 세 번째는 승용차를 타고 부산에서 하동으로 출장을 가던 고위 관리가 밤늦게 귀가하다가, 운전기사가 잘못 알고 삼천포로 빠졌다고 해서 생겼다는 설이고, 해방 후 유랑극단이 진주로 가는 길에 잠시 삼천포에 들렀다가 별 재미를 못 봤으므로 악담을 한 것이라는 설이 네 번째다. 마지막 다섯 번째가, 1965년 12월에 개통된 부산-진주 간 전동열차 3량 가운데 1량이 삼천포가 종착역이었는데, 진주에 갈 손님이 잘못 알고 삼천포행 열차를 타고 가다가 잠에서 깨어나 보니 삼천포까지 가 버렸다는 데서 비롯되었다는 설이다. 삼천포 지역에서는 이 마지막 이야기가 가장 설득력 있게 받아들여지고 있다.

　'삼천포로 빠지다'에서 '빠진다'는 말 때문에 부정적으로 생각되기도 했지만 요즘처럼 지역 홍보가 중요한 때에 삼천포를 알리는 데 더 없이 좋은 문구가 아닌가 한다. '삼천포에 빠지다'를 '삼천포의 사람에 빠지다', '삼천포의 경치에 빠지다', '삼천포의 멋에 빠지다', '삼천포의 인심에 빠지다', '삼천포의 바다에 빠지다'라는 말로 바꾸는 것이다. 얼마나 좋으면 그렇게 빠지겠는가? '님'이라는 글자에다 점 하나를 더하면 '남'이 되듯 말이다.

수많은 관광객이 즐겨 찾는 삼천포의 3번 국도가 시작되는 곳은 한 번 가본 사람은 그 아름다움에 빠져 가고 또 가게 된다. 특히 대전–통영 간 고속 도로가 개통된 뒤 싱싱한 회를 맛보기 위해 관광객들이 줄을 잇는 이곳 삼천포는, 남해를 잇는 창선–삼천포대교의 개통으로 더욱 사람들의 발길이 끊이지 않고 있다.

그 많던 운흥사 승려들은 어디로 갔나

이선李宣은 고성固城의 형승을 두고 "외로운 성이 바다에 임했다" 했고, 《관풍안觀風案》에서는 "검소하고 소탈함을 숭상하는 풍속이다" 했다. 소가야의 옛 땅 고성군은 고성 김씨의 근거지다.

고성에는 특색 있는 풍습과 놀이가 있었다. 《신증동국여지승람》에 따르면 고성 관아의 서쪽 10리에 관음점사觀音岾祠가 있었는데, 봄가을이면 현령이 여기에 와서 상박도上撲島, 하박도下撲島, 욕지도欲知島의 신에게 섶을 태우며 망제望祭를 지냈다고 한다. 조선 후기에 들어 이러한 놀이는 사라지고 말았다. 서낭당에 얽힌 놀이도 있었다. 이 고을 사람들은 5월 초하루부터 닷새까지 모두 모여서 두 편으로 나눈 다음, 사당의

삼천포대교

사천시 대방동과 모개섬 사이에 놓여 삼천포와 남해를 잇는 삼천포대교를 건너다보면
다도해가 그림처럼 눈앞으로 펼쳐진다.

신상神像을 싣고 화려한 깃발을 세운 채 여러 마을을 두루 돌아다녔다. 마을 사람들은 앞다투어 술과 음식을 가지고 제사를 지내며, 악귀로 분장한 방상시들은 함께 모여서 온갖 놀이를 펼쳤다. 그러나 이 놀이 역시 조선 후기에 사라지고 말았다.

고성군 하이면 덕영리에 있는 상족암床足岩에는 지금으로부터 2억 3000만 년 전에 처음 등장해 1억 6000만 년 동안 지구를 지배했던 공룡의 발자국이 남아 있다. 상족암 군립공원에서 산자락으로 난 길을 한참 가면 언제 가도 한가한 풍경의 운흥사에 닿는다. 운흥사를 찾아가는 길은 마치 어린 시절 외갓집을 찾아가는 것처럼 설렌다. 멀리 옹기종기 모여 있는 마을이 보이고 길가에는 흔한 가게는커녕 민가도 별로 없다.

와룡리 와룡산 향로봉 중턱에 있는 천년 고찰 운흥사雲興寺는 신라 문무왕 16년(676)에 의상대사가 창건했다. 현재는 대한불교조계종 제13교구 본사인 쌍계사의 말사다. 운흥사는 임진왜란 때 사명당 유정이 이끄는 승병의 본거지로, 6000여 명의 승병이 머물 만큼 규모가 컸다. 임진왜란 당시의 기록에 의하면 이날 가장 많은 승군이 죽었다고 한다. 현존하는 산내 암자인 천진암과 낙서암을 비롯해 아홉 군데에 암자가 있었고, 곳곳에 남아 있는 절터와 대형 맷돌, 고승들의 사리가 안장된 부도가 있는 것으로 미루어 보아 절 규모가 상당했을 것으로 짐작된다. 임진왜란 이후 운흥사는 숙종 때부터 매년 2월 초파일에 국난 극복을 위해 왜적과 싸우다 숨진 호국 영령들의 넋을 기리는 영산제를 지내고 있다.

임진왜란 때 병화로 절이 소실되었던 것을 효종 2년(1651)에 중창하여 오늘에 이르는 운흥사의 주요 전각과 건물로는 대웅전, 영산전, 명부전, 범종루, 산신각, 요사채 등이 있다. 이 중 대웅전(경상남도 유형문화재 제82호)에는 삼존불상과 감로탱화, 신중탱화가 있는데 여기서 눈여겨보아야 할 것이 감로탱화다. '감로탱甘露幀'은 인간의 삶과 죽음이 거듭되는 고통스런 윤회의 과정을 그린 불화이다. 현재까지 발견된 예를 보면 감로탱은 조선 중기 이후에 나타났다. 달콤한 이슬이라는 뜻을 지닌 '감로'는 중생을 업의 굴레에서 구제해 주는 자비의 상징이다. 그러므로 중생들이 부처에게서 이 감로를 받으면 불교에서 말하는 최고의 경지인 해탈의 경지에 이를 수 있는 것이다. 운흥사 감로탱화는 금어金魚 의겸義謙이 영조 6년(1730)에 그린 것으로 보인다. 운흥사는 임진왜란 이후 불가의 화원 양성소로 큰 역할을 했는데 조선시대의 불화 중 가장 많은 걸작을 남긴 의겸 등이 이 절에서 불화를 그렸다. 운흥사 감로탱화에는 당시 생활상이 사실적으로 그려져 있다. 부부가 싸우는 장면도 있고, 주인이 하인을 두들겨 패는 장면, 바둑을 두다가 시비가 붙어 바둑판을 뒤엎는 장면이 있는가 하면, 사람이 호랑이에게 물려 죽는 장면이나, 술에 만취해서 서로 싸우는 장면, 벼락을 맞아 죽는 사람도 표현되어 있다.

대웅전에는 운흥사 괘불탱도 모셔져 있다. 영조 6년에 의겸 등 승려 20여 명이 그린 불화로서 세로 1136센티미터, 가로 768센티미터에 이르는 대작이다. 석가여래상을 중심으로 여섯 좌의 불보살상을 그렸으며, 뒷면에는 진언과 영조의 어인御印이 새겨져 있다. 이 괘불탱은 일제 강점기 때 일본인들이 일본에 가져가려고 세 번이나 시도했으나 사천 앞바다의 심한 풍랑 때문에 뜻을 이루지 못해 다시 제자리로 가져다 놓았다 하며 운흥사 괘불탱은 그 궤와 함께 보물 제1317호로 지정되었다. 하지만 일제 강점기 때 밀반출되어 돌아오지 못한 유물도 있다. 숙종 16년(1690)에 만들어진 운흥사 범종은 현재 도쿄의 네즈根津 미술관에 소장되어 있다.

운흥사 소장 경판(경상남도 유형문화재 제184호) 역시 대웅전에 있다.《금강경》,《법화경》권1,《아미타경》,《보현행원품》,《진언집》,《운수단가사》,《제반문》,《고왕관세음경》,《계초심학인문》,《다라니경》등 16종 194판이다. 17세기 후반에서 18세기 초기에 판각된 것들로 대승 경전과 불교 의식 관계 문헌이 주를 이루고 있다. 이 가운데 아미타경판은 간경도감 복간이다. 대부분 온전하게 보존되어 있어 조선 후기의 목판 인쇄 문화와 운흥사의 격을 알 수 있는 좋은 자료이다.

운흥사 관음전에 걸려 있는 수월관음도(보물 제1694호) 역시 영조 6년에 제작된 것으로 세로 240센티미터, 가로 172센티미터 크기의 비단에 채색된 것이다.《관음경》에 의하면 관음보살은 남인도의 바닷가에 연한 보타락산補陀落山에 거주하는데 여기에는 많은 성현이 살고 광명이 넘치며 꽃이 끊임없이 피어 늘 향기나 난다. 이곳의 맑고 깨끗한 연못가의 금강보석 金剛寶石 위에 관음이 결가부좌하고 있으며 문수보살의 지시로 구도 행각을 계속하는 선재동자善財童子의 방문을 받는다고 한다. 이러한 내용은 특히 고려시대에 많이 제작된 수월관음도 도상에 절대적인 영향을 주었다. 운흥사의 관음도는 이러한 내용을 반영한 수월관음도의 도상을 충실히 갖추고 있는 작품이다. 즉, 화면 중앙에는 정면관을 쓰고 있는 관음보살이 큰 원형 광배에 싸여 암벽 위에 반가좌의 모습으로 앉아 있고, 그 아래에는 청문하는 선재동자와 여의주를 받쳐 든 남녀 인물상이 배치되었다. 화면의 왼쪽 암벽 끝에 버들개지를 꽂은 정병 淨甁과 파랑새

운흥사 장독대

운흥사의 화려한 문화재들보다 대웅전과 요사채 사이에 있는 이 장독대가
유독 사람들의 눈길을 끈다.

가 나는 모습이 보이고 오른쪽에는 대나무숲이 그려져 있어 관음의 자세만 다를 뿐 모두 전통적인 수월관음도의 형식을 따르고 있다.

　운흥사에서 사람들의 눈길을 끄는 것은 어쩌면 이러한 화려한 문화재들보다 대웅전과 요사채 사이에 있는 장독대이지도 모르겠다. 자연스럽고 키 낮은 둥근 흙돌담으로 둘러싸인 장독대, 그 안에 다소곳하게 무리를 이루고 있는 장독들이 그렇게 앙증맞고 귀여울 수가 없다. 운흥사에 갈 때마다 드는 생각이지만, 장독 뚜껑을 가만히 들어 올려 장맛을 보고 싶은 마음이 있다. 그런데도 절이라는 특수성 때문에, 혹은 불경스러울 일일 거라는 마음속 죄책감이 앞서서 항상 이루지 못하는 소망이다. "항상 꿈을 꾸게나, 꿈은 공짜라네"라고 말한 장 그르니에의 말을 잘 이해는 하면서도 꿈은 항상 꿈으로만 남아 있는 것은 그 무슨 이치인지….

날씨 맑고 물 좋은 통영을 두고 정승길이 웬 말이냐

　고성 동쪽에는 통영統營이 있다. 통영의 한산도에서 전라남도 여수에 이르는 한려수도는 우리나라에서 남국의 정취를 즐길 수 있는 가장 아름다운 뱃길이다. 그뿐 아니라 중앙기상대의 통계에 따르면, 통영 일대는 1년 365일 중 약 250일이 맑아서 날씨가 가장 좋은 지방이라고 한다. 그래서 조선 후기 삼도수군통제영의 통제사로 왔던 벼슬아치가 정승으로 승진해 이곳을 떠나게 된 것을 섭섭하게 여겨 "강구안 파래야, 대구·복장어(복어) 쌈아, 날씨 맑고 물 좋은 너를 두고 정승길이 웬 말이냐" 하고 탄식했

쪽빛 바다 위를 수놓는 선율들

미륵도

통영시 남쪽의 미륵도는 한려해상 국립공원에 속한 섬으로 남해 해양 관광의 중심지다.

고, 일제 강점기에는 수산물이 풍부하고 날씨가 좋아 많은 일본인들이 이곳에 몰려와 살았다고 한다.

통영시 한산면 한산도 일대에서 선조 25년(1592) 7월에 한산도대첩이 벌어졌다. 조선 수군이 싸울 힘을 잃고 퇴각하는 것으로 착각하여 추격해 온 왜군을 이순신이 거느린 조선 함대가 학 날개 모양의 진을 치고 싸워, 적함 70여 척 가운데 59척을 격파했다. 이날의 한산도대첩은 행주대첩, 진주대첩과 함께 임진왜란 3대첩에 든다. 그 뒤 이순신이 설치한 삼도수군통제영三道水軍統制營이 줄어서 통영이 된 이곳을 이 고장 사람들은 토영 또는 퇴영이라고 했다.

통제영 때부터 우리나라에서 으뜸으로 꼽히던 통영갓은 갓일이 국가무형문화재 제4호로 지정된 것이 무색하게도 그 쓰임새가 줄어들었고, 통영자개 역시 국가무형문화재 제10호인 나전장이 옻칠을 구하기 쉬운 원주로 옮겨가는 바람에 그 의미가 퇴색하고 말았다. 그뿐인가. 1930년대까지만 해도 이 노래를 모르면 한산도 사람이 아니라고 할 정도로 널리 불렸던 〈한산가〉라는 노래마저도 사라져 가고 있다. "미륵산 상상봉에 일지맥一支脈이 떨어져서 아주 차츰 내려오다 한산도가 생길 적에 서양에서 나온 포도 옥장玉墻에 심었더니 가지마다 춘기들어 뻗어나간 여차리汝次里"라고 하는 〈한산가〉는 한산도 각 마을의 지명 유래와 아름다움을 표현한 가사체의 노래다.

서쪽으로 멀리 남해의 금산이 그림처럼 보이고 비진도, 매물도, 학림도, 오곡도, 연대도 등의 섬들과 뒤질세라 저도, 연화도, 욕지도, 추도, 사량도, 곤지도 등의 섬들이 꿈결에서처럼 달려오는 남망산공원에는 여러 가지 조형물들이 세워져 있다. 통영항이 한 폭의 풍경화처럼 내려다보이는 남망산공원으로 오르는 길옆에는 유치환의 〈깃발〉 시비가 세워져 있다.

이것은 소리 없는 아우성

저 푸른 해원海原을 향하여 흔드는

영원한 노스탤지어의 손수건.

순정은 물결 같이 바람에 나부끼고

오로지 맑고 곧은 이념理念의 푯대 끝에

애수哀愁는 백로처럼 날개를 펴다.

아! 누구인가?

이렇게 슬프고도 애달픈 마음을

맨 처음 공중에 달 줄을 안 그는.

그리고 이곳에서 남망산 정상에 오르면 큰 칼을 옆에 찬 채 한려수도를 바라보는 이순신 장군의 동상을 볼 수 있다.

동피랑이나 서피랑에서 바라보는 통영 역시 그야말로 그림이다. 그 아름다운 통영 앞바다를 바라보며 박경리와 김상옥, 김춘수, 유치환, 유치진 등이 태어났다. 화가 김형근, 전혁림도 이곳 통영의 아름다운 바다를 보고 꿈을 키웠다. 화가 이중섭은 이곳에서 지내면서 남망산 자락 아래 펼쳐진 통영을 그림으로 남겼다. 또한 분단 조국의 현실에서 고향에 돌아오지 못한 채 독일에서 숨진 작곡가 윤이상은 이곳 통영 앞바다에서 어린 시절을 보내며 수많은 영감을 얻어 음악의 모티브로 삼았다. 《윤이상-루

이제 린저의 대담: 상처입은 용》에서 윤이상은 통영의 어린 시절을 다음
과 같이 회상한다.

아버지는 종종 밤낚시를 하러 바다로 저를 데리고 나가셨습니다. 우리는 잠
자코 배 위에 앉아 물고기 헤엄치는 소리, 어부들의 노랫소리에 귀를 기울였지
요. 그 소리는 배에서 배로 이어져 갔습니다. 남도창이라는 침울한 노래였죠.
수면은 울림판이 되어 그 소리를 멀리 전파했습니다. (…)

봄밤이면 개구리 울음으로 몹시 소란스러웠습니다. 내게 그건 예술적으로
잘 구성된 혼성합창이었습니다. 한 마리가 울면 다른 놈이 화답하고, 셋째가
뒤따르고, 그러면 고음, 중음, 저음의 합창이 됩니다. 돌연 침묵이 이어지다가
다시 그런 과정을 되풀이했습니다. 한낮의 들에선 여인들의 구성진 노래가 이
어졌지요.

통영시 산양읍 삼덕리 원항마을에는 오랜 역사와 전통을 자랑하는 마
을 제당이 남아 있다. 원항마을 북서쪽에 장군봉이 있다. 장군봉으로 오
르는 고갯마루에도 양쪽 길을 사이에 두고 서 있는 돌장승이 있다. 장군
봉에서 바라보는 한려수도는 나라 안의 경치 중 가장 아름다운 곳이다.
울창한 나무 숲길을 헤치고 오르다 보면 암벽이 나타나고 다시 오르다 보
면 밧줄이 걸려 있다. 겁이 많은 사람들에게 쉬운 코스는 아니지만 조심
스레 오르면 갈 만하다. 그 코스를 지나면 마당 같은 바위에 오르고 그곳
에서 바라보는 미륵섬 일대가 마치 보석과도 같다. 넓은 마당 같은 바위
아래에 나리꽃이 피어 있고 서남쪽으로 쑥섬, 곤리도, 소장군도가 보이

청마문학관

망일봉 기슭에 있는 청마문학관은 통영에서 태어난 시인 유치환의 유품 100여 점과
각종 문헌 자료 350여 점을 전시하고 있다.

고, 북서쪽으로는 오비도 월명도 등 크고 작은 섬이 있으며, 서쪽으로 통영시에 소속되어 있는 사량도 지리망산이 한눈에 보인다. 괴테의 《파우스트》에서 파우스트가 말한 바와 같이 "멈추어라 순간이여, 너 정말 아름답구나"라고 말할 수 있고, "있는 그대로가 내 마음에 드는 구나"라고 경탄할 수 있는 장소가 바로 이곳이라면 과찬일까?

다시 숲 사이 길을 조금만 더 오르면 장군당에 이른다. 장군당 전에 있는 천제당에는 산신도가 한 점이 걸려 있으며 장군당에는 갑옷 차림에 칼을 들고 서 있는 장군봉의 산신 그림이 걸려 있다. 그림 속의 주인공은 고려 말 명장으로 참살당한 최영 장군이라고도 하고 노량해전에서 장렬하게 전사한 이순신 장군이라고도 한다. 그리고 그 앞에 목마가 있는데, 마을 사람들의 말에 의하면 예전에는 철마鐵馬였다고 한다. 장군당, 산신도를 모신 천제당 그리고 마을 입구에 서 있는 돌장승 한 쌍과 당산나무 등이 중요민속문화재 제9호로 지정되어 있다. 지금도 마을 사람들이 그치지 않고 이 제당에 복을 비는 것은 그 신령함에 대한 믿음과 정성 때문일 것이다.

거제도 포로수용소

《신증동국여지승람》에 "습속이 검소하고 솔직하다"라고 그 풍속이 쓰여 있는 거제巨濟는 통영 바다 건너 쪽에 있는 섬이다. 이규보가 이사관이 부임하는 길에 전송하며 쓴 글에는 거제가 다음과 같이 언급되어 있다.

내 본래 들으니, 거제는 남방의 극격極檄으로 물 가운데에 집들이 있고, 사방은 모두 호호망망한 큰 바다이다. 독한 안개가 찌는 듯하고 회오리바람이 그치지 않으며, 여름철이면 벌보다 큰 모기가 떼로 몰려들어서 사람을 깨무는데 참으로 무섭다고 한다.

조선 전기 집현전 박사였던 이보흠李甫欽은 거제도를 〈신성기新城記〉에서 "푸른 바다 복판에 있으며 대마도와 서로 바라다 보인다" 했다. 거제도는 우리나라에서 두 번째로 큰 섬이다. 본래 바다 가운데에 있는 섬으로, 문무왕이 상군裳郡을 두었다가 경덕왕 때 지금의 이름을 얻었다. 거제시는 1971년에 준공 된 거제대교 덕분에 육지와 연결되었다.

옥포 대우조선소가 자리한 거제시 고현동에는 한국전쟁의 상흔이 짙게 밴 거제도 포로수용소가 있다. 이 수용소는 1950년 국제 협약인 '포로의 대우에 관한 1949년 8월 12일자 제네바 협약'에 따라 세워졌다. 이 협약에 밝혀 놓았듯 이 포로들에게 위협이 없을 정도로 전투 지역에서 충분히 떨어진 지역에 소재하게 되어 있어 수용소를 당시의 신현면, 즉 오늘날의 고현동을 중심으로 용산, 장평, 문동, 양정, 수월, 제산리와 연초면의 임전, 송정리(포로 공동묘지 지역), 동부면의 저구리 일대 농토 및 임야 약 1200정보를 징발하여 세웠다. 그 때문에 당시 그곳에 살던 주민 2116세대가 수용소 대지 밖으로 쫓겨났다.

이처럼 큰 이동 뒤에 그 자리에 수없이 많은 막사가 들어섰고, 뒤이어 포로가 된 인민군과 중공군이 30만 명쯤 들어왔는데, 시인 김수영도 그 속에 포함되어 있었다. 당시 거제도에 살던 사람이 10만여 명쯤 있었는

데, 미 해군 함정이 흥남부두에서 싣고 온 피난민과 육지에서 건너온 피
난민 20만 명쯤이 합쳐지면서 거제도는 하루아침에 사람들로 들끓는 섬
이 되었다.

1951년 5월 포로수용소 내 제76수용소에서 수용소 사령관 F. T. 도
드 준장이 포로들에게 납치되어 4일 만에 석방되는 사건이 일어났다. 인
민군 대좌 이학구가 주동한 이 사건에서 그들은 포로의 대우를 개선해 줄
것과 자유의사에 따른 포로 송환 방침을 중지할 것, 포로대표위원단을 인
정할 것 등을 요구하며 유엔군과 대치하는 한편, 반공 포로를 인민재판
에 붙여 처벌했다. 그때 고현리 제64수용소에 수용되었다가 반공 포로로
석방되어 거제도에 자리를 잡고 살아온 장낙봉 씨의 말을 빌리면, 사건이
일어난 제76수용소에서는 즉결 인민재판의 결과에 따라 처형된 반공 포
로의 송장이 날마다 몇 구씩 쏟아져 나왔다고 한다.

훗날 밝혀진 바로는, 그때 죽은 반공 포로가 105명에 이른다. 유엔군
쪽의 강력한 저지로 도드 준장이 구출되면서 사건은 매듭지어졌으나, 반
공 포로와 공산 포로 간의 싸움은 더욱더 극렬해져서 마침내 따로 떼어
놓게 되었다. 당시 이 수용소의 참담한 분위기는 반공 포로로 석방되어
작품 활동을 시작한 소설가 강용준의 장편소설 《멀고도 긴 날들과의 만
남》에 적나라하게 그려져 있다. 최인훈의 《광장》 역시 이 포로수용소를
배경으로 하고 있다. 1953년 7월 27일 북한과 유엔 사이에 체결된 휴전
협정에 따라 전쟁은 무기한 휴전에 들어갔다. 한국전쟁이 끝난 뒤 남북
양쪽은 전쟁 포로를 교환했는데, 남과 북 그 어느 쪽도 선택하지 않고 거
부한 사람들이 있었다. 그들은 남과 북 어디에도 안주하지 못한 채 '중립

국'을 택했고, 소설 속 이명준은 중립국으로 가는 남중국해에서 그 푸른 바닷물과 하나가 된다.

포로는 왼편에서 들어와서 바른편으로 빠지게 돼 있다. 네 사람의 공산군 장교와, 국민복을 입은 중공 대표가 한 사람, 합쳐서 다섯 명. 그들 앞에 가서, 걸음을 멈춘다. 앞에 앉은 장교가, 부드럽게 웃으면서 말한다.

"동무, 앉으시오."

명준은 움직이지 않았다.

"동무는 어느 쪽으로 가겠소?"

"중립국."

그들은 서로 쳐다본다. 앉으라고 하던 장교가, 윗몸을 테이블 위로 바싹 내밀면서, 말한다.

"동무, 중립국도, 마찬가지 자본주의 나라요. 굶주림과 범죄가 우글대는 낯선 곳에 가서 어쩌자는 거요?"

"중립국."

"다시 한번 생각하시오. 돌이킬 수 없는 중대한 결정이란 말요. 자랑스러운 권리를 왜 포기하는 거요?"

"중립국."

(…)

"자넨 어디 출신인가?"

"…"

"음, 서울이군."

설득자는, 앞에 놓인 서류를 뒤적이면서,

"중립국이라지만 막연한 얘기요. 제 나라보다 나은 데가 어디 있겠어요. 외국에 가본 사람들이 한결같이 하는 얘기지만, 밖에 나가 봐야 조국이 소중하다는 걸 안다구 하잖아요? 당신이 지금 가슴에 품은 울분은 나도 압니다. 대한민국이 과도기적인 여러 가지 모순을 가지고 있는 걸 누가 부인합니까? 그러나 대한민국엔 자유가 있습니다. 인간은 무엇보다도 자유가 소중한 것입니다. 당신은 북한 생활과 포로 생활을 통해서 이중으로 그걸 느꼈을 겁니다. 인간은…"

"중립국."

"허허허, 강요하는 것이 아닙니다. 다만 내 나라 내 민족의 한사람이, 타향만리 이국 땅에 가겠다고 나서서, 동족으로서 어찌 한마디 참고되는 이야길 안 할 수 있겠습니다. 우리는 이곳에 남한 2천만 동포의 부탁을 받고 온 것입니다. 한 사람이라도 더 건져서, 조국의 품으로 데려오라는…"

"중립국."

"당신은 고등교육까지 받은 지식인입니다. 조국은 지금 당신을 요구하고 있습니다. 당신은 위기에 처한 조국을 버리고 떠나 버리렵니까?"

"중립국."

당시 북한군 포로 74명, 남한군 포로 2명, 중국군 포로 12명은 인도로, 남미로 흘러 들어가 신산했던 세월을 겪었다.

팔색조도 깃을 치는 아름다운 섬 거제도는 그러한 상처뿐 아니라 역사 속에서도 유배의 땅이었다. 《고려사》에 따르면, 의종 24년(1170) 무신

532

의 난으로 의종이 지금의 거제시 둔덕면 거림리로 유배를 왔다. 그를 따라 들어왔는지는 확인할 수 없지만 '임금 왕王' 자와 비슷한 '구슬 옥玉' 자를 쓰는 성씨들이 거제도에 꽤 많이 살고 있다. 그 뒤 연산군 때 우찬성 벼슬을 지냈던 최숙崔淑이 기묘사화로 유배를 와서 일생을 마쳤고, 숙종 때 송시열 또한 당쟁에 밀려 이 섬으로 유배를 오기도 했다. 거제도에서 바다를 건너면 마산시에 이른다.

마산의 옛 이름 합포

《신증동국여지승람》에 "합포合浦는 큰 진鎭이다"라고 기록되어 있으며, 조선 전기 문신 김구덕金九德의 시에 "범이 웅크린 듯, 용이 도사린 듯하다"라고 했던 합포는 마산馬山의 옛 이름이다. 신라시대에는 골포骨浦라는 작은 어촌이었으며, 고려 충렬왕 6년(1280)에는 원나라가 일본을 점령하기 위해 정동행중서성征東行中書省을 설치한 곳이다. 태종 8년(1408)에 의창현과 회원현을 합쳐서 창원부가 된 후 도호부와 현을 오가는 변화를 겪었다. 현종 4년(1663) 대동법 시행에 따라 조창이 설치되고 마산포라 불리며 현재 마산의 기반이 되었다. 그리고 1898년 개항하면서 남해안의 중심 도시로 거듭났다. 마산은 "내 고향 남쪽 바다/그 푸른 물 눈에 보이네"로 시작하는 〈가고파〉를 쓴 이은상 시인의 고향이자 아동 문학가 이원수의 고향이기도 하다. 또한 아귀찜 하면 바로 떠오르는 마산은 1970년 3월 자유무역 지역으로 지정되면서 비약적으로 발전했다.

마산 가포 야경

마산은 조선시대에 마산포가 되어 교통의 중심지가 되었고 숙종 때 조창이 들어섰으며,
1898년 개항을 하면서 남해안의 중심 도시로 거듭났다.

쪽빛 바다 위를 수놓는 선율들

마산의 북쪽은 함안咸安이다. 원래 아라가야阿羅加耶(아시량국阿尸良國)의 터였으나, 신라 법흥왕에게 멸망당한 뒤 신라의 영토가 되었고, 경덕왕 때 지금의 이름으로 바뀌었다. 《관풍안》에 "습속이 검소하고 솔직하다" 기록되어 있고, '산이 오히려 낮아 배를 쉬어갈 수 있다'는 뜻을 지녔다는 여항산餘航山이 진산이며, 봉화산, 서북산, 오봉산 등이 솟아 있는 함안군을 남강과 낙동강이 적시며 흐른다. 함안군의 가야읍에는 아라가야의 옛 무덤 70여 기가 남아 있다. 함안 지역의 형승은 《여지도서》에 다음과 같이 실려 있다.

낙동강과 풍탄진楓灘津이 고을의 북쪽을 가로지르고, 여항산과 파산巴山이 고을의 남쪽에 버티고 있다. 동쪽은 합포로 이어지며, 서쪽은 의춘(현 경북 의령)의 봉우리와 언덕에 닿아 서로 잇따르며, 낮고 습한 들녘이 넓게 펼쳐져 있다.

함안 땅에 있던 인비원仁庇院 부근을 준마를 타고 지나던 퇴계 이황의 시 한 편이 《여지도서》에 남아 전해진다.

인비원 앞에서 준마를 타고
정암나루에서 배를 불러 돌아가네
사람에게 헤어질 곳 물어보니
모곡 앞 냇가가 가장 좋다고 하네

무학산과 마산

백두대간 낙남정맥의 최고봉인 무학산 정상에서는 동쪽으로 옛 마산시가지가 내려다보인다.

함안에 있는 칠원漆原은 조선시대의 현으로 본래 신라의 칠토현漆吐縣이었다. 예로부터 함안을 물이 거꾸로 흐르는 땅이라 했는데, 이는 우리나라 지형이 대체로 북쪽이 높고 남쪽이 낮은 데에 비해 함안 땅은 남쪽이 높고 북쪽이 낮아 물줄기가 모두 남강이 있는 서북쪽으로 흐르기 때문이다. 그래서 고려 때 함안 땅은 왕이 거주하는 북쪽으로 거슬러 올라가는 배역의 땅이라 하여 홀대를 받았다.

칠원 낙동강변에 있는 경양대景讓臺는 우질포 서쪽 벼랑에 우뚝 솟은 바위로, 위쪽은 손바닥처럼 평탄하여 10여 명이 앉을 만했다. 고려 때 문장가인 이인로가 이곳에 와서 놀기도 했다. 이첨은 경양대를 두고 "강 위에 가을빛이 맑고 그윽한데, 원융元戎(우두머리)이 한가한 날에 배를 띄웠네. 물은 쪽빛이고 모래는 눈 같으며, 산은 병풍이며 술은 기름 같아라. 석벽은 아침저녁 물결에 깎이고, 피리 소리는 고금의 시름을 깨뜨린다. 이 중에 네 가지 일이 모두 다 흠 없으니, 흠뻑 취하여 촛불 잡고 논들 어떠리" 하고 노래했다.

칠원읍 무기리에는 조선 후기의 연당인 함안 무기연당舞沂蓮塘(국가민속문화재 제208호)이 있다. 이 연당을 지은 사람은 주재성周宰成으로 영조 4년(1728) 이인좌가 반란을 일으켜 호남으로 진출을 기도하고 있을 때 이에 분연히 맞서 함안 일대의 의병을 모집하여 창의의 깃발을 들었던 사람이다. 그가 의병을 이끌고 분치령을 넘어가니 김해진金海鎮의 관병이 합세했고, 이인좌의 군은 감히 진출하지 못하고 물러섰다가 자멸하여 난이 평정되었다. 주재성은 의병을 처음부터 도모하기도 했지만 관군에게 사재를 털어 군량미 300석을 내놓아 사람들의 칭송이 자자했다. 나라에서는 그의 공로를 치하하여 양무원종훈일등공신에 책록하고 출사를 종용했다. 그러나 그는 끝내 관계에는 나가지 않았다.

이인좌의 난이 평정된 후 관군들이 원대 복귀하는 길에 주씨의 향리에 모여 마을 입구에 사적비를 세우고, 서당 앞 넓은 마당에는 연당을 파 중앙에 석가산石假山을 만들어 양심대養心臺라 했으며, 이 연못을 국담菊潭이라고 했다. 후대에 연당 주변에 정자와 누각을 지었고, 충효사를 지었다. 하환정何換亭은 동쪽에 있는데 정면 2칸, 측면 2칸이며 연당 쪽으로 난간을 설치했다. 풍욕루風浴樓는 댓돌을 높이 쌓은 3칸 규모인데, 홑처마에 팔작지붕이다. 연당 주변에 담장을 쌓고 일각문을 내어 그 문을 영귀문詠歸門이라 했다. 이 연당은 비교적 원형을 잘 간직한 조선 후기 연못의 실례로, 한국 정원 문화 연구에 좋은 자료가 되고 있다. 근처에 솟을삼문이 붉디붉은 정려旌閭로 장식된 옛집 한 채가 있는데, 그 집이 주씨周氏 고가(국가민속문화재 제10호)로 주재성 이래 주씨의 종택이다.

새로운 창원의 숨결

《신증동국여지승람》에 "습속이 거칠고 모질며, 송사하기를 좋아한다" 라고 기록되어 있는 창원昌原을 이첨은 시에서 "우뚝한 두척산, 검푸른 빛이 구름 끝에 비꼈네. 동남쪽으로 푸른 바다에 임하니, 안개와 비가 내려 절로 어두웠다 개었다 한다. 옛날 고운孤雲 선생이 숲 끝에 집 짓고 월영대를 거니니, 정기가 가을 하늘과 함께 아득하다" 했다. 경남도청이

539

안민고개

창원시 진해구 태백동과 성산구 안민동을 잇는 안민고개는 장복산의 산허리에 있는
약 9킬로미터 길이의 고갯길이다.

창원 도심

경남 중부 남단에 있는 창원시는 2010년 기존의 창원시와 마산시, 진해시가
행정 구역 자율통합으로 합쳐져 한국에서 가장 큰 기초자치단체로 재편되었다.

창원으로 옮겨 오면서 활기를 띠다가 지금은 마산과 진해를 합하여 창원 시가 되었다.

조선 전기 문신 정사鄭賜가 "천 겹으로 줄지은 산봉우리 삼면을 두르고, 일만 이랑 파도가 한쪽에 드넓게 펼쳐진다"라고 묘사한 형승을 지닌 창원시 북면에 백월산白月山이 있다. 동쪽으로 대산평야, 서쪽으로 북면 평야, 북쪽으로 낙동강에 인접한 이 산은 산줄기가 약 40킬로미터에 이르는 제법 큰 산이다. 봉우리가 빼어나게 아름답고 수목이 울창한 산 정상에 세 개의 큰 봉우리가 있어서 삼산三山이라고도 한다. 세 봉우리 중 동쪽에 있는 봉우리가 사자암獅子巖이다. 《신증동국여지승람》에 "사자암은 백월산 남쪽에 있다. 신라 중 노힐부득과 달달박박이 이곳에서 수련하였다"라고 실려 있다. 창원에는 마산과 더불어 굴지의 공업 단지가 조성되어 있다.

웅장한 지체와 명망이 영남 으뜸인 김해

창원시 동쪽에 김해金海가 있다. 조선 후기에 '살 만한 곳으로는 왼쪽에 울산, 오른쪽에 김해'라는 말이 있었다. 《신증동국여지승람》에는 "습속이 억세고 간소하다"라고 기록되어 있고, 정인홍의 제자이자 〈신산서원기新山書院記〉를 쓴 배대유裵大維는 "김해는 옛 가야로 웅장한 지체와 명망이 영남 고을 가운데 으뜸이다" 했다. 김해시에는 가락국 시조인 수로왕의 무덤이 있다. 《삼국유사》에는 김수로왕의 탄생 설화가 다음과 같이 실려 있다.

　천지가 개벽한 이후 이 지역에 아직 나라 이름도 없고 왕도 없을 때 아도간
我刀干, 여도간汝刀干, 피도간彼刀干, 오도간五刀干, 유수간留水干, 유천간
留天干, 신천간神天干, 오천간五天干, 신귀간神鬼干 등 아홉 간이 있으니 이
수장들이 대개 100호에 7만 5000명의 백성을 통솔하였다.

　후한 세조 광무제 건무 18년인 임인(42) 3월 계욕일契浴日 북쪽 구지에서
이상한 소리와 기운이 일어 그곳으로 모였다. 마치 사람의 소리와 같은데 형체
는 숨기고 소리만 내어 말하기를 "여기에 누가 있는가" 하니 구간들이 이르기
를 "우리들이 여기 있습니다" 하였다. 또 말하기를 "내가 있는 곳이 어디냐" 하
니 "구지입니다"라고 대답하였다. 또 말하기를 "하늘이 나에게 명하시기를 이
곳에 나라를 세워 왕이 되라 하셨다. 이런 연유로 내려온 것이다. 너희들은 이
산꼭대기를 파고 흙을 집으면서 '거북아 거북아 머리를 내놓아라. 내놓지 않으
면 잡아서 구워 먹으리' 하고 노래하면서 춤을 추어라. 즉 이는 대왕을 맞이하
여 매우 기뻐서 뛰는 것이니라."

　이에 구간들이 그 말대로 모두 즐겨 노래를 부르고 춤을 추었다. 얼마 후에
하늘에서 자줏빛 줄이 드리워져 그곳에 가 살펴보자 붉은 보자기에 싸인 금합
이 있었는데, 황금 알 여섯 개가 들어 있었다. 여러 사람들이 모두 다 놀랍고도
기뻐서 함께 수없이 절을 하다가 다시 알을 싸가지고 아도간의 집으로 돌아와
탁자 위에 두고는 각각 흩어졌다. 하루가 지나 그 금합을 열어 보니 알 여섯이
모두 어린아이가 되어 있었는데 용모가 매우 훌륭하였다.

　그달 보름에 왕위에 올랐는데 세상에 맨 처음 나타났다고 하여 수로首路 혹

은 수릉首陵이라고 했다. 나라는 대가락大駕洛이라 하고 또 가야국이라고도 했으니 곧 여섯 가야 중의 하나다. 나머지 다섯 명도 각각 가야의 왕이 되었다.

가야의 초대 왕이자 김해 김씨의 시조로 가야 연맹체를 이끌었던 수로왕과 타국에서 배를 타고 가락국으로 와서 수로왕의 왕후가 된 허황옥 수로왕비의 무덤과 구지봉은 김해 시내 중심가인 회현동과 구산동에 모여 있다.

정몽주는 김해를 두고 "옛 가야 터"라고 기록했고, 안숭선安崇善의 〈동헌기東軒記〉에는 "산천이 빼어나고 아름다우며 인물이 번성한다. 세 갈래 물이 빙 둘렀고 칠점산七點山이 얼기설기하다" 했다. 안숭선의 글에 나오는 '칠점산'이 《여지도서》에는 다음과 같이 실려 있다.

관아의 남쪽 50리 바닷가에 있다. 마치 점을 찍은 듯한 일곱 개 봉우리를 가진 산이 있으므로 '칠점산'이라고 하였다. 세상에 전하는 말에 따르면, 가락국 때 탐시선인啖始仙人(거등왕 때 도교인)이 노닐던 곳이다.

김해는 가락국駕洛國 또는 금관국金官國으로 불렸는데, 일본과 가까워서 왜구의 침입이 잦았다. 정몽주는 〈김해산성기金海山城記〉를 통해 이곳의 산성을 수리하지 않은 것을 탄식하기도 했다.

왜적들이 나날이 기세를 떨쳐, 바다에서 100리 떨어진 곳도 오히려 왜적의 침략으로 인한 피해를 겪는데, 하물며 김해처럼 바닷가 한 모퉁이 고을은 어떻겠는가. 김해는 물이 고을의 경계를 두르고 있으니 참으로 매우 위험한 곳이

수로왕릉

수로왕릉은 가락국을 세운 김해 김씨의 시조 김수로왕의 능침이며,
현재 정문인 납릉 정문과 신위를 모신 숭선전, 제를 올리는 안향각 등이 있다.

다. 그러니 실로 험한 곳에 요새를 만들지 않을 수 없다. (…) 김해 백성들은 평소 위급한 일이 없으면 산성에서 내려와 밭을 갈고 바다에 들어가 고기를 잡다가 긴급 사태를 알리는 봉수를 보게 되면 처자식을 거느리고 성안으로 들어가니 (…) 험준한 요새를 만들어 스스로 튼튼하게 방비하는 것이 마땅하다.

정몽주의 글을 보면, 그 당시 김해를 비롯한 동해와 남해의 바닷가 고을이 얼마나 왜구들로부터 침탈을 당했는지를 알 수 있다.

한편 김해 근처에 죽도竹島와 불암佛巖이 있는 데 '불암 모기는 죽도 모기와 혼인하지 않는다'라는 말이 있다. 이는 불암 사람들이 죽도 사람을 천대해서 만들어 낸 말이다. 또 '죽도 모기들이 9월 9일 중양절에 왔다 갈 때는 떡장수의 치마 속을 문다'라는 말도 있는데, 이 역시 죽도 사람들이 천박하다는 것을 나타내기 위해 만들어 낸 말이다. 이러한 말들은 조선 후기 시에서도 볼 수 있는데, 김해에 유배되었던 이학규李學逵가 남긴 시 한 편을 보자.

죽도 모기들이 구름처럼 몰려오니
불암 모기 떼와 견줄 만큼 많구나
서리 전에 주둥이 작살처럼 찔러 대니
중양절에 떡장수 치마폭이 걱정되는구나

김해시 동쪽을 흐르는 낙동강 삼각주에 있는 명지도鳴旨島에 대한 첫 기록은 《신증동국여지승람》에 있다. "명지도는 김해부의 남쪽 바다 복판에 있는데 물길로 40리 지점이다. 동쪽으로 취도와는 200보쯤 떨어져 있으며 둘레는 17리다. 큰비, 큰 가뭄, 큰바람이 있기 전에는 반드시 천둥소리나 북소리, 종소리 같은 소리를 내며 우는 섬이다" 했다. 그것은 이곳에 무성했던 갈대가 바람에 부대껴 내는 소리를 두고 하는 말일 것이다. 특히 철종 12년(1861)에 작성된 김정호의 〈대동여지도〉에는 상부 삼각주라고 볼 수 있는 대저 지역이 큰 섬으로 표시되어 있고, 명지도 부근은 염전지대로 표시되어 있을 뿐이다. 현재의 을숙도, 진우도, 대마등, 신호도 등도 〈대동여지도〉에는 찾아볼 수 없다. 진우도, 창자도, 대마등은 1920년 무렵부터 나타났고, 모래톱인 새등은 1970년, 맹금머리등은 1980년대 중반을 넘어서면서 나타났다.

《태종실록》에 따르면 "소금은 오곡 다음가는 중요한 것이다" 했다. 그중 명지도의 소금은 예로부터 이름이 높았는데 《정조실록》에 다음과 같이 언급되어 있다.

명지도는 소금 이익이 많아 영읍營邑의 소금 굽는 가마가 곳곳에 있지만, 판매에 절제가 없어 민폐가 가지가지입니다. 이에 선조 을축년(영조 21, 1745)에 별도로 산산창을 설치하고 별장을 두어 염정鹽政만을 담당케 하고, 그 사이에 또한 별장을 혁파하여 지방관에게 소속시켰다가 갑자기 또 감영으로 이속시켰습니다. 매년 11월에 경상감영의 쌀 1500석을 소금 굽는 백성에게 빌려주어 소금을 구울 때 양식으로 삼게 하고, 쌀 한 석에 소금 두 석을 쳐서 이듬해 봄에 2000석, 가을에 1000석을 나누어 받아 낙동강으로 운반해 시가에 따라 팔게 하고 있습니다.

당시의 기록을 보면 그해 명지 염장에서 3000석의 소금을 생산했으며, 소금 굽는 사람들을 상대로 관청에서 고리를 매겼음을 알 수 있다.

김해에 있던 삼분수三分水에 대해《신증동국여지승람》은 속설이라며 다음과 같이 소개하고 있다.

낙동강 물이 남쪽으로 흘러 부 북쪽 뇌진磊津에 이르고, 다시 동쪽으로 흘러 옥지연玉池淵, 황산강黃山江이 되며, 또 남쪽으로 흘러 부 남쪽 취량鷲梁에 와서 바다에 들어가며 예성강과 합류하니, 바닷물이 나라의 맥을 옹위하고 땅의 결점을 보완해 서로 응한다. 이로 인해 고려 문종 때에 김해를 오도 도부서 본영으로 만들었다. 그 뒤에 도부서사 한충韓冲이, 도내가 넓고 멀다고 조정에 아뢰니, 세 도로 나누어 각 본영을 설치하였는데, 그날 저녁 황산강 물이 세 가닥으로 갈라져서 바다로 들어갔으므로 '삼분수' 또는 '삼차수三叉水'라 하였다고 한다. 양산군 칠점산이 두 갈라진 사이에 있다.

명성 높았던 진해 군항제

김해 바로 아랫자락에 있는 진해鎭海의 풍속이《관풍안》에는 "검소하고 솔직하다" 실려 있다.《여지도서》에 따르면 진해에서 서울까지는 887리로 10일 동안 가는 거리였다. 김조는 진해를 두고 다음과 같은 시 한 수를 읊었다.

불모산과 진해

불모산佛母山은 해발 801.7미터로 이 산 정상에서는 창원과 김해, 진해 등
세 개 시의 아름다운 풍광과 발전상을 동서남북으로 조망할 수 있다.

바닷가 외로운 성에 좋은 경치 많은데
이웃한 시골 가게는 다 어부의 집일세
섬 오랑캐 심복하여 싸움 없으니
곳곳에 격양가擊壤歌만 들려오누나

김조가 위와 같이 노래한 진해가 역사 속에 각인된 것은 삼포왜란 때문일 것이다. 대마도주가 조선 정부에 울산의 염포, 동래의 부산포 그리고 지금의 진해인 웅천의 제포를 열어 달라고 간청을 하자, 세종 8년(1462)에 그 요청을 받아들여 항구를 열고 무역을 하게 했다. 그 뒤 잠시 왜구의 침입이 잠잠했으나 중종 5년(1510)에 대마도주는 군사 300명을 이끌고 부산포를 함락한 뒤 웅천성을 점령했다. 그 소식을 접한 조선 정부는 황형黃衡과 유담년柳聃年을 보내 왜구를 모두 대마도로 보냈는데 이 전투를 삼포왜란이라고 부른다. 그런 탓인지 조그마한 어촌이었던 진해시는 러시아, 일본의 각축 속에서 1902년 군항으로 개발되기 시작했고, 지금은 해군의 요람이 되어 군항제와 벚꽃 축제의 도시로 변화했다.

진해구 충무동과 태평동 사이에 자리한 제황산帝皇山은 지리도참설에서 '부엉산 동쪽에는 제황帝皇이 탄생할 명지가 있다'고 한 데서 기인한 이름이다. 이 산에 오르면 남쪽으로 펼쳐진 바다 경치를 볼 수 있고 북·동·서쪽의 산줄기를 볼 수 있을 뿐 아니라, 진해 전경을 한눈에 감상할 수 있다.

푸른 바다 끝없고 산이 많은데

한 조각 외로운 성에 수십 집이로다

나그네 밤 깊어도 잠 못 이루고

달 밝은 남포에서 고기 잡는 노래 듣는다

　　조선 전기의 문신인 조서강趙瑞康의 시 속에 남아 있는 한적했던 고을 진해는 세월의 흐름 속에 다시 변화의 물결을 타고 있다. 마산과 함께 창원시에 통합되어 진해구가 된 것이다. 이 새로운 창원시는 과연 어떤 도시로 탈바꿈할 것인가.

신정일의 신 택리지

경상

2020년 6월 29일 초판 1쇄 발행
지은이 · 신정일
펴낸이 · 김상현, 최세현 | 경영고문 · 박시형

책임편집 · 최세현 | 교정교열 · 신상미
마케팅 · 양근모, 권금숙, 양봉호, 임지윤, 조히라, 유미정
경영지원 · 김현우, 문경국 | 해외기획 · 우정민, 배혜림 | 디지털콘텐츠 · 김명래
펴낸곳 · (주)쌤앤파커스 | 출판신고 · 2006년 9월 25일 제406-2006-000210호
주소 · 서울시 마포구 월드컵북로 396 누리꿈스퀘어 비즈니스타워 18층
전화 · 02-6712-9800 | 팩스 · 02-6712-9810 | 이메일 · info@smpk.kr

ⓒ 신정일 (저작권자와 맺은 특약에 따라 검인을 생략합니다)
ISBN 979-11-6534-182-4 04910
ISBN 978-89-6570-880-3 (세트)